U0688727

胡适和他的朋友们

郭存孝 ◎ 著

中国文史出版社
CHINA CULTURAL AND HISTORICAL PRESS

图书在版编目（CIP）数据

胡适和他的朋友们 / 郭存孝著 . — 北京：中国文
史出版社，2021.1
ISBN 978-7-5205-2539-8

Ⅰ.①胡… Ⅱ.①郭… Ⅲ.①胡适（1891—1962）—
生平事迹 Ⅳ.①K825.4

中国版本图书馆CIP数据核字（2020）第225163号

责任编辑：张春霞 高 贝

出版发行：中国文史出版社

社 址：北京市海淀区西八里庄路69号院 邮编：100142

电 话：010-81136606 81136602 81136603（发行部）

传 真：010-81136655

印 装：廊坊市海涛印刷有限公司

经 销：全国新华书店

开 本：710mm×1010mm 1/16

印 张：20 字数：277千字

版 次：2021年3月第1版

印 次：2021年3月第1次印刷

定 价：59.80元

文史版图书，版权所有，侵权必究。
文史版图书，印装错误可与发行部联系退换。

自 序

胡适先生，我年轻时不知其人。往后，隐约知悉先师罗尔纲先生与胡适先生有着一层深厚的师生关系，但是在我与罗尔纲先生的接触中，从未听他提及这位神秘人物。如今胡适先生驾鹤西去已长达58年，但他的为人品行和治学精神以及学术成就，仍然在鼓舞并推动着我们的前进步伐。罗尔纲先生仙逝也已23载，他老人家的教诲与鞭策，至今鸣响在耳边。

1994年3月，我应澳大利亚华人历史博物馆的邀请，对澳大利亚华人历史遗存进行了访问考察，益我良多。这期间，我曾去墨尔本大学图书馆东方部参观，首次目睹台湾联经出版社出版的胡适各类著作，大开了眼界！

1995年8月29日，我收到罗尔纲先生的新书《师门五年记·胡适琐记》。罗先生在该书的扉页上亲笔题写："存孝同志赐教　罗尔纲敬赠一九九五年八月二十九日于北京"。接此力作，欣喜万分！该书关于胡适部分写明是"琐记"，然而不可低估其价值，因为这本力作是帮助我进入胡适人生领域的第一把金钥匙。

1996年9月，我与老伴周文杰女士移居到澳大利亚第二大城市——维多利亚州的墨尔本，随女儿生活。我们喜爱这座静谧、典雅、优美的温带城市，它曾数次被评为世界最适宜居住的城市之一。空气清纯，树木繁密，鲜花怒放，四季宜人！如从温习历史和研究学问的视角来说，维多利亚州的墨尔本和班迪戈等地，曾是我华人祖先淘金时期的重要基地，全州有四座华人移民淘金史的专题博物馆。从研究胡适来讲，难能可贵的是墨尔本大学图书馆则是我们的黄金书库。

我是在南京太平天国历史博物馆工作四十余年后来到墨尔本的。那时还不算老，67岁。因此，我一开始便确定了在此异域的研究项目：中国澳大利亚关系史、澳大利亚华人移民史；胡适，胡适与罗尔纲，胡适与圈内外的名家及凡人们的多方面、多层次、五味杂陈的交往风采与纠结趣闻；在这当中，我挖掘出一些在历史角落中被人忽略的人物与史事，旨在填补历史的空白。

为此，我沉浸在墨尔本大学图书馆。为了加深认识，提升资料的宽度，我又专程去台北胡适纪念馆、故居和墓园参观并搜集未刊资料；通过友人购买台湾学者们的新著。与此同时，注意出版动向，每年回国总要走访各地图书馆，驻足新旧、大小书店，采购学者们出版的新旧胡适著述；也不忘通过网购，收集有关或涉及胡适的绝版珍籍。特别幸运的是我买到了近期出版的多部头的大书，如，2013年出版的《胡适藏书目录》，2015年台湾地区出版的《胡适之先生年谱长编初稿（增补版）》，2018年台湾地区出版的《胡适中文书信集》，还有《莲生书简》（2017年）、《郁达夫日记》（2017年）等，这些书不仅扩展了我的视野，提升了我对胡适的认知和认同，也让我获得了破解谜团的利器。

我坚信必须在扎实的基础上，坚持以胡适的译著、日记、书信、题字、写诗作词以及演讲稿为依据，由近及远，从微观入手，展现胡适的精神世界及其在学术天地中的人脉关系、艰苦努力与显著成就，从而使一些不为人知的往事，从尘封中破茧而出，这也算得上是一片亮点吧。

胡适聪慧过人、著作等身；奖掖后学、树德育人；一世清廉、乐于助人。但他不是完人，免不了有一些应该被问责的憾事。

我移居墨尔本不觉已24年了，如今已是年过90的老人。在此，我要感谢北京大学图书馆、台北胡适纪念馆、香港冯平山图书馆等，承蒙他们从胡适藏书中将作者尘封的赠书题记复印寄我，还送我一片尘封的旧报，刊登的是给胡适的一封长信，等等，这都是可求而不易得的宝贵资料。

　　我要感谢老伴周文杰，她在视力大减的情况下，使用放大镜，对本书进行校对、润饰及配图，自始至终付出辛劳。

　　限于年岁，囿于精力，不到之处，祈请斧正。

2020年6月15日于墨尔本

目 录

沈定一尊重胡适　001

张难先仰慕胡适　013

高语罕与诤友胡适及汪原放　017

王慕阳对胡适的期望　029

陆久之等批评章行严，称赞胡适　034

胡适香港演讲"惹起广州的小风波"　043

胡适为《良友》画报著文并题字　049

胡适为云南和顺图书馆题匾　053

刘海粟与胡适、徐志摩的书画缘　056

胡适四十岁寿庆记趣　068

胡适支持李孤帆著《招商局三大案》　081

胡适为广源轮案胜诉而欣慰　094

胡适与上海小报刊界名人的交往与纠结　105

柯灵、钟敬文礼赞胡适　125

赵家璧与胡适的亲与疏　131

钦慕吐怒之交——胡适与郁达夫　142

乡情为大——胡适夸奖青年演员王莹　152

胡适与《学衡》守旧派的唇枪舌剑　158

君子之交——陈纪滢与胡适　172

勇于求索——小亡友龚羡章与胡适　180

邹韬奋与胡适及龚钺　191

丰子恺心仪胡适　199

沈从文对胡适的最后告白　208

胡适的江苏履痕　214

杨联升缅怀胡适及其大陆的愉快访问　227

胡适、蔡元培与德国汉学家卫礼贤的友谊　244

胡适与英国哲学家罗素　253

苏联汉学家眼中的胡适　266

胡适与犹太学友索克思的生活情谊　274

美国记者阿班要拯救胡适　281

澳大利亚汉学家谈胡适与溥仪　284

从《师门辱教记》到《师门五年记》　290

李敖礼赞胡适与罗尔纲　301

主要参考资料　306

沈定一尊重胡适

沈定一（1883—1928），原名宗传，字叔言，名定一，号玄庐；浙江萧山县人；幼读经书，1901年中秀才；三年后，任云南广通县知县；1907年，升任署武定州知州；不久改任省巡警总办。他暗中与革命党人联络，密谋光复华夏；武昌起义后，参与攻打上海制造局；1912年，组织"公民激进党"，主张各政党均要维护国家和民族的利益，支持"举义讨袁"运动；1914年初，因遭袁世凯通缉流亡日本和东南亚。1916年，回国后当选浙江省议会议长，但因又遭拥护袁世凯派的浙江总督通缉，被迫避走上海。1919年，"五四"运动爆发后，6月间，他与戴季陶等创办《星期评论》杂志，宣传社会主义和苏联十月革命。1920年5月，沈定一与陈独秀等人在上海发起组建马克思主义研究会，接着参与成立上海共产主义小组，遂成为中国共产党的早期党员。1921年2月，沈定一去了广州，又创办了一份《劳动与妇女》杂志。4月间，他返回浙江，领导了萧山和绍兴的农民运动。

在这期间，沈定一在上海各类刊物上发表了大量的文章，这引起了胡适的重视。胡适曾向《星期评论》投稿，从而让沈定一对这位已崭露头角的新文化运动倡导者的年轻教授刮目相看。他怀着满满的兴趣阅读了胡适的许多著作，彼此因而建立起始自1919年7月2日、中经1921年、终止于1922年2月14日间的通信关系。在这良好的关系中，可惜能见的仅有沈定一本人及与戴传贤、孙棣三联合致或复胡适的信函，却不见胡适致或复沈定一的函件。但是即便是有限的函件，也可洞察双方宣泄了办杂志的艰难，对对方的努力寄予同情和支持的心态，并且陈述了稿件内外的文学创作和国内形势以及人生诸问题，实在是相得益彰。

胡适赞《星期评论》是"受欢迎的兄弟"

《星期评论》诞生后，立即受到胡适的重视，并在他们创办的第28号《每日评论》上发表了一篇热情、中肯而又坦诚的贺词——"欢迎我们的兄弟《星期评论》"。兹将这篇贺词摘要公示如下，可见胡适的称赞心态及对该刊的期待。胡适云："上海现在新出了一种周报，名叫《星期评论》。因为他的体裁格式和我们的《每周评论》很相像，所以我们认他是我们的兄弟。我们欢天喜地地欢迎我们的兄弟出世，更祝他长大，祝他长寿！"

《星期评论》的第一期出世时，我们看了虽然喜欢，但觉得这不过是《每周评论》第二罢了。到了《星期评论》第二期出版，我们方才觉得我们这个兄弟是要另眼看待的。

"为什么呢？因为《每周评论》虽然是有主张的报，但是我们的主张是个人的主张，是几个教书先生忙里偷闲提出来的主张，从来不曾有一贯的团体主张。《星期评论》可就不同了。请看他们的宣言：'我们要改造中国，先要把我们的改造方针对大家讲明白。因为中国人已经晓得旧思想、旧政治、旧社会的不好，但是不晓得用什么新的东西去代替他，所以我们的宣传事业比一切事业都要紧。'

《星期评论》的第二期果然注销一篇大文章，题目是《关于民国建设方针的主张》，题下的具名是'本社同人'。最后有一段跋语说：'以上这七章二十九条的意见，是同人几年来研究的结果。单是起草曾经费了几个月的时间，采用了多少学问家实际家的意见，参酌了多少专门的书籍。原稿的修改，也费了多少次的研究。'"

胡适公平地认为："这一层是《星期评论》的特色。这种特色分开来说：其一，有一贯的团体主张；其二，这种主张是几年研究的结果；其三，所主张的都是脚踏实地的具体政策，并不是抽象的空谈。"

胡适情犹未了，他接着又点赞"《星期评论》的诸位先生竟能用'本社同人'的名义发表一种团体的改造方针，这是中国舆论界的空前创举，我们诚诚恳恳地祝他做一个中国的'新共和国'。更希望《星期评论》的榜样能引起中国舆论界的觉悟，渐渐地废去从前那种'人自为战'的习惯，采用'有组织的宣传方法'，使将来的中国真成一个名实相副的新共和国！……这是《星期评论》的趋向，也是我们希望《星期评论》带领全国舆论界做去的趋向"。胡适激动地说道："我们欢欢喜喜地欢迎我们的兄弟——《星期评论》万岁！"

胡适善待、礼待兄弟刊物《星期评论》，给予其坚定的支持，赋予其热情的关怀，用自己的热量让它燃烧起来。

《每周评论》一页

胡适给《星期评论》主编通信、写稿

胡适对《星期评论》的关怀，产生了能量，表现在两个兄弟刊物之间结下了互助的华章。同时衍生出胡适与《星期评论》主编沈定一等人的交流、通信与供稿的友好关系。

兹将沈定一等致胡适数函公示于下，可见其斑斑真情。

（一）1919年7月2日，沈定一等致胡适函

适之先生：

接到你29号的信并28号的《每周评论》，很感激你的用意。同时看到《每周评论》上没有独秀先生的著作，又觉得非常伤感，唉！监狱是进去了，几时回到研究室呢？

上海工部局取得出版的建议，此间出版界打算联合提出抗议，我们这小小出版物也同处于这矮屋檐下，前天送了请求书去，仅仅得了个出版后给他一张看看的允诺。如果不能把英租界的提议打消了，恐怕舆论中心的上海，要化成文字狱的监牢啊！

《星期评论》第一号到第四号各寄十份去，以后出版当照数寄。中间的缺点，请你随时指教，我们比欢迎你的文字还要欢迎。

北京如果找得到代派所，请你知会我们，大约要多少份数，也请你说个数目。至于报费，尽他销行过十期二十期再说，我们苦凑了这个宣传事业，暂时不能够在营业上着想的。

戴传贤、孙棣三、沈定一同上。民国八、七、二

（二）1919年7月24日，沈定一致胡适函

适之：

你那篇《女子解放从哪里做起》，已经收到拜读过了（笔者按：此文刊于7月27日《星期评论》第8号）。应征这问题意见的人，还不到十分之三，想来（章）太炎、观堂那几位老先生，是不肯轻意（易）发表意见！或者经过多少时期，也许给我们一个答案，否则，就批评人家所发表的，也未可知？但是子民、守常、梦麟他们，总应该给个回答。《星期评论》原来计划把这个问题第一次附录，如今既不能依限寄到，只得陆续发表。

杜威夫人听说还在北京，你如得机会请你征求她的意见，多少写给我们一点。其他对于这个问题有研究的人，也请你随机会征求征求。

我有一个朋友的朋友，黄琬，是厦门十三中学校的校长，他今天趁"新丰"到北京，打算来见见你，并且和你商量汉文的音符和汉字改革的过程。其人是福建教育界里面很热心有毅力的，想来你一定喜欢见他，所以先替他介绍。

梦麟大约已经到京了，北大的新风潮，我很盼望他到京后平了下去。"高明之家，鬼瞰其室"，黑暗里奋斗，处处要留全神。我很祝赞诸位和平胜利。

沈定一　一九一八（九）年七月二十四日

沈定一与胡适就国事、诗文抒怀，相得益彰

1919年8月30日——这是令胡适非常愤怒的日子，因为这一天，胡适、陈独秀等苦心经营的《每周评论》被国民党的警厅封禁了。

沈定一同情胡适的不幸遭遇，知道胡适的心情欠佳。次日他即发表了一篇叫《为什么》的文章，隔空与之交流，也算是一种声援吧。沈定一说："人生在世，究竟是'为什么'的？这个问题，人人都要问，人人都想解答，人人都解答不了。胡适之先生也说：'这个问题是没有答案的。'但是他已经有了答案了，他说：'现在的人最怕是有人问他这个问题。得意的人听着这个问题就要扫兴，不得意的人听着这个问题就要发狂。'这就是这个问题的答案"。

沈定一正在寻思胡适的"为什么"答案的妙处时，他收到了北京出版发行的《新生活》周刊。令他高兴的是，该刊"第一篇就登载适之先生所演讲的'新生活'"。沈定一引用胡适的话："众位，千万不要说'为什么'这三个字是容易的小事。你打今天起，每做一件事，便问一个为什么……为什么这个，为什么那个，你试办一两天，你就会觉得这三个字的趣味是无穷无尽；这三个字的功用也无穷无尽。……我老老实实把他写了出来，

做23号《每周评论》所载'一个问题'答案的注脚。请大家用心研究'为什么'三个字。"沈定一看了胡适的高见，恍然有悟，他说："只要把'为什么'三个字研究明白了，（就可以）将这得意不得意的根本打消，还有什么兴可扫什么狂可发呢！"

胡适说，他们的《每周评论》被迫停刊后，"国内的报纸很多替我们抱不平的，我作这首诗谢谢他们"。这首诗名《乐观》。

> 这棵大树很可恶，
> 仗他碍着我的路！
> 来！
> 快把他斫倒了，
> 把树根亦掘去。——
> 哈哈！好了！
> 大树被斫做柴烧，
> 树根不久他烂完了。
> 斫树的人很得意，
> 他觉得很平安了。
> 但是那树还有许多种子，——
> 小的种子，裹在有刺的壳里，——
> 上面盖着树叶，
> 叶上堆着白雪，
> 很小的东西，谁也不注意。
> 雪消了，
> 枯叶被春风吹跑了。
> 那有刺的壳都裂开了，
> 每个上面长出两个嫩叶，
> 笑眯眯的好像是说："我们又来了！"
> 过了许多年，

坝上田边，都是大树了。

辛苦的工人，在树下乘凉；

聪明的小鸟，在树上歌唱，——

斫树的人到哪里去了？

（一九一九年九月二十夜）

沈定一接受胡适这首白话诗，将它登在《星期评论》第17号上。

沈定一认同胡适的观点，尊重胡适，也重名人效应。刊登胡适的现代诗，既可强化《星期评论》的地位，也可拓宽刊物的销路。9月22日，他与戴传贤联名，又向胡适写信求助。此信是这样写的：

适之先生：

我们替你和北大捏了一把汗过日子。这一两天从各方面来的消息中间，总算把胸中这块大石头放下！季陶疲劳得发神经病，玄庐也大发疟疾。我们双十节的纪念号，已经说过要出，现在只得孙逸仙做了两篇，徐季龙、胡汉民、朱执信、叶楚伧各做了一点，总计要出七万字，还差得很多，请你无论如何，给我们《星期评论》纪念号做一万字来。不但读《星期评论》的欢迎，就是办《星期评论》的也非常感激。并且要求你在本月卅号前寄到上海。子民、独秀、梦麟他们几位能够写点来，也足以十分安慰我们的痨病。题目请你们自己选择，不必执着什么国庆纪念讲话。请了请了，专等着读你们的大著了。

胡适接信后，觉得不写对不起朋友，但要在一周内写出万言书，谈何容易！他想到刚兴起的"文学革命预算是辛亥大革命以来的一件大事"，"现在《星期评论》出这个双十节纪念号，要我做一万字的文章。我想，与其枉费笔墨去谈这八年来的无谓政治，倒不如让我来谈谈这些比较有趣的新诗罢。"于是他奉赠了一个长篇《谈新诗——八年来一件大事》。沈定一收到此稿，开心极了！连忙登在10月10日《星期评论》纪念专号上。

沈定一与胡适身在两地，但他未忘与之交流国事，也重视为胡适提供出版界动向的通报，同时也有所求助。

11月19日，沈定一致函：

适之：

许久不和你通信了。凡有人从北京来，知道你的，都说你整天在书堆里紧着忙，所以我也不忍提无谓的问候来耗费你的光阴。

这几个月来，出版的译本不下三十种，《社会主义史》《共产党宣言》《政治理想》《杜威讲演》，总要算是好译本了。其他像××的《社会改造原理》，就有点像写××的影戏片。至于"××"译的《托尔斯泰忏悔录》，竟直不懂他说些什么！

前星期买到了一本《经济史观》，读了一通，我恨不能读原本，但就在这本译本中间也可以找到路子走得通，无论内容怎么浓厚、繁杂，总不致以迷途，可称为好的译本；形式也在各种新出的译本之上。只有每章底注脚，已附入章末，虽照原样，却是很不便。希望你们把你续译的东西，改标点、注脚的位置何如？

祝你忙中如意！

玄庐　十一月十九日

（名下有内刻"质言"二字印戳）

1919年12月16日，沈定一在收到胡适一封抄回的急信后，随即复了信。

适之先生：

接你信，你所要知道的事，早想写信给你。吴稚晖先生曾对孙（中山）先生说："你要做政治家，就得做藏垢纳污的政治家。"我很不愿意报告这种消息，所以没有给你写信。现在我可以举我所知道的告诉你。孙先生一见着许世英，就说起你和独秀被拘的话。当时正《每周》被封，上海方面大传你也被捕的话，所以孙先生对许说："独秀我没见过，适之身体薄弱点，你们做得好事，很足以使国民相信我反对你们是不错的证据。但是你们也不敢把来杀死；身体不好的，或许弄出点病来，只是他们这些人，死了一个，就会增加五十、一百。你们尽做着吧！"许听了这番话，口口声声的"不该，不该，我就打电报去"。没有几天，我们就听到独秀出狱的消息。

沈定一在信中又说道："昨天接到你所发起的工读互助团章程，我高兴得很。我已经替你们筹到几块捐钱，我想凑足一百就先汇来，由你们发收条就是。我很盼望你们快快成立，要用你们的成绩来推广，比较一纸章程好得多！"沈定一这一从感情到理论完美的义举，对胡适、蔡元培等发起成立的"工读互助团"这个新事物、教育制度改革，实是莫大的支持。

沈定一不仅自己会作新诗，而且还关注胡适的新诗创作，甚至对胡适写的诗还提出修改意见。

1920年10月10日，胡适创作了一首诗——《梦与诗》。

都是平常经验，都是平常影像，偶然涌到梦中来，变幻出多少新奇花样！

都是平常情感，都是平常言语，偶然碰着个诗人，变幻出多少新奇诗句！

醉过才知酒浓，爱过才知情重；——你不能做我的诗，正如我不能做你的梦。

这首诗发表在1921年11月第二卷第一期《新青年》上。

沈定一与戴季陶主办的《星期评论》，由于是在孙中山先生和中华革命党的指导与经济支持下出版的，因为戴季陶要赴广州，再说，沈定一因为当选为浙江省议会议员，往后要听孙中山先生指派随蒋介石等赴苏联考察。1920年6月6日，在创办了54期之后，《星期评论》便停刊了。尽管如此，当沈定一看到了胡适的这首诗后，他在1921年1月6日的《民国日报》副刊《觉悟》栏里发表了一篇《梦与诗人》的诗文，他在文中说，"适之这首诗里第三章'醉过才知酒浓，爱过才知情重'，依我的经验，'过'字应该是'里'字才合。不知道一般受过酒力，通过爱情的人们的经验，怎样？"沈定一的这篇大作终又被胡适看到，不甘寂寞的胡适，于1月27日，随即又写了一首《醉与爱》的白话诗进行响应。他的诗前有一段告白："沈玄庐说我的诗'醉过才知酒浓，爱过才知情重'的两个'过'字，依他的经验，应该改作'里'字。我戏作这首诗答他：'你醉里何尝知酒力？你只和衣倒下就睡了。你醒来自己笑道，昨晚当真喝醉了！'爱里也只是爱——和酒醉很相像的。直到你后来追想，'哦！爱情原来是这么样的！'"端的，戏文之中见真情！常言道"喜怒哀乐皆文章"。此文便是也！

《民国日报》的《觉悟》专栏

1922年2月初，胡适在北京又创办了一份《努力周报》，这是一份提倡"好人政府""联省自治"等主张的综合性周报。可是该报在2月4日，却"被警察厅设法批驳了"。也就是说其申请遭官方拒绝了。可是不甘示弱的胡适，便"另拟一呈子，再请立案，措词颇严厉"。2月17日，终于和"警察厅方面已说通了"，5月7日，《努力周报》有幸问世。但在这期间，一份由梅光迪（1890—1945）、胡先骕（1894—1968）和吴宓（1894—1978）创办的，主张尊孔复古、整理国学，反对新文化运动，首选攻击对象为胡适的《学衡》杂志，作为反对者的声音，也进入了历史的舞台。当时这两件出版界的大事，又吸引了沈定一的眼球。于是他刻不容缓主动地给胡适写了一生中的最后一封信，点而不破，意在给人提醒。

　　适之先生：

　　盼先生的《努力周报》多日了，几时得使我长长见识？

　　《学衡》一、二期载有《评〈尝试集〉》一篇妙文，先生也曾匀出工夫过目么？

玄庐　二月十四日

《努力周报》一页

　　沈定一急切盼望见到《努力周报》时，这份周报还未出世（按：共出版75期，1923年10月停刊）。但他已看到两期的《学衡》杂志，已知梅光迪等在攻击胡适，拿《尝试集》祭刀了。其实胡适早已知道这件事了，但他不是一位沉默者。他在2月4日的日记中已记下了这件事。他说："东南大学梅光迪等出的《学衡》，几乎专是攻击我的。出版之后，《中华新报》（上海）有赞成的论调，《时事新报》有谩骂的批评，多无价值。今天《晨报》有'式芬'的批评（按：文题曰《评〈尝试集〉匡谬》），颇有中肯的话，末段尤不错。"又说，"我在南京时，曾戏作一首打油诗题《学衡》：'老梅说：《学衡》出来了，老胡怕不怕？（迪生问叔永如此）老胡没有看见什么《学衡》，只看见了一本《学骂》！'"事实说明，胡适个人有能耐，事小；而一个巨猛的新潮流兴起后，一股旧势力妄图阻挡必被击得粉身碎骨！事大。这就是历史！

张难先仰慕胡适

 1915年9月，胡适进入美国哥伦比亚大学，师从杜威，学习哲学，卒有成绩。1917年，他学成归国。9月，应北京大学的蔡元培、陈独秀之邀，到北京大学任教授，胡适欣然允诺。他向学生讲授中国古代哲学史。年轻气盛的胡适，一面授课、一面挥笔。两年的功夫，在1929年2月，他的大著《中国哲学史大纲》（卷上）便由商务印书馆出版；三个月后，5月，竟却又再版。胡适在38岁的年龄，发表了这一学术鸿著，轰动一时，社会上于是产生了褒贬不一的浪潮。年长胡适17岁的辛亥革命元老——张难先（1874—1968）便是仰慕者中的一员。

 张难先，号义痴，别署旦庐、六其居士。湖北仙桃人。1896年经商；1901年鬻书画为生。1904年，他在与宋教仁设立的科学补习所讲学，旋投入新军。1905年加入日知会。1906年，任仙桃县集成学校校长。因投入反清斗争被捕，次年出狱后，改办蚕丝商业。武昌起义爆发后，投入辛亥革命、拥护孙中山，被派出任湖北安、襄、郧、荆招讨使演讲团团长。1916年，密谋讨伐袁世凯失败，便潜伏乡间授徒度日。1921年，移居北平，在北京政府参谋部任录事。在京期间，他满怀喜悦的心情，曾去听在北京的美国哲学家、胡适恩师杜威的演讲，同时不失时机地又去听英国哲学家罗素的学术报告。

 1921年，张难先与胡适共同生活在北京一个屋檐下，但彼此并不认识，可是张难先却拜读了胡适的《中国哲学史大纲》，情绪十分激动，他很想见胡适其人。是年11月16日，时年47岁的张难先，便给胡适写了一封热情洋溢、真诚坦率的信，将胡适尊称为"先生"并在这之前空一格，以示尊敬；对自己则卑称为"仆"，并将字体改用小一号。

　　适之先生左右：我读了先生的《中国哲学史大纲》这部书，实在是佩服得很。仆苦心孤诣地跑了一生，关于学问事功，实在是一无所成，抱愧之至。但我是个好学的人，是个好真理的人，所以我看见先生们的书，是很欢喜的。前日在蔡孑民先生那里坐，是想由他介绍，叨叨　先生的教，不料蔡先生又走了。但是我仰慕　先生的心，与这个求教的心，是很盛的。现在无人介绍，我只好把蔡先生写到（给）我的信，作一介绍人，求见　先生。我现在西山遗光寺住，我在这里住的原因，是西山林场的一位朋友，见我奔走一生，实在是苦，因此接我来此地教他的一个女孩，以便休养一下，我所以在这里。我是湖北沔阳县的人，我预备本星期日上午八时来见　先生，我们林场的电话是西苑分局七十号。　先生的住所，我也从电话号簿里瞧得来的。　先生接到我信的时候，求　先生用电话赐个教，等我星期日好来，这是我很盼望的。肃此，敬请

　　伟安！

愚弟　张难先谨上
十一月十六日灯下泐于西山之麓

　　兹阅胡适日记等有关资料，均未见有两人面晤过的记载。1923年秋，张难先南下广东、广西和湖北任职，只是官愈做愈大，如任国民政府考试院铨叙部部长，监察院监察委员，浙江省政府主席，湖北省政府民政厅长、国民大会湖北省代表选举总监督。1942年至1945年，他当选为第三届、第四届国民参政会参政员。因为此时的胡适也是参政员，兴许这为他俩相会提供了良机。且不论他俩是否真的相见过，无论如何，张难先先生是胡适的哲学著作的热心读者，并是辛亥革命元老，则愈显得难能可贵！

　　张难先一生，淡泊名利、清正廉明、敢于抗争、一身正气；特别值得一提的是，他尊重知识、尊敬知识分子，他仰慕胡适，便是一个例证。

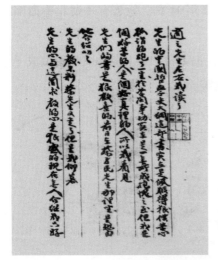
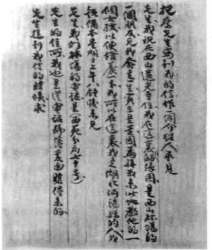

张难先致胡适亲笔函

1949年，张难先应邀出席中国人民政治协商会议第一届全体会议。中华人民共和国成立后，张难先先后担任中南军政委员会副主席、全国人民代表大会代表及党务委员会委员。

1953年12月，张难先应董必武之邀，为湖北省武昌东湖内为太平天国的九位无名巾帼英雄立的"九女墩"纪念碑书写碑文，后做成石刻嵌于纪念碑体之上，至今尚在，供人瞻仰。

1968年9月11日，张难先逝世，享年94岁。他著有《湖北革命知之录》《耻庐存稿》等。

2011年，张难先的长孙张铭玉，根据家藏旧籍及其祖父手稿编成《张难先集》，已由华中师范大学出版社出版。

高语罕与诤友胡适及汪原放

胡适有一些敢于谏劝的诤友，其中包括在学术上的反对者，他们的言行实在令胡适感到如芒在背。但是聪慧的胡适，总有办法应对，泰半是虚以委蛇，软丢，使之缓和；要么便是忍字当头，嬉笑处之；即便是气氛紧张，他也能扭转时势，逢凶化吉，其中还不乏有人成为莫逆。这当中就有一位早逝的同乡，曾给胡适写过九封信的知音，中国早期革命家、思想家和著作等身的文学家——高语罕先生。

高语罕其人其事

高语罕（1887—1947），安徽寿县正阳关人。原名高超。曾化名王若水、王灵皋、王瑞霖、戈鲁阳、张其柯、程始仁。十七岁时就读于凤阳县经世学堂。旋入陆军测绘学堂，1907年毕业。亲历马炮营反清起义，从此向往革命。1911年，与韩衍组建安徽"青年军"，任秘书长，乃事未竟。1912年，到日本留学，就读于早稻田大学。1915年，结识陈独秀。次年去上海，参与陈独秀和胡适兴起的新文化运动，作为先行者之一，协助创办《青年杂志》（第二年改名《新青年》），并在杂志上发表论文多篇。是年秋，他应一位莫逆之交、在芜湖的安徽省立第五中学校长刘希平之邀，赴第五中学任学监，兼授英语。1920年夏，高语罕离芜湖去上海，参加了社会主义青年团；后去北京，经李大钊介绍加入中国共产党。

1922年8月，高语罕与章伯钧等赴德国留学，入哥廷根大学，攻读哲学；在德三年，1925年春归国后在上海兼任上海大学教授；后去广州，担任黄埔军官学校政治主任（少将）、教官。1926年1月，他作为代表出席中国国民党第二次全国代表大会，被选为国民党第二届中央常务监察委员。1927年，高语罕任国民党安徽省委常务委员；一度担任汉口《民国日报》总主笔；是年4月，在武汉出席中共中央第五次全国代表大会；旋即出任国民革命军第二方面军秘书长。值得一提的是，1927年8月1日，高语罕参与策划并参加了著名的南昌起义，并且是《南昌起义中央委员宣言》的起草人。高语罕即随红军南下，可惜起义兵败，急走香港避难。由于在政见上持异议，1930年初，高语罕被上海一个叫春野的支部开除了党籍，高语罕似乎并不在意。倒是1932年10月，因为陈独秀被捕，却使高语罕不得不逃亡香港，不过彼此通信频繁。1937年，陈独秀出狱，他要高语罕带话给中共驻京代表，声明已脱离托派组织，信仰未变。9月间，高语罕在南京会见了叶剑英。1938年5月，他随陈独秀赴四川江津，以著述贡献于学界。1942年5月27日，陈独秀在故乡去世，高语罕以写挽联、作《哭独秀》白话诗，追念这位新文学运动的急先锋。此后，高语罕陷于贫困，靠花三年时光译完那部浩繁的违背信念的《圣经》和著书并为四川报纸写文度日。其间，他致力创作自传体小说《九死一生记》，这为世人研究其一生的主旋律提供了佐证。

抗日战争胜利后，1946年，他随《新民报》返南京。是年底，因患胃癌，卧床不起，历时五个月，终于1948年4月23日，病故于南京中央医院，享寿60岁；后葬于南京中华门外花神庙，墓碑由于右任题写。其故乡建有高语罕纪念馆。

著书立说，得益于亚东图书馆

高语罕是一位中国早期的共产党员。其光环不限于政治，他还是一位著作等身的杰出的文学家和翻译家。令人注目的是，他与胡适一样，都是宣扬新文化运动，提倡白话文，早期即受益于上海亚东图书馆（实为出版社）的多产作家。

说起亚东图书馆，它是1913年春，由汪孟邹（1878—1953）及其侄儿汪原放（1897—1980）在上海所创办的一家私人出版社。不过，开始时它几乎只是个印刷厂，后来职能提升，才逐渐成为拥有编辑部并独立出书及发行的出版社。该馆最早出版的著作是章士钊的《名家小说》，接着受益的有胡适与高语罕等人。胡适交给上海亚东图书馆出版的第一本书是译本《短篇小说》（第一集·1919年）。第二本书是著名的《尝试集》（白话诗·1920年）。此外，尚有郭沫若、宗白华、田寿昌（即田汉）著的《三叶集》（通信集·1920年），等等。

现在来谈谈高语罕交给上海亚东图书馆出版的著译作品。他的第一部作品叫《白话书信》（1921年），第二本曰《国文作法》（1922年）。以后依次是《白话书信·二集》（1926年），《现代的公民》（1927年），署名戈鲁阳的《牺牲者》（短篇小说·1928年），《现代情书1、2、3》（1929年），戴博林著，高语罕译的《康德的辩证法》（1929年），戴博林著，高语罕译的《斐斯特的辩证法》（1929年），高语罕编译的《辩证法经典》（1930年），《理论与实践》（1930年），《国文评选》（第一集·1931年），《国文评选》（第二、三集·1932年），《百花亭畔》（散文·1933年），《青年女子书信》（1934年），《申报读者顾问集》（1935年），《作文与人生》（1935年），《烽火归来》（1936年），署名王灵皋的《中国思想界的奥伏赫变》（1937年），此书是为该馆出版的最后一部著作，即第十八部著译作品。另有一部名《几行血泪》，不知何故，未能出版。当然，这只是指上海亚东图书馆一处的出版物，可谓喜马拉雅山之一角。

不过，特别值得一提的是，1922年2月，亚东图书馆专为高语罕的《白话书信》出广告，吸引了读者，取得了销售量上的突破。从而在社会上摘得了高语罕的《白话书信》与陈独秀的《独秀文存》和胡适的《尝试集》三合一的最畅销之书的桂冠。这一幸事，应该说三位大学者皆是心知肚明的。

汪原放与高语罕早是莫逆之交。作为出版社的编辑，他对高语罕出版的书的价值十分肯定。他有详细解说："高语罕的三本书。一本是《白话书信》。当初高语罕先生在芜湖赭山中学教书，晚上还要到平民夜校教课，他用书信体教学生，后来修改了一番，成为一部《白话书信》，内容有家庭书信、社交书信、工商书信、论学书信等，独创一格，采用了来往书信讨论问题的形式。这部书1921年1月出版，当年就印了三版，计九千册。据历年统计，亚东的书只有这部书印过十万册以上。在当年是一个很大的数目了。如果连后来给人家盗印的计数在内，数目更大了。1922年8月，他到德国去留学，自用与家用，全靠这部《白话书信》的版税。版税照定价一成，《白话书信》定价八角，版税就是八分一本，总算的数字是很可贵的哩！高先生回国后，还写过《白话书信》二集，获得的读者也很多。1922年9月，又出了高语罕先生编的《国文作法》，《国文作法》获得的读者不少。初版印四千，不久便再版，历年大概印了三万几千部。同年还出过他的一部《广州纪游》，是用日记体裁记述广州的市政、教育、社会状况的。畅销不很好。不过高先生在德国留学两年多，靠《白话书信》和《国文作法》两书的版税，勉强可以够用了。"

汪原放又说："（1925年）4月间，高语罕先生从广东来。那时高先生是黄埔军校的政治教官。一说他是中山舰事件后逃到上海来的；一说是党里把他调到上海来的。……高先生在外面说话很谨慎，但在促膝而谈时，他有时会很气愤地说道：'真不像话！'我老实说：'我们要先打倒校里的"段祺瑞"！校里的屋顶上竖着一面大旗，上面有一个大"蒋"字！'他对我说，他要好好地译一点书。有一天，忽然写了一封信给我，说他预备要译《震荡世界之十日》，我很赞成。可是他没有译成，到别处去了。"

汪原放接着又讲了一件事："1927年春，我正在忙着校对《红楼梦》，店里来电话，说高语罕给我电报。大意是：'我担任《民国日报》总编，希兄相助，任国际编辑，月薪90元。能来否？电复。语罕。'我决定去，到了武汉《民国日报》馆，总编已是沈雁冰（即茅盾）先生了。我寻到高先生，他告诉我，他现在有别的事，已和雁冰说好，仍由我担任国际编辑。"实际上，汪原放除了做编辑，还任过营业部主任，党内还是共产中央出版局局长。有一天，党内汇来一千元，要汪原放给高语罕治病。高语罕说，我还有钱，你拿去用罢。汪原放也没要，最后还是交公了。

在武汉期间，有一家同业新开张，汪原放请沈雁冰写个对联做贺礼。沈雁冰反要汪原放去写。汪原放就"试写了一副，句云：'赈济知识饥荒，完成世界革命。'当时的青年人争读新书，真是如饥如渴。不少女子争买《妇女运动概论》（杨之华著），男女都抢着买《现代的公民》《白话书信》二集等"。说来有趣，胡适年轻时的同乡、密友许怡荪于1919年1月12日，在致同乡高一涵（1884—1968）的信中透露出："语罕兄所编的《国文作法》，前已承刘希平兄寄下一份，良友随处代为搜罗，使我得所参考，令人感激无地！"许怡荪流露的喜悦之情，佐证了高语罕著作的利用价值甚高。

1927年4月12日，蒋介石在上海策划"四一二"政变，发动"清党"、犯下逮捕屠杀工人及共产党人的罪行。亚东图书馆不想成为"池鱼"，被迫将《新青年》《每周评论》等进步刊物烧毁；而畅销的高语罕的《现代的公民》和《白话书信》二集，不仅是书籍，就连纸型都免不了葬身火海。汪原放悲愤地说道：众人"一面烧，一面又心痛！"

高语罕是胡适的挚友，也是诤友

高语罕与胡适是皖南同乡，但比胡适年长三岁。两人是新文化运动中同一战壕的战友，然在政治上互不干预、各有依托；高语罕看重陈独秀的程度远胜于对胡适的付出，然而高语罕曾给胡适写过九封信（未见刊出胡适的复信，殊憾！），既表白了羡慕的心态，也坦诚地公开了自己的观点。他俩既是好友，但也是不可多得的诤友。

兹查阅胡适有关资料，均奇缺有关高语罕的记载。只知1921年8月2日，胡适去安庆，当时在宾馆久候的有刘希平、蔡晓舟、汤保民等，人群中虽无高语罕，但一份由高语罕、刘希平、卢仲农、汪雨相署名的《为市教育会改选事致胡适之、陈独秀、高一涵、王抚五诸君书》，被有心人胡适保存并粘在是日日记上，弥足珍贵。

为了印证高语罕与胡适的友情与诤言，兹公布高语罕致胡适的五封信，当可窥其一斑。

高语罕出版著作之一，图为《中学作文法》等书影

适之先生：

前天接到你的手书，惊悉你遭太夫人之丧，不能在芜小作勾留，使我们没开化的人，听听先知先觉的名论，实在恼闷得很！还望你节哀顺变，为道自重，太夫人泉下有知，当亦含笑。

我本一莽荡男儿，不足以谈学术，但平生乐阅贤豪、长者、哲人、学士之绪论，钦其言行，即思膜拜其人；实出于天性。现在主此教读，每恨目睹一般青年教育之腐败，无学无德，足以救他们的将来痛苦，非常自悔不早读书，现在困于职务，早作而夜急，又无暇将可以精研学术，读你的文字及讲演记录和《中国哲学简史》，知道你从此努力，必为中国学术思想史上一个重要的人物。此意每为此授诸生言之，借作他们的模范。

你从府上什么时候动身赴京？约计几日可以抵芜？务请先期示知，以便欢迎。来时即请下榻赭山，一来可以使我多多聆教，二来芜湖风景以是校为最，长江千里，尽在几下者览睹之美。千万不必客气。此复。即颂礼祉。

弟高语罕 十二月二日

此间还有一个畏友名叫刘希平，他抱……心肠。来时一谈便晓。

高语罕这封信写于1918年12月2日，此时已是胡适美国大学毕业后，应邀担任北京大学教授之际。这年胡适27岁，因遵母命，成婚。胡适于1917年12月13日，回到绩溪故乡和他敬爱的寡母身边。是年底，胡适终与贤惠的同龄乡女江冬秀喜结了良缘。胡适在"里中居四十五日"。1918年1月30日，胡适返回北京大学。6月间，江冬秀来京团聚。11月23日，未料胡适心目中伟大的母亲忽然去世，这使孝子胡适悲痛不已，他于是携眷回乡奔丧。胡适在11月30日，给在芜湖第五中学教书的高语罕写信，陈述他丧母之痛。两天后，高语罕立即写了此复信。在信中，高语罕除慰劝胡适"节哀顺变"外，便加大力度，贬低自己、高抬胡适；主旨在邀胡适顺道驾临他的第五中学向师生进行演讲，此举一箭双雕，公私分享，也不无可为自己增光之意图。至于信末所说"畏友刘希平"，此君乃安徽六安人，时任芜湖第五中学校长，是高语罕的顶头上司。

1919年3月21日，胡适在北京大学期间，也正是他在酝酿迎接自己的美国导师杜威来华演讲之际，高语罕给胡适奉函，表白心迹。信是这样写的。

适之先生：

去年阴历腊月里，我头一天离了芜湖，先生第二天就到了此地，这真叫作"失之交臂",实在令我懊恼得很!今天接到你给希平先生的信,蒙你记挂着我,我是很感激的。我回到学校已好几天了。

我和希平先生在此对于学生处处眼光都注在"平民的生活"上,极力反对官僚主义,总统目的的一般人;但却对于学生时常的谈谈政治,因为"政治"这种学理,在现代国家社会里面,我们一般人万不能不研究他;更万不能不教学生晓得国家社会的起源和组织的成分,以及我们人类对于国家社会居于何等地位。所以先生的"二十年不谈政治"的话,我和希平先生皆未敢绝对赞同;因为现在中国闹得乱七八糟,正是杜甫所说"白狐跳梁黄狐立"的时候;政治若想他有几希清明之望,还全仗着我们以教育做生活的人常常对着一般青年谈谈,才有打破军阀政治官僚之一日。所以我和希平先生极端赞成先生二十年不入政界;却希望先生永远做一个政治学者、哲学者,时常发表政治的谈话,做一般青年的指导。

其实先生不谈政治的意思,何尝不就是表示自己不入政界的意思呢。不过我和希平先生恐怕一般人望文生义,易于误解,故尔在此呶呶不休,先生也以我们这话为然么?

请赐教。即颂教祉。

弟　语罕　三月二十一日

希平先生不日当有复信,仰先生附笔问候。一涵兄请你替我和希平给他问一声好。

高语罕致胡适之函,值得深究的焦点,乃是作为一位正直的诤友,奉劝胡适恪守不入政界之言行。胡适为什么会口出此言?实际上是有原因的。兹从《胡适留学日记》,1917年1月27日,胡适记道,是日:"去斐(费)城演说,途中不容不一访(朱)经农,相见甚欢,一夜经农曰:'我们预备要中国人十年后有什么思想?'胡曰:'此一问题最为重要,非一人所能解决也。然吾辈人人心中当刻刻存此思想耳。'"胡适又在英语口述(唐德刚整理)中说起:"我们要二十年不谈政治,二十年不干政治。"再看1917年4月11日,胡适从美国大学毕业前给同乡密友许怡荪的信便知底细了。胡适说道："适已决计十年内不入政界。此时政客已多，而学者太少，故自誓以著一良善完全之《中国哲学简史》为十年事业。倘能有所成就，则终身竟作学者事业，终身不入政界矣。故人曾以政界事相期许，故以此相告。"胡适的不入政界之说，看起来是针对朱经农而发声；实际上，胡适是这样说的也是这样做的，基本上没走样，是他自始至终所恪守的信条。

高语罕对胡适是衷心钦服的，胡适与陈独秀是新文化运动的先驱者，为之做出巨大的贡献。请看1919年12月29日，高语罕是怎样公正评估胡适的。

适之先生：

新文化的运动，总算很快；芜湖青年也多少受点影响。我们饮水思源，不能不归功于先生和独秀。

所以从北京来的朋友，我必须要问他们："适之怎样？独秀怎样？"这并不是个人友谊的原故，因为你俩一举一动，皆与青年前途（文化运动青年改造）有极大的关系。

前天有一个北大的学生来说："独秀此次出狱以后，越发长进；而适之近来大嫖起来了！"言下很有替我们青年前途担忧的意思。我因为虽读过先生好些著作、通过信、同朋友谈论过你，却未曾见过面，不敢妄加批评，但我的忧虑也同这个北大学生一样。北风多厉，诸望珍重！

高语罕　民国八年十二月廿九（1919年12月29日）　北京

高语罕这封信写于1919年12月29日，即是年年底。说明直到此时，高语罕虽然身在北京，但仍然未能与胡适见面。有著作说，早在是年1月，"胡适来到五中为全校师生做了演讲"，此说显然不能成立。高语罕在信中说"陈独秀出狱以后，越发长进"，但又妄说什么"而适之近来大嫖起来了"。这大概是指胡适在1918年7月，写过一篇《贞操问题》；1919年4月，再写过一篇《论贞操问题——答蓝志先》等论文之故。

高语罕理直气壮地说道:"新文化的运动,总算很快;芜湖青年也多少受点影响。我们饮水思源,不能不归功于先生和独秀。"但高语罕在1932年9月22日,为《现代名人书信》作《序言》时,却改变了他的传统态度。他写道:"真正以白话谈文学、用白话写文学的,那要首推《创造社》的一班人,郭沫若、郁达夫、王独清、成仿吾诸人,他们当时都是急进的青年,他们欢迎五四运动赋予他们的使命,鼓动着太阳般的热情,从事于文学运动,他们之中的一部分走到国民革命的营垒,又走到社会主义的营垒。"此言甚善,因为新文化运动,宛如春雷,它鼓舞着全国包括《创造社》、芜湖青年在内的人们,勇往直前、夺取胜利!这是社会新思潮的主流,其势是不可阻挡的。高语罕美化这一层面的动向,无可非议,这无损于他对陈独秀和胡适旗手作用的首肯。

1920年2月6日,高语罕致信胡适。

适之吾兄:前天到上海,和独秀谈了几天,晓得你的近状,我很喜慰。你那里有周作人兄弟的《域外小说集》么?若有请寄把我一看,看完便寄还。你不以"新村"为然,我很赞成;但我们至少也要认他为改造社会的一种运动。不过没有你所主张的猛勇精进罢了。

弟　语罕　(民国)九、二、六

此信反映了高语罕与挚友陈独秀的亲密关系;再度敞开心扉,表达对胡适的亲切关怀!

笔者要谈的是高语罕与胡适彼此对"新村"问题的异同观。所谓"新村","原为日本武者小路实笃所创。辛亥革命前后,江亢虎曾在中国提倡过。1919年,周作人将其作为一种改造社会的新思潮,在《新青年》杂志上撰文介绍,主张寻找一块理想的试验地,组成'新村'。参加者共同劳动、共同生活;主张泛劳动主义、提倡协力,以求得既尽对人类的义务,又尽对自己的义务,而达到发展自由、创造人类幸福的目的"。

笔者认为胡适拒绝好友周作人的"新村"主张,是因为他认识到这是陷于空想的舶来品，故"不以为然"，这种态度不失为明智的。有趣的是，对此"新村"，高语罕既与胡适同感，但他又函劝胡适接纳"新村"主张，这不能不让人感到实在是匪夷所思。

　　大约是在1919年至1926年间，高语罕曾与友人听过一次胡适的演讲。但他们对胡适所讲文法问题有异议，因而便给胡适写了一封信。信曰："适之先生：你讲的白话文法，是讲做白话文法的方法论或是研究白话文法的方法论，绝对不是讲单纯文法。我们来听的人，大多数都是多少研究过一两种外国文法的，绝不希望你今天的讲法。高语罕、李立民、胡浩川、黄树村。"高语罕等在信尾所说"绝不希望"是"绝不赞成"之意。此言坦荡，是一群净友之善言也。

《现代名人书信》保存胡适信函

　　1932年9月22日，高语罕被一位佚名作者和出版单位共同推举、先谢绝后默然接受由他编辑并写有"叙言"的《现代名人书信》一书，在1933年由上海光华书局印行问世。

　　高语罕在《现代名人书信》的"叙言"中说道："我们晓得：五四运动是中国资本主义在思想方面、在政治方面的第一次抬头的社会运动。而《新青年》杂志就是这一运动之思想和行动的唯一领导。它的旗帜虽然是单纯的白话文的解放运动（或者胡适先生是如此），然而它的另一领袖已代表中国急进的资产阶级的意识，提出拥护德先生（德莫克拉西）与赛先生（赛因斯）的两个中心口号。这两个口号正确地传出资产阶级性革命的主要要求。……"

　　《现代名人书信》收录了有关胡适的来往书信七封：1.胡适致陈仲甫；2.朱有畇致胡适之；3.朱有畇致胡适之；4.钱玄同致胡适之；5.陈西滢致现代评论记者；6.陈丹崖致陈独秀；7.陈独秀致陈丹崖。

　　以上七函，前四函按高语罕在"叙言"中说，主叙文字改革，即对语体文运动的讨论。胡适收信后，可能是因为发现笔锋直指钱玄同先生等人，似有寻求自己支持之意图，故即将署名"朱有畇"的来信交钱玄同回复了。"朱有畇"两函冗长，此处从略。另余三函，系内容涉及胡适而已，因含有一定价值，故一并纳入胡适名下，幸能填补一点历史的空白。

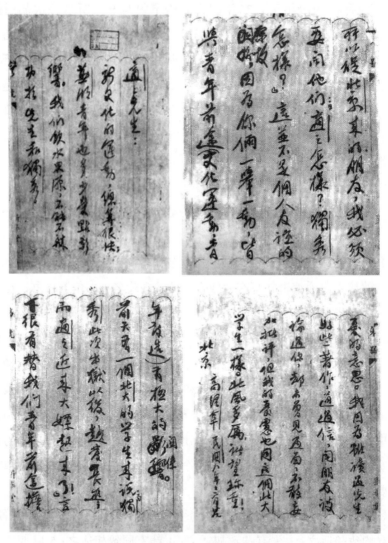

1919 年 12 月 29 日，高语罕致胡适亲笔信

王慕阳对胡适的期望

王慕阳何许人也？答案是这是一位三小人物：其一，地位低，即小老百姓。其二，住地不显赫，他是江苏北部一个小县城——沭阳县人。其三，职业小，即沭阳马厂小学的教师。笔者查遍胡适的文集、日记、资料等，均不见榜上有此人的大名。这就意味着王慕阳的确是一位圈外之凡人。可以想见，胡适根本不认识此人。民国耆宿、《民国日报》主编邵力子（1881—1967）先生，虽也不认识但却赏识此人。

可是，王慕阳却知道这位名扬华夏的大人物胡适——且不论胡适从不把自己抬上什么大人物的宝座上。这是什么原因呢？

笔者从自己收藏的《民国日报》上看到，1923年10月23日，该报《觉悟》专栏里刊登了王慕阳的大作《我所期望的胡适之》，王慕阳是胡适任主编的《努力周报》的偏远小县城中的订户与热情的读者。《努力周报》成了一座作者与胡适之间难于跨越的金桥。令人敬佩的是这位小人物作者，竟然发出了与大人物们相同的忧国忧民之声，并且将矛头直指胡适及其《努力周报》，提出了代表民意的期望。按说胡适应该会听到这个呼声的，何况该文末段，还另行刊出在《民国日报》主编邵力子的"附识"，即今之编者按语，公开支持作者对胡适的期望与要求。下文如何，不得而知。

笔者念及王慕阳这位小人物对时局败坏、国家危亡，特别是军阀混战、争权夺利、祸国殃民的言行，不愿熟视无睹，且把期望寄托于胡适及其《努力周报》，此举也不失为民意中的一道霞光！

现将王慕阳的《我所期望的胡适之》全文披露如下：

在学术界上言论界上，久不见适之先生的作品了。在先我很怀疑，常以为适之先生不是个独善的个人主义者，他是提倡人要做"奋斗的好人"的；我想他不致匿迹销声过那隐遁的生活。后来有人对我说了，适之先生病了，我才恍然明白；同时，期望他早早恢复健康的热望，直到如今从未减少一分。前天我兴致勃勃地向校长建议订了一份《努力周报》，它是从七十一期寄至七十三期。看了之后，把我沸腾的热望，直降至零点以下。我相近一年没有看见《努力周报》了，我以为现在的《努力周报》仍同从前一样的精彩。谁知把寄来的几期一看，里面多是些无聊作品，充塞篇幅。再回忆去年适之先生在《努力周报》上发表的《我们政治的主张》，都已成为文字的纪念了。有人说："现在的学者，善于跟着时势转变，这话是不幸而言中了。"过几天我转想到，现在《努力周报》所以这样无聊，大概是由于适之先生有病的原故吧？我又转想到，《努力周报》不是适之先生和他朋友办的么？适之先生既然有病，难道他的朋友都有了病么？我正要写信到《努力周报》社里去请教，忽在《觉悟》上看见力子先生致适之先生的信，使我生了多少的欣慰与愉快。我欣慰的是得着适之先生的消息，并得悉他已恢复健康，我愉快的，是我不满意于《努力周报》的地方，已由力子先生尽量道出。但我又从欣慰愉快中生出无限的期望，把它记在下面：力子先生的意见，是劝适之先生把《努力周报》停办，不然，便请适之先生快回北京，以努力的论调与群魔决战。我想适之先生把《努力周报》停办，大概是未必，一定是快回北京，以《努力周报》的论调与群魔决战。但我对于他的期望，还要进一步。我以为徒以舆论来决战，没有多大的效能。我还记得去年适之先生等的《我们政治的主张》，他们不是说政治改革有三种基本原则么？一，不是宪政政府么？二，不是公开政府么？三，不是有计划的政治么？不是要以决战的舆论为政治改革第一步下手工夫么？？这话说了一年多了，决战的舆论的效能在哪呢？蔡孑民先生是同他新婚夫人到西洋去了，其余都是噤若寒蝉了。他们常会说："好人笼着手，恶人背着走。"我看这些好人都笼着手不作一声了，那些恶人真背着走了！我以为他们纵然仍以决战的舆论，想来改革政治，那是办不到的。看看这班张牙舞爪的牛鬼蛇神，个个的脸皮比西瓜（皮）还厚，任凭你如何的决战舆论，他听了似耳边风；所谓是"笑骂由你笑骂，好官我自为之"。我的意思，要适之先生们知道以决战的舆论为改革政治第一步下手工夫，已试行失败了。我愿适之先生再进而想出改革政治第二步下手工夫，切切实实去实行。适之先生教人高唱的"干！干！干！"的歌，我却要请他真去"干"一下才好呵！我还记得适之先生的《努力歌》，他说："不怕阻力！不怕武力！只怕不努力！努力！努力！阻力少了武力倒了，中国再造了！努力！努力！"适之先生呀！我们中国现在不怕阻力并未减少，武力并未曾倒，反而增加和格外猖獗了；你既要想中国再造了，你能不格外地大大努力一番么？

十二·十·二三　于沭阳马厂小学

慕阳先生的意见和我全然一致。他对于《努力周报》失望，但也以为适之先生绝不至于竟把它停刊；然而现在已停刊了，不知道慕阳先生更要如何失望咧！我们只能祝颂适之先生增进健康，每日三复他自己作的努力歌！力子"附识"。

邵力子在先，王慕阳在后，共同著文向《努力周报》主编胡适施压并寄予期望的根源何在？兹查胡适日记等有关资料，发现邵力子、王慕阳两人的呼吁是事出有因的。1923年10月5日，北洋军阀头子曹锟（1862—1938）以重贿当选为北京政府的总统，这种用不正当的手段窃据国家元首的逆行，自然遭到全国上下一片声讨！上海的一般朋友，都劝胡适暂不回京，医生也不赞成他出来工作，包括《努力周报》出版问题。7日，胡适邀请任叔永夫妇、朱经农、徐新六等来讨论《努力周报》在当下是否要出版的问题，一致意见是暂停出版。胡适说："停办之事，原非我的本意。但此时谈政治已到'向壁'的地步。若攻击人，则至多不过于全国恶骂之中，加上一骂，有何趣味？若撇开人而谈问题和主张——如全国会议、息兵、宪法之类——则势必引起外人的误解，而为盗贼上条陈也不是我们爱干的事！辗转寻思，只有暂时停办而另谋换一方向勤力的办法。"10日，胡适在75期的《努力周报》上，刊登了一则"胡适启事"，申声"顷来上海，再受医生的诊察，医生仍不许我多做工……只好决定《努力周报》出至75期为止，暂时停刊。将来拟改组月刊或半月刊，《读书杂志》仍继续出版，赠与订阅《努力周报》的诸君。……此时只好请诸位爱读《努力周报》的朋友们准我们暂时告假了。"

胡适将他这一篇坦诚而又洒脱的告白推出后，也许他以为太平无事了，他便再度忙碌于好友的宴请之中。就在当天下午三点钟，胡适应邀出席郑振铎与高君箴女士的结婚观礼，曾发表演说，令在场的《民国日报》主编邵力子感到"很是佩服"；看到胡适健康已恢复"尤其欣慰"。因为他已知道《努力周报》已停刊，对此颇为不满！于是便在是月12日的《民国日报》《觉悟》栏内，发表了一篇挑战性的《致胡适之先生的信》。但是这篇文章被胡适看到了，不甘沉默的胡适禁不住地发了声："近来有一位爱读《努力周报》的朋友邵力子先生在'觉悟'（十二年十月十二日）上发表一封《致胡适之先生的信》，说自从我称病搁笔以后，《努力周报》便没有精彩了，他说：'先生试想，照这样支撑下去，不太觉无聊吗？'邵力子先生太恭维我个人了。其实我们的《努力周报》里最有价值的文章，恐怕不是我们的政论，而是我们批评梁漱溟、张君劢一班先生的文章……《努力周报》将来在中国的思想史上占的地位应该靠这两组关于思想革命的文章，而不靠那些政治批评——这是我敢深信的。

"今日反动的政治已到了登峰造极的地位，拜金的国会议员已把曹锟捧进新华门了。……我们在这个时候，决意把《努力周报》暂时停刊。但我们并不悲观。我在《努力周报》第五十三期上曾说：'我们深信，有意识的努力是绝不会白白地（浪）费掉的'……这一年来的《努力周报》在精神上是继续连贯的，只是在材料和方法上稍有不同罢了。"

胡适这番公开表白，是对邵力子也应是对王慕阳期望的回答。就在10

月24日，王慕阳发表《我所期望的胡适之》大作时，胡适正在杭州与挚友徐志摩、朱经农、曹诚英在"一品香""楼外楼"饭菜酒乐之后，在美丽的西湖荡舟赏月！令邵力子、王慕阳的期望落空的一件事终于出现，那就是《努力周报》出到75期之后，令人惋惜地与世人永别了。

陆久之等批评章行严，称赞胡适

新文化运动是一个顺应时代潮流，推促社会发展，在文化领域内产生的一场思想革命运动。它和各个领域内的革命运动一样，都会自然涌出拥护者，但也不乏出现反对者；而新旧思想意识在交替过程中，产生拼搏、融合、淘汰，则是不以人们的意志为转移的历史发展的必然趋势。

20世纪20年代初，中国产生了新文化运动，这是中国社会进步的标志。这场文化运动叱咤风云的主将是胡适，当然在这支逐渐兴起而壮大的队伍中，既包括一些著名的文人学者，但可喜的是它也拥有春雨后涌出的年轻的知识分子的群体。

章行严先生究系何方神圣

章行严（1881—1973），字士钊，号孤桐。湖南长沙人。幼年就读于两湖书院和陆师学堂。1904年，加入军国民教育会，被推为军事教习。同年受聘，任《苏报》主编。因参加组织"华兴会"外围组织——爱国协会，一度遭清廷逮捕。

章行严出狱后，流亡日本。1907年，入英国爱丁堡大学，攻读政治经济学和逻辑学，常为国内报刊文，鼓吹立宪政治。1911年，武昌起义爆发，乃回国。旋主持同盟会机关报《民立报》。1913年，起草第二次革命宣言书，失败后，再次亡命日本。在日本期间与陈独秀等人创办《甲寅》月刊。1914年，任欧洲事务研究会书记。1917年，被聘为北京大学教授。

有趣的是，他与刚从美国回来比自己小十岁的年轻教授胡适成为同事。一年后，章行严走上了仕途，先出任广州军政府秘书长，后成南北议和的南方代表之一。1921年，章被派赴英国考察政治；回国后，下调任北京农业专门学校校长（亦说是北京农业大学校长）；在这期间，他却向胡适的新文化运动进行挑战。1923年10月15日，胡适应汪姓朋友之邀，出席彼之家宴，同席的除陈独秀外，还有章行严。吃饭后胡适曾与章行严交过一次锋，这是所知的他俩同席并交锋的鲜见例子。由于章行严坚持己见，错评新文化运动，于是在社会上引起了巨大的反响。1924年，章行严官运亨通，先后再任北洋政府直系军阀段祺瑞执政府的司法总长和教育总长；1930年至1936年，又回教育界，先后出任东北大学文学院主任、上海法政学院院长等职；1939年，去香港折回重庆，曾受聘任第一、二、三届国民参政会参政员；其间，有幸又邂逅同为参政员的胡适。抗日战争胜利后，章行严在上海任律师。

1949年，大陆全境解放前，章行严作为国民党南京政府和平谈判代表团成员，谈判破裂，遂留北平。同年出席中国人民政治协商会议第一次会议。

中华人民共和国成立后，章行严历任政务院法制委员会委员、全国人民代表大会常务委员会委员和全国政治协商会议常务委员会委员、中央文史馆馆长。1973年7月，病逝于香港。著有《中等国文典》《逻辑指要》《柳文指要》《甲寅杂志存稿》《长沙章氏丛稿》《名家小说》等。

《民立报》一页

陆久之对章行严的《新文化批评》的怀疑

陆久之（1902—2008），湖南长沙人，中学时代即喜读《新青年》进步刊物；1926年即参加中共上海地下党，任总工会秘书处联络员；后赴日本早稻田大学攻读，曾任《申报》驻东京特派记者。上海孤岛时期他创办《华美晨报》；抗战胜利后创办《改造日报》，后遭国民政府封杀。

1923年8月，陆久之投给《民国日报》主笔邵力子一函，全文如下。

力子：

昨天是浙江暑期学校最后一星期的最后一天，办学的先生们跑到上海去，敦请北京农业大学校长章行严（士钊）先生来杭（州）演讲，讲题叫作《新文化批评》。但我听了他讲到一半的时候，就跑出来了。因为我实在不愿听那不合时宜的顽固言论啊。现在我把我所听的话要写在下面，请你下个公正的批评，免得那班崇拜偶像的人徘徊歧路。章先生所讲的题目，虽叫作《新文化的批评》，然也可叫"新文化的诅咒"。因为章先生除发表很单调的毁谤新文化和笑骂胡适之先生的话以外，并没有讲到其他的意思。他说："新旧不是绝对的，是循环的，现代的新文学，自然亦是随着这趋势，将来要复古到旧文学的。"又说："文学有三种要素，就是时代、环境和人类；各国的情形不同，这三种要素当然也不一样，因此英有英的文学、法有法的文学、中国也有中国的文学，决不可将西洋文学搬到中国来，硬把中国文学去西洋化的；并且不但搬来不适宜，而且搬也是件不可能的事，勉强搬来也不过是件皮毛和躯壳罢了。"他又说："新文化运动的起源，不过是胡适之先生无意识地撒了一把火，现在他见着不可收拾了，所以又要提高语体文的程度，这不是很可笑的一件矛盾事情吗？还有，胡适之他劝人家要做好的文章，必须以语体文做工具，'工欲善其事，必先利其器'，语体文就是个利器；其实胡适之自己做文，还是拿文言做工具，青年人如果信了他的话，就上了老当了。"同时他所持的反对语体文理由：'语体文对于一种思想，只有一种描写方法，不论描写的对不对和好不好，它说没有较好的方法可以改，此外，他不过赞美旧文学和发展他复古的话，所以我也不多写了。'唉！做着大学校长的人，居然还有这老学究的头脑，实在可叹极了。你看到这封信，也不由得你不倒抽两口气呐？

陆久之 一九二三·八·十八·杭州

章先生这个题目，在湖南讲过，在北京讲过，所讲的总是这句。在湖南、北京讲了以后，也曾有人批评；可是章先生总不改变他的论调。所以我们听到章先生又在杭州讲这么一套，毫不觉得惊异；不过主持浙江暑期学校的人，究竟有无定见，确是一个疑问罢了。

C·H　评章行严的《评新文化运动》

本文作者 C·H，不知何许人，但是两个英文字母，显系姓名的缩写。

C·H曾向《民国日报》投寄矛头直指章行严的《评〈评新文化运动〉》一稿，1923 年 8 月 24 日刊出。这是一篇与上述陆久之那篇恰有异曲同工之妙的佳作。兹将全文转录如下：

唱调和论的章行严，近来常有批评新文化运动的演说，引起的反响颇多；可惜我没有听讲的机会，故无从加入讨论。这两天，才在《新闻报》上读到他《评新文化运动》；虽然他自说这还是个"概略"，然而重要的意思大致已不过如此了。我们没有读他的大作以前，一定要想到这个题目是不容易下笔的，因为起码不但要了解新文化的意义，并且要明白各种新文化的内容。然而章先生除了把文化下了个定义外，便是说他的"即新即旧不可端倪论"，不过中间引进胡适之的什么文学条例作个举例。实实在在，他或者连胡适之"新思潮的意义"和陈独秀"新文化运动是什么"也没有仔细看过。于是所谓"评新文化运动"实在不是评新文化运动，不过是"谈谈新旧不分论"罢了。这个，或者因为看不懂白话文之故。但是要批评——反对——看不懂的东西，恰好用胡适之的话来回答——"不懂白话文的不配反对白话文"。

章先生所下的文化的定义，也知道一个民族，除"善守历代相传之特性"以外，更应当"适应与接之环境，曲迎时代之精神"；并且也知道文化绝没有一种是"放诸四海而皆准，传诸百世而不易"的。然而章先生批评新文化，便只存一东西不同的成见，而把古今不同的定例抛却了。……

章先生又说新是在旧里面的。这个，我们不能了解。我们知道无论什么东西不能凭空掉下来，但所谓"新"实是由旧的蝉蜕而来；可以说"新"的里面它包含有"旧"的美质，但所谓"新"的，乃是把"旧"的不适于新时代和新环境的一部分淘汰去，而保留其还可适应的一部分，因此，这时所谓的"新"，已决不是从前的那个旧东西；而听所谓"旧"，更决不能包含现在的新原质……

章先生所引胡适之先生提倡语体文一段，似乎太难为情了！他不能不承认胡适之的白话文是有理致条段的，但必推崇胡适是日寝馈于文言的，所以文言可白话亦可。他似乎说此外的人，便不应该作白话文了。而且，章先生又说一般的人一味在《胡适文存》中找文章义法，在《尝试集》里找声律；这与说今日谈新文化者必尽毁弃固有的文明，同为章先生自造出来的断案，我们只好听听笑笑了。不过，章先生对于进化论生机主义等等，能列举从前有什么人说过？难道对于白话文，便不能指出胡适之以前有什么人做过吗？我想起来了，这因为章先生不赞成之故。如果赞成了，那么，比进化论等所举的很牵强的古说，要一百二十分贝确实的，会找不到吗？至于章先生以为文化这样东西，"乃最少数人之所独擅，而非士民口口之所共喻"，此种垄断学术，致使大多数人不得享受文化权利的怪论，我们不但不忍说，并且不忍听了！

C·H的大作，表现出的观点泾渭分明，探讨有一定深度，论叙富于哲理，立意敬而评之，实在耐人寻味！

"愿长相亲不相鄙"

胡适看到了章行严的这篇《评新文化运动》，他没有像人们所恭维的那样，对贬低歪曲新文化运动，嘲弄攻击自己的言行保持沉默，因为这是重大学术问题，他决意不留情面，奋起还击，如对章行严，他曾给予面斥并写成《老章又反叛了》的文章，旨在捍卫新文化运动的成果。不过，心地坦荡，为人忠厚、大度的胡适，并未揪住"老章"不放，而是念着与章行严"愿长相亲不相鄙"，目的在于营造一个和谐共处的环境。

我们从胡适日记《中国新文学大系——文学争论集》中，特别是从《老章又反叛了》一文中，便能透视出他俩的交往含有多少令人惊叹的戏剧性啊！1923年9月27日，胡适在日记中说道："今日潘力三（大道）夫妇同了一班人到山上来看我。夜间又在旅馆相遇，我同力三谈，他说，行严近作《评新文化运动》一文，自己说是给适之出了一个题目。我说，请你告诉行严，这个题目我只好交白卷了，因为他的文章不值得一驳。力三说：'不值一驳'四个字，我可以带信给他吗？我说，可以的。"

10月5日，胡适应一位汪姓朋友的家宴，陪客除陈独秀外，还有"冤家"章行严。谁料饭后，胡适把章行严的《评新文化运动》那篇文章不值一驳的话，当面告诉了章行严。这一突袭，令章行严猝不及防，一时不知所措，就连主人汪某也感到惊诧不已。事后，汪某对胡适说："行严真有点雅量，你那么说他，他居然没有生气。"胡适立即回答主人，说："你只知其一，不知其二。行严只有小雅量，其实没有大雅量；他能装作不生气，而其实他的文章处处是悻悻然和我们生气。……他在《评新文化运动》一文里，曾骂一小般少年人：'以适之为大帝、绩溪为上京，一味于《胡适文存》中求文章义法，于《尝试集》中求诗歌律令！'我们试翻开那篇文章看看，他骂我们作白话的人'如饮狂泉''智出英伦的小儿女之下''以鄙俗妄为之笔，窃高文美艺之名，以就下走圹之狂，隳载道行远之大业……陷青年于大阱，颓国本于无形'……这不都是悻悻然和我们生气吗？这岂是雅量的表现吗？我们观察章士钊君，不可不明白他的心理，他的心理就是一个时代落伍者对于行伍中人的悻悻然不甘心的心理。他受过英国社会的一点影响，学得一点吴稚晖先生说的臭架子，所以我当面说他不值一驳，他能全不生气。但他学的不彻底，他不知道一个真正臭架子必须有Sportsmanship，可译为豪爽。豪爽的一种表现就是肯服输。一个人不肯服输，就使他隐忍于一时，终不免有诟骂的一天。"胡适又说："行严是一个时代的落伍者，却又虽落伍而不甘落魄，总想在落伍之后谋一个首领做做，所以他就变成了一个反动派。"

胡适的一番诤言，得了吴稚晖的赞同，他说："胡适之先生所谓'不值一驳'。章先生愤极，（将《评新文化运动》）一登再登于《新闻报》及《甲寅续刊》。那篇文章尽是村学究语，自然不值一驳。做那种文章，简直是失了逻辑学者的体面。……我们万万不料多年崇拜的章行严先生，他胸中还是这么一套。"接着，吴稚晖探索其思想根源，他认为"这是他近年来略略收藏书画，被官僚包围了，雍容欢乐于故纸堆中，其实必定是束书不观的结果"。

谁知冤家路窄，10月8日，胡适"到亚东（图书馆），行严来，畅谈。行严确是一个时代的落伍者，但他的气度很好，不失为一个绅士"。双方偶遇一地，礼貌地进行了"畅谈"，可以理解为这是一次面对面的、时间较充分的交流与沟通，结果是双方都成了欢喜冤家的君子，而获得的终是双赢的好局面。

时光过了一年多，胡适回忆道：

（1925年）2月里，我有一天在撷英饭馆席上遇见章君，他说他那一天约了一家照相馆饭后给他照相，他邀我和他同拍一照。饭后我们同去照了一张相。相片印成之后，他题了一首白话诗给我，全诗如下：

你姓胡，我姓章，

你讲什么新文学，

我开口还是我的老腔。

你不攻来我不驳，

双双并坐，各有各的心肠。

将来三五十年后，

这个相片好作文学纪念看。

哈哈，

我写白话歪词送把你，

总算是老章投了降。

胡适看后说："这样豪爽的投降，几乎使我要信汪君说的'行严的雅量'了！他要我题一首文言诗答他，我就写了这样的四句：'但开风气不为师，龚生此言吾最喜。同是曾开风气人，愿长相亲不相鄙。'"

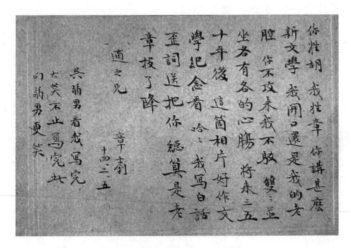

章士钊亲笔写给胡适的白话诗

应该说，章行严先生的白话诗是够"白"的了，而胡适先生的文言文也够"文"的了；双方都交了满分的答卷。尽管这种纸上"休战"的寿命不长，因为事后又出现了《老章又反叛了》。然而胡适所提倡的具有穿透力的"愿长相亲不相鄙"的精神，却有承前启后的价值。

此话果然当真。1934年2月7日，胡适在上海"到汪原放家中吃饭，见着章行严，多年不见他了，他现在上海做律师，实在是靠杜月笙等人吃饭。他说，他现在是'吃流氓饭'！我劝他写一部自传。他现在吸鸦片烟，每天到跑狗场，甚可怜"。胡适对老友休战后的不幸境遇，不由产生了怜悯之心！

以后，天各一方，但是章行严的心中还有胡适的位置。1943年3月28日，章行严因故给远在美国纽约的胡适写了一封信：

适之吾兄左右：
数年不见，积思成痗，人自彼洲来，辄询吾兄起居，藉谂闭户著书，优游自适，至为欣慰。弟蛰居陪都六年，亦颇有颜回陋巷之乐，且生平所不为之事亦忝为之，诗词都略问门户，惜远道无从就教。兹以朱学范兄来美之便，即草数字奉候。朱君少年精进，博通世故，慕兄名德，晤时望有以进之。不尽百一。专此，顺颂著祺。

弟　章士钊谨启
三月廿八日

　　章士钊致胡适的大函，承载着中国文坛两颗巨星的新旧情感和人已融凝成一体，凸显"和为贵"的风采，也展示着新文学运动的不朽生命力。

胡适香港演讲"惹起广州的小风波"

1935年2月某日的《北洋画报》上刊登了一位普通人——余沐女的一篇短文《胡适之碰壁归来》，全文300余字，作者未竟其意，只在为广东人鸣不平的问题上，出了一口怨气，但对整个风波的来龙去脉却不甚了了，如此，笔者来填补这一空白。

余沐女这位几十年前的作者，虽不知其出身和经历，但识文知人，他（她）当是一位熟悉胡适的情况，至少读过胡适的许多著作，尤对胡适的行踪投于目光，著文虽对胡适多有微词，但心中不免蕴藏有些敬意者。

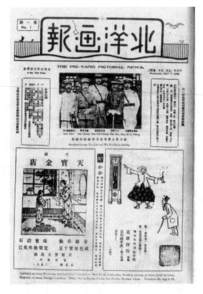

《北洋画报》一页

现将余沐女的《胡适之碰壁归来》全文转录如下：

胡适之博士这次赴港接受香港大学授予荣誉博士学位，这本来是脸上装金的好事，并预定戴着新头衔到广州去演讲，却不料因为语言失检，反饱尝一下闭门羹的趣味，也可算是求荣反辱了。现在胡已北返，他解嘲的话是"当局虽误会，青年不误会"，这倒说得漂亮，只可惜他到这时才知道把青年和当局分开讲，未免太晚了。本来广东学校的实行读经，只是古直这一班妄人，摸着陈济棠的脾气，开的倒车，胡博士为何不分青红皂白，笼统说成是广东，难不成是因为广东文化低落？其实广东人不但在文化上不落后，数十年来哪一件革新运动，不是有广东人参加做主角，甚至由其领导？即以五四运动的文学革命而论，这自然是胡博士自认为最了得的新运动了，但据胡博士自述，当他在美国留学，最初提倡白话文的时候，第一个给他鼓励的是当时的留学生监督钟文鳌先生。如果没有他的鼓励，白话文的功业也许要落到别人的头上去了。这位钟先生便是广东人。胡博士为何竟一时忘记了呢？爱赋打油诗一首，以纪其事："乘兴南游万里行，冤家相见眼分明。只因瞎说恭维话，惹得人人共骂名。"

余沐女的大作，貌似客观，实有偏袒；名为升级，实则减分。不过，全系真言。值得深思！

胡适对这件没想到的不愉快的事情，终于心知肚明，他在该年1月6日的日记中说"华侨教育会的演讲是很简短的，但后来惹起广州的小风波"。请注意，胡适给这事情定性为"小风波"。所谓"小风波"，即是三天后即1月9日，他到广州后才知道守旧派对自己已采取了封杀措施——禁止演讲，原来"小风波"是那一场在香港侨教会的演讲惹的祸。后来他把当时刊载他的这篇演讲稿的当地的《大光报》的剪报附于该日的日记旁。这则剪报是这样报道的：

《胡适昨日在侨教会演讲：香港是一个办学的好地方——读过了书，便不屑帮爸爸种田，望教育界推进义务教育，用和平手段推倒旧势力》。

主要内容是："中国办教育已经三十年了，却没有一个地方能够做到普及的、义务的、强迫的教育"；香港是一个办学的好地方，是东亚唯一能够办普及的、义务的、强迫的教育的地方；广东是革命的策源地，但文化上是很落后的，其原因是"广东自古是中国的殖民地，中原的文化许多都变了，而在广东尚留着"；各位应该把香港做成南方的文化中心。

　　胡适所言广东部分，确实不妥，难怪广东人和在广东任职的非广东人愤而驱之，尽管这是有悖情理的举措。

　　1月9日晨6时，胡适由香港乘船到达广州，同舟的有岭南大学教务长陈荣捷。当时到船上来迎接的有中山大学文学院长吴康（1897—1976）、朱谦之教授，地方法院院长陈达材。他们均不知广州当局封杀阴谋之事，还忙着安排胡适的演讲与宴会的日程。可是此前，有一位老朋友托人给胡适送上一封信，告知"此次到粤，诸须谨慎"。8时，胡适下榻新亚酒店，他看到广州报上注销西南军政会议开会，有人提起胡适在香港公然反对广东当局提倡读经一事。一会儿，吴康急忙给胡适带来一封信，说："适晤邹海滨（即邹鲁，1885—1954）先生云：'此间党部对先生在港言论不满，拟劝先生今日快车离省，暂勿演讲，以免发生纠纷。'"

　　胡适是一位大学者，讲的是历史、谈的是往事，对人断无主观攻击的意识，维护的是新文化运动的成果。所以他认为"邹、吴两君的好意是可感的"，但不愿卑微地屈从当局，却长了提气的念头。他说："我既来了，并且是第一次来观光，颇不愿意就走开。恰好陈达材先生问我要不要看广州当局，我说：林云陔（1881—1948）主席是旧交。达材就陪我去到省政府，见着林云陔先生。达材问我要不要见见陈总司令？我说'很好'，达材去打电话，一会儿他回来说：陈总司令本来今早要出发向军队训话，因为他要和我谈话，特别改迟出发。总司令部就在省政府隔壁，可以从楼上穿过。我和达材走过去，在会客室里略坐，陈济棠（1890—1954）先生就进来了。"于是，新文化运动的旗手胡适与广州守旧派倡导者陈济棠，为了坚守各自的信仰，随即展开了舌战，这样的面对面的思想交锋，远比一场演讲要精彩得多。这在胡适的学术活动中并不多见，尤其是站在胡适面前的是一位地方部队——粤军的总司令，但胡适不畏权贵，虽针锋相对，但讲求斗争策略，故交锋中未出现剑拔弩张的气氛，而是在心平气和中取得成果，这是值得报道，也值得回味的。

　　且看胡适与陈济棠是怎么对话的！

　　胡适说："陈济棠先生的广东官话，我差不多可以全懂。我们谈了一点半钟，大概他谈了四十五分钟，我也谈了四十五分钟。他说的话很不客气：'读经是我主张的，祀孔是我主张的，拜关（羽）、岳（飞）也是我主张的。我有我的理由。'他这样说下去，滔滔不绝，他说他的两大政纲：第一是生产建设，第二是做人。生产的政策就是那个'三年计划'，包括那已设未设的二十几个工厂，其中有那成立已久的水泥厂，有那前五六年才开工出糖的糖厂。他谈完了转到他的'做人'，他的声音更高了，好像是怕我听不懂似的。他说：'生产建设可以尽量用外国机器、外国科学，甚至于不妨用外国工程师。"做人"必须有"本"，这个"本"必须到本国古文化里去寻求。'这就是他主张读经祀孔的理论。他演说这'生产''做人'两大股，足足说了半点多钟。他的大旨和胡政之先生《粤桂写影》所记的陈济棠先生一小时半的谈话相同，大概这段大议论是他时常说的。我静静听到他说完了，我才很客气地答他，大意说：依我的看法，伯南先生的主张和我的主张只有一点不同。我们都要那个'本'，所不同的是：先生要的是'二本'，我要的是'一本'。生产建设须要科学，做人须要读经祀孔，这是'二本'之学。我个人的看法是：生产要用科学的知识，做人也要用科学知识，这是'一本'之学。

"他很严厉地睁着两眼，大声说：'都是忘本！难道我们五千年的老祖宗都不知道做人吗？'我平心静气地对他说：'五千年的老祖宗，当然也有知道做人的。但就绝大多数的老祖宗说来，他们在许多方面实在够不上做我们"做人"的榜样。举一类很浅的例子来说罢，女人裹小脚，裹到骨头折断，这是全世界的野蛮民族都没有的残酷风俗，然而我们的老祖宗居然行了一千多年。大圣大贤，两位程夫子没有抗议过，朱夫子也没有抗议过，王阳明、文文山也没有抗议过。这难道是做人的好榜样？他似乎很生气，但也不能反驳我。他只能骂现在中国的教育，说'都是亡国的教育'"；他又说："在中国人学的科学，都是皮毛，都没有'本'，所以都学不到人家的科学精神，所以都不能创造。"胡适不同意这种观点，连说："在这一点上，我不能不老实告诉他，现在中国的科学家也有很能做有价值的贡献了，并且这些第一流的科学家又都有很高明的道德。他问：'有些什么人么？'我随口举出了数学家姜蒋佐，地质学家翁文灏、李四光，生物学家秉志——是他不认识的。"

陈济棠

胡适接着又与陈济棠说起"关于读经的问题，我也很老实地对他说：我并不反对古经典的研究，但我不能赞成一班不懂得古书的人们假借经典来做复古的运动。'这回我在中山大学的演讲题目，本来是两天都讲《儒与孔子》，这也是对古经典的一种研究。昨天他们写信到香港，要我一次讲完，第二次另讲一个文学的题目，我想读经问题正是广东人眼前最注意的问题，所以我告诉中山大学吴院长，第二题何不就改作《怎样读经？》我可以同这里的少年人谈谈怎样研究古经典的方法'。我说这话时，陈济棠先生回过头去望着陈达材，脸上做出一种很难看的狞笑。我当作不（没）看见，仍旧谈下去。……"

胡适与陈济棠将军的对台戏，在胡适内心十分满意中降下了帷幕。胡适与陈达材离开总司令部。途中，陈达材对胡适说："陈伯南（即陈济棠）不是不能听人忠告的。"胡适自我感觉良好："他相信我的话可以产生好影响。我是相信天下没有白费的努力的。但对达材的乐观却不免怀疑。"随即他又反问自己："这种久握大权的人，从来没有人敢对他们说一句逆耳之言，天天只听得先意承志的阿谀谄媚，如何听得进我的老实话呢？"回到新亚酒店，罗钧任、但怒刚、刘毅夫、罗努生、黄深微、陈荣捷，都在那里等候，挚友们都为胡适捏把汗。此时吴康又送来中山大学邹鲁校长的急信，说："鄙意留省以勿演讲为妙。党部方面空气不佳，发生纠纷，反为不妙。邹先生云：昨为党部高级人员包围，渠无法解释。故中大演讲只好布告作罢。渠云：个人极推重先生，故前布告学生停课出席听先生讲演。唯事已至此，只好向先生道歉，并劝先生离省，冀免发生纠纷。一月九日午前十一时。"

胡适见信，为了不使邹鲁为难，决定停止在广州各处之演讲，给自己放四天假，及早去广西旅游。未料邹鲁又在中山大学内出布告，以两项不适之词，攻击胡适"认人作父""以吾粤为生番蛮族"。胡适当然不能接受这样的罪名。他决定眼下不离开广州，而是充分利用了宝贵的两天半时间，游览了黄花岗、观音山、鱼港炮台、镇海楼、六榕寺、中山纪念塔、中山纪念大礼堂、中山大学新校舍和第一中学等，特别是在第一中学受到师生的热烈欢迎，这个在港粤之旅中出现的唯一的火爆场面，顿使胡适感慨万千！他由衷地对陪同友人道出肺腑之言。他信心十足，但也夹杂几分沮丧地说道："广州的武人政客未免太笨了。我若在广州演讲，大家也许来看热闹，也许来看胡适之是什么样子？我说的话，他们也许可以懂五六成；人看见了，话听完了，大家散了，也就完了。演说的影响不过如此。可是我的不演讲，影响反大得多了。因为广州的少年人都不能不想想为什么胡适之在广州不演讲？我的最大辩才至多只能使他们想想一两个问题，我不演讲却可以使他们想想无数的问题。陈伯南先生真是替胡适之宣传他的'不言之教'了。"

1月12日，胡适乘西南航空公司"长庚号"航班安抵广西。次日，广州中山大学中国文学系主任古直、教员钟应梅在广州各报发出"真电"，叫嚣：扣留胡适、逮捕法办。此举，纯属妄人恶剧，实在不足挂齿。

不过，这是胡适在香港的演讲中的用语不当，并非主观意识的作用而在客观上招致广州粤军当局和中山大学联合抵制取消演讲之"小风波"。可窥见当年推广新文化运动之艰辛。

胡适为《良友》画报著文并题字

提起《良友》画报，不由回想起1949年前，当时只是一个少年的笔者，在姑父家中曾看到过。不过那时年少无知，虽曾仔细翻阅过，可惜时过境迁，没能留下什么深刻的印象，但画报毕竟是一份大型的彩色形象化的抢眼刊物，因而《良友》还是落在笔者的不泯的记忆之中。

笔者在澳大利亚墨尔本大学图书馆东亚部查阅旧报刊时，欣喜地在异国他乡看到了阔别已70余年的《良友》画报。笔者有备而来的，翻阅的结果令笔者喜出望外，笔者查到了胡适的大作和题字，它们确系尘封之物。

胡适为《良友》画报书题刊名

《良友》画报（月刊）诞生于1926年的上海，2月15日发行创刊号，封面人物是影星"蝴蝶恋花图"。创办人伍联德（1900—1972），由于《良友》画报在社会上的声誉日隆，名重一时的文坛硕彦支持者日众，而被誉为学术界权威之一的胡适便是其中的一位。

《良友》画报上的"良友"二字，原本是创办人的即兴之作。为了提高该报在市场上的竞争力，该刊后任主编决定运用名人效应，于是决定邀请政府要员和社会名宿为该报题字作词。胡适应邀后，慨然在洒金宣纸上工工整整地写了"良友"两个楷字相赠。"良友"二字，言简意赅，一语双关，这既是给画报的大名，亦是定性《良友》为全国读者之良友也。

《良友》杂志封面上的胡适题字

胡适在题字簿上的题字

当时与胡适所题"良友"二字相同者，还有蔡元培、戴传贤等。其他题字题词者，有国民政府主席林森，军事委员会委员长蒋介石，以及孙科、宋庆龄、宋子文、孔祥熙、张群、于右任等，真可谓集众家之书法，呈一时之盛！

胡适在《良友》上发表《请大家来照照镜子》

当时美国驻华大使馆商务参赞安立德（Arnold, Julean Herbert, 1875—1946），写了一本名曰《中国问题里的几个根本问题》的书稿，此人敦请时任上海中国公学校长胡适作序，胡适欣然允诺。1928年6月24日，胡适写就《请大家来照照镜子》序文，首交《良友》画报发表，《良友》引以为荣！

胡适在文中引述安立德站在种族歧视的立场，运用妄自尊大的口气，妄论当年的中国经济、交通落后，劳动生产力低下和社会风气败坏等。安立德给了胡适三张图表：第一张表是中国人口的分布图，表示中国人口问题不在过多，而在于分配得不均匀，边省太不发达。第二张表是中国和美国经济状况、生产能力、工业状态的比较，我们百事不如人。第三张表是宣扬美国在世界上的优先地位，叫我们生一点羡慕、"起一点惭愧"。胡适很气愤地说："安立德处处叫我们中国人照照镜子。"

胡适接着说，安立德指出当时中国存在的三个根本问题：第一，怎样建成全国的铁路干线，使全国各地都有一种最经济的交通方式；第二，怎样用教育及种种节省人力、帮助人力的机器，来提高个人生产的能力；第三，怎样养成个人对于保管事业的责任心。

胡适面对安立德的呼叫，便向中国人转售声言，于是便写出了这篇《请大家来照照镜子》，激动地要中国人从中照出自己百事不如人的模样，激励国人建设伟大的祖国。胡适说："依我看来，要解决这三个大问题，必须先有一番心理的建设，我们必须承认我们百事不如人，物质上不如人、机械上不如人，并且政治道德上都不如人。"要知道"人性是不容易改变的，公德也不是一朝一夕造成的，故救济之道不在乎妄想人心大变、道德日高，乃在乎制定种种防弊的制度"，而"制度的训练可以养成无私无弊的新习惯"。他反对："一个现代国家不是一堆昏庸老朽的头脑造得成的，也不是口头标语喊得出来的。"他更反对"不学无术可以统治国家，不低头去学人家'治人富国'的组织与方法"。因此他强烈主张："我们必须学人家怎样用铁轨、汽车、电线、飞机、无线电，把血脉贯通，把肢体搞活，把国家统一起来。我们必须学人家怎样用教育来打倒愚昧，用实业来打倒贫穷，用机械来征服自然，抬高人的能力与幸福。我们必须学人家怎样用种种防弊的制度来经营商业，办理工业，整理国家政治"，等等。

当然安立德笔下的旧中国的一切，与开始现代化的美国是不能相提并论的。胡适不知，他所生活的旧中国的国情是中国已经沦为半封建半殖民地；中国生产力之所以如此落后低下，究其根源在于当时压在中国人民头上有三座大山——帝国主义的疯狂入侵和掠夺、封建主义和官僚资本主义肆无忌惮的压榨，以及军阀势力的联合绞杀。胡适在文中却要人们"不要尽说是帝国主义者害了我们"，而要人们"彻底痛责自己"，云云。实在是颠倒黑白，这是错误的。再说文中流淌着的民族自卑感，也是令后人不能接受的。

但是，胡适已看到官僚资本主义对当时中国经济发展的腐蚀性及危害性。他在文中提出"用防弊制度来打倒贪污，这才是革命，这才是建设"。因此，他曾剑指当时中国最大的航运业机构——招商局中发生的一件重大贪污案，敢以批评当局腐败作风，指出这是政府用人唯亲的恶果。他写道："最近招商局的一分局的讼案便是最明显的例子。据报纸所载，一个家长做了名誉上的局长，实际上却是他的子侄亲戚执行他的职务，弄得弊端百出，亏空到几十万元。到了法庭上，这位家长说他竟不知他是局长！"胡适接着又直捅马蜂窝，"招商局的全部历史，节节都是缺乏保管的责任心的好例子。我们翻开《国民政府清查整理招商局委员会报告书》，竟同看《官场现形记》一样，处处都是怪现状。"

胡适在《请大家来照照镜子》一文中的高谈阔论，虽有一些内容值得商榷，但在总体上，特别是在防贪方面传出的具有穿透性的信息，在当时已切中时弊，今天看来仍有一定的历史价值。

胡适为云南和顺图书馆题匾

胡适为云南和顺图书馆题匾

　　和顺是云南省腾冲县一个有六百年历史的边陲小镇，而坐落其间的和顺图书馆，却是一座已有八十余年历史的乡村图书馆，她的名声在外，早获"中国乡村文化界堪称第一"的美誉。

　　20世纪20年代初，"和顺青年会"的寸仲猷、李清园、贾铸生等人，眼观国势日衰，乡人愚昧少知，乃于1924年集资租得一小屋，因陋就简，创办了一所和顺书报社，免费为民众提供书报阅读，深受乡民的欢迎。书报社聘请李仁杰为社长，经过四年的努力，日益发展。1928年，李仁杰将和顺书报社改名和顺图书馆，迁址土著庙，由李仁杰担任首届馆长。

　　和顺图书馆从此和和顺顺不断发展壮大，文献资料逐渐增多，原馆舍已不敷应用,李仁杰乃联系本镇外出旅居缅甸多年的乡亲,向他们求援,终得慷助。为了庆祝1938年建馆十周年,从1937年起,全馆同仁齐心协力投入筹建新馆的劳动之中。1938年,终扩建成一座有两层高主楼的新馆。主馆坐落于风景如画的双虹桥畔拾级而上的高处,整个新建筑呈中西合璧式,占地约1392平方米,其布局由大门、中门、花园、馆舍主楼和藏书楼等组成。

大门呈显清光绪年间所建汉景殿式牌楼,门额上悬挂清代和顺籍举人张万历所书"和顺图书馆"楷字匾额。中门上挂着熊庆来(1893—1969,云南弥勒人,留学法国获博士学位,时任云南大学校长)所写"民智泉源"楷字匾额;但在拱门上却高悬胡适所书"和顺图书馆"匾额。胡适匾额,粉蓝底色,墨字端正,笔锋淳厚,堪称胡适书法中少见之佳作。

胡适这块匾是怎么来的?

笔者与现任寸馆长通信得知大概情形。那是1937年,该馆第二任馆长李生庄(和顺人)托其弟艾思奇(1910年3月出生于和顺,原名李生萱,中国著名哲学家)于1937年9月前,乘胡适逗留在南京期间央求所得,详情待考。是年9月下旬,鉴于大敌当前,国共两党决定第二次合作,共同抗日。11月,国民政府迁都重庆。胡适则从是年9月起,离开祖国,远赴欧美,从事抗日宣传活动,于1938年9月起担任中国驻美国大使。十年后的1948年9月,胡适离开大陆前,都未能驻足和顺,也未目睹过他的题字已被制成粉蓝色底黑色字体的精美的木制匾额了。故而他的日记、书信和著述中均鲜提此事,本文可补胡适遗墨的空白。

胡适他怎知道,直到现在,他所题匾额被作为一件名人遗墨和珍贵文物供世人观赏,并且是永远的。今日的读者和游客,当他们目睹胡适的这块馆名题字匾额时,人们会从这是一件珍贵文物的共识中,感受到它的号召力,这是胡适对当时中国唯一的一座小型乡村图书馆的实际支持,也是对海外侨胞赞助该馆使之发展的功劳的肯定和赞美!

1942年5月10日,日本侵略军攻陷腾冲,次日便侵占了和顺。但在馆长寸声树、乡贤张德辉等人努力下,馆藏文献数据被转移了。虽经浩劫,但图书资源大部分被保存下来。尽管该馆的昔日辉煌不再，但胡适匾额却万幸地安然高悬于拱门之上。

改革开放后，该馆交上好运。1980年，和顺图书馆升级了，被纳入国家公共图书馆编制。1993年，馆址被定为云南省文物保护单位。1998年，国家拨款，该馆建成了一栋钢筋混凝土结构的藏书楼。2006年6月，该馆升为第六批全国重点文物保护单位。2019年8月，国家领导人曾莅临该馆门景，也观赏了此匾的风采。

目前，和顺图书馆的馆藏资源已达八万多件（册），在我国西南边陲地区，可谓名列前茅。她收藏有不少珍贵的古籍文献，如清光绪八年浙江书局刻本《九通》，清光绪二十五年据武英殿聚珍版校印的《武英殿聚珍丛刊》，手抄本《南诏历史源流》《南夷书》，日本明治年间的日本版《续藏经》影印本等，还有民国十一年商务印书馆影印的《万有文库》和《丛书集成》，以及《新民丛报》《东方杂志》《国闻周报》《救亡日报》《大公报》《新华报》等民国报刊。此外，图书馆还收藏有腾冲地方史料、缅甸史料，如清代进士寸开泰的《八十一株梅花馆诗古文词稿》手稿，腾冲及缅甸华侨所办的中文报——《仰光日报》《腾越日报》，云南留日学生出版的《曙滇》等。同时还收藏有近代名人李根源捐献的《和顺丛书》《华侨宝鉴》，以及胡适、王云五、艾思奇、廖承志等各界名人的著作及字画。

近期，笔者乘兴亦曾慨赠拙著多部给该馆，聊示对该馆的支持和寸心。

今日游客光临和顺图书馆，抢夺观众眼球的那块胡适题名馆名匾，在经历了八十多年的沧桑岁月后，仍是那样光鲜地悬挂在拱门之上。游客们见到胡适这块题名匾，不由肃然起敬，因为他们会想到这块匾，正是历史的明证，它伴随着和顺图书馆，不仅曾一道齐步前进，而且在未来，它仍将与和顺图书馆共同置身于大发展的潮流之中！

刘海粟与胡适、徐志摩的书画缘

百年巨匠——刘海粟的面面观

刘海粟（1896—1994），中国画家、美术教育家。

1982年12月，笔者收到江苏省美术馆邀请函，希望我去观赏艺术大师刘海粟的绘画展览。我很高兴，因为刘海粟的大名早已如雷贯耳，能目睹大师的原作，实在是难得一求的艺术盛宴啊！

展览的"前言"指出："刘海粟教授是一位学贯中西、艺通今古、勇于探索、不断创新的艺术大师。"这个评价很贴切；但定格似嫌轻淡，因为刘海粟早已是一位饮誉世界的书画艺术巨匠了。

刘海粟，江苏省武进县人。1912年在上海创办中国第一所正规美术学校——上海美术专科学校，任校长。率先在教学中实行人体模

刘海粟、张韵士夫妇（1930年）

特儿写生的方法，创办专业杂志《美术》，倡导美术改革；1920年，去日本考察美术教育。1921年底，应北京大学校长蔡元培之邀，赴北京演讲、举办首次个人画展。受新文化运动的影响，结识胡适、李大钊等。1927年，因避军阀对实行人体模特儿事的迫害，再次东渡日本。1928年回国，1929年起，赴欧洲讲学并办画展。1948年，在台北中山堂举办个人画展。

新中国成立后，刘海粟历任华东美术专科学校校长、南京艺术学院教授、院长。上海美术家协会名誉会长。1953年，受到周恩来总理的接见。1981年1月，刘海粟以86岁高龄在香港举办盛大的画展，展出作品为1922—1980年间的国画108幅、油画40幅、书法7幅。好评如潮，所得画款港币百万，悉数献给国家。刘海粟以其崇高的声望，当选为全国人民代表大会代表；全国政协委员会常务委员，中国文联委员；中国美术家协会理事、顾问等。1985年，受到全国政协邓颖超主席的亲切接见并交谈，刘海粟当场将新出版的《刘海粟作品选集》奉赠给邓主席收藏。

笔者应人民政协江苏省委员会的邀请，曾在当年太平天国领袖天王洪秀全的"天朝宫殿"西花园内，策划办成一个纪念洪秀全逝世百周年文物展览，1964年，我们请刘海粟先生为这个展览题写名匾，他老人家慨允执笔，写道："太平天国天王洪秀全文物展览"。我们将题字制成木匾，悬挂于展室门额之上，观众观赏，感叹不已。现珍藏于中国近现代史博物馆内。2019年10月，笔者全家赴浙江绍兴旅游，专程参观了蔡元培故居，喜见展室门额上即有刘海粟亲笔题写"蔡元培故居"的题名匾。说起来，这是笔者亲身经历和亲眼所见的两例，但充其量只是冰山之一角。不过，刘海粟大师对于这类公益事业一向是无私献艺的。

刘海粟擅长中国画、油画和书法。尤爱写生，曾十上黄山。其作品气势雄阔、笔墨酣畅，题材富于力感，凸显艺术个性。其书法仿康有为体，独特而雅美。作品有《黄山》《海粟国画》《刘海粟作品选集》《海粟老人书画集》《刘海粟画语》《刘海粟艺术文选》《海粟诗词选》和《海粟丛书》等。其作品饮誉全球，曾受到中国、比利时、意大利、美国、英国等有关单位颁发的各种荣誉奖章、纪念章、奖状、证书及博士学位。

刘海粟为绍兴蔡元培故居题匾

刘海粟与胡适、徐志摩的书画缘

笔者谨择年轻时代的刘海粟与胡适和徐志摩由于书画所产生的短暂的情缘献给读者。

刘海粟、胡适、徐志摩"三杰",本不相识,既非同乡,又非同学,更非同事。但三人同为留洋欧美、思想亲西方、重视西方文明,始终保持中国国籍且系无党无派的杰出的年轻学者、画家和诗人。以1921年,胡适与刘海粟在北京相识为起点,胡适(1891年生)比刘海粟(1896年生)年长5岁,刘海粟与徐志摩是同龄人。虽有此差异,但三杰则是心犀灵动一点通,不因交往频率不一,虽事过境迁人却不移,彼此心中都有对方的稳定位置和持续的好感。

现知刘海粟致胡适信有两封,胡适致刘海粟信两封,徐志摩致刘海粟信十五封。

这些来往信函,主旨反映刘海粟邀请胡适和徐志摩为自己的绘画题字的有关事宜。其次,环绕徐志摩为刘海粟所办画展热捧之盛况。第三,徐志摩乘飞机遇难后有关召开追悼会的琐事等等。具有史料价值和研究意义。

兹将1925年11月17日,刘海粟致胡适的信抄录如下:

适之：

西湖你大概没有去，到新新（旅社）找你几次也没有找到。南海（按指康有为）对你颇器重，有一天他在康山请吃饭，请你也请不到。你几时回京，近来精神上当多安慰。你在海上写了不少扇面，好了，现在都找到我的头上来了。他们都是一样说：要合两叛徒于一扇方成完璧，但是苦了我了！

前次请你题的两幅彩菊，请你快写好寄沪，因为我们不日要开展览会。

上海美专要想请你做校歌，想来你一定乐意的，因为美专的校歌，实在非你不能办，等你歌词做好再作曲。

志摩会见吗？他近来十分努力，想必精神也有了归宿了！再谈吧。

海粟
十一月十七日

关于刘海粟所谓要"合两叛徒于一扇方成完璧"是怎么回事？按胡适因提倡新文化运动，主张广泛运用白话文，这个大破大立的先进思想与行为，在抱残守缺的守旧派眼中被污名化成"文学叛徒"了。基于同样原因，由于刘海粟敢于运用裸体女模特做绘画道具，以致惹得困守旧道德观念的顽固派，井喷似地给刘海粟戴上"艺术叛徒"的大帽子。这种污名化的言论，令胡适与刘海粟愤怒不已！刘海粟决定请胡适大名人，在他珍爱的折纸扇上题词，以表示两个"叛徒"的珠联璧合、以谢天下的心迹。

胡适对刘海粟的"革命"倡议表示同意，于是便献上了一首词：
我来正值黄梅雨，
日月楼头看烟雾。
才看遮尽玉皇山，
回头已失楼前树。

20 世纪初，胡适应刘海粟之请在其扇面上写此诗

胡适在诗后写有说明："海粟作了这幅革命的画，要我在反面写字，我却规规矩矩地写了这样一首半旧不新的诗，海粟也许笑我胆小咧！"

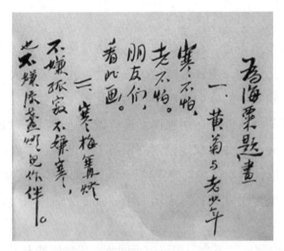

1925 年，胡适应刘海粟之请，在其绘画上亲笔作此题词

关于信中所问胡适两幅彩菊的题字问题，经查胡颂平编著的《胡适之先生年谱长编初稿·增补版2》（1995年），胡适对此已作了回答，他曾说："又有'为刘海粟题画'诗：（一）黄菊与老少年。（二）寒梅篝灯。先生（按指胡颂平对胡适的尊称）自注：以此纸看来，此二诗写在十四年"，按

此年即1925年。实际上胡适为谢刘海粟的厚意，他对两首题词的思考是很认真的。兹查《胡适手稿》第十集卷四"诗歌手迹"，便可看到胡适对题词曾作了两次拟稿：第一稿是用自来水笔写的：为刘海粟题画 一，黄菊与老少年 寒不怕，老不怕。朋友们，看此画。二，寒梅篝灯。此稿《黄菊与老少年》一首，采用上下排列；《寒梅篝灯》一首空白。 第二稿则是用毛笔墨写的，既正规又完整且讲究，是最后的定稿。不过内容微动，排行有变。标题只称"海粟"；第一首《黄菊与老少年》改顺序排列。第二首《寒梅篝灯》，题词是："不嫌孤寂不嫌寒，也不嫌添盏灯儿作伴。"有趣的是用了三个简体字。

这以后，刘海粟总希望能与胡适交流或宴请，但是由于胡适是北京大学教授，有机会南下，多半是出席会议，即便同在一个城市也常失约，因此总是离多聚少。为了平息刘海粟的怨气，1927年11月3日，胡适给刘海粟致信道歉。

信曰：

海粟兄：

屡次相左，前承邀吃饭，又不能到，抱歉之至。因忘了你的住址，故不曾作书道歉。久别甚想一见，同时到这边来时，请来一谈。我下午总在家时居多，如怕相左，请先用电话（西6912）通知。 你的新住址，也请告我。

适 十六、十一、三

至于刘海粟与徐志摩结下情缘的起点似比胡适为晚，那是1924年4月18日，徐志摩作为来华讲学的印度诗人泰戈尔的陪伴并充当全程翻译，同到上海出席上海名流宴请于功德林的素菜馆的聚会上。随后，刘海粟又去沧州饭店拜会泰戈尔再遇徐志摩，彼此交谈甚欢，结下了书画缘。此后二人无话不谈，分别时则书信不断；如是"三杰"相会，还同去看望徐志摩的女友陆小曼。但令刘海粟非常感动的莫过于向徐志摩索字以外，对于徐志摩心驰神往地投入自己的绘画展览之中，充当一名热捧朋友。这段相互敬重相互支持的心态，一直持续到徐志摩因乘飞机失事而谢世方终止，但是徐志摩的可亲可歌、热情洋溢的形象，却永远根植在他的心中。

现择1926年9月3日，徐志摩复刘海粟信函的部分内容，当可窥其一斑。

信曰：

海粟我兄：

你曾经几次要我题跋你的作品，我却不敢遵命。因为我实在不能说是懂得美术，勉强的事情我是不来的。这次你又来要我破例；我先看了信，心想海粟何必一定得窘着我，眉头不由的发皱了。但等看了你的信里附来的那几张作品的缩印，我不仅放开了眉头，并且在心里感到新来的惊讶和欢喜。真的，我这几天逢着有朋友来，就拿这些画给他们说："你看，再不用怀疑这画家的力量；将（假如）说这还不是艺术，我不知道艺术是什么！？"

海粟，你这次寄来的六幅画里确是有了使人十分羡慕，甚至讶异的东西。我说这话似乎有充内行的意思。但是不，我只说我这回才在我自身的脉搏上觉出了你的艺术的表现的力量。你要我在每张上题句，但那办法有些迹近复古，我觉得不敢尝试。我决意写这信去当替代，说话也来得方便。恳切，我想你一定可以原谅的。

这次你寄来的，虽则只是原画缩印，却使我得到深刻的印象。《西溪》的布局，《秦淮渡舟》的配置与色感，都显出你的特长。最应得赞赏的是那幅《南高峰绝顶》；在我看来这是你的杰作。在这里，第一，我觉得你的笔力，那是原来强的，得到了充分却又有节度的施展，这显出你功夫的纯熟。第二，我感到通体节奏（rhythm）的纯粹，从地下的泥土到枯树的末梢，没一点不表出艺术匠心的周密，没一点不激荡切题的情感；这是一首画着的诗；第三，我不能不惊你的（对）色感的兴奋，你能用这么多强烈的色彩，却不让色彩的强烈带了你走，这真不是偶然做得到的，这是一个灵感；一个意境的完全的表现；这是艺术，我不能不表示我的敬意！

海粟你的精力是可以的；我常常替你担忧，因为你在上海"非艺术"的责任太多、太重，体气娇些的竟许早叫压倒了，但你还是这自在的娇健，真使我欣慰！但俗累终究不是艺术家的补剂。海粟，你有的是力量，你已经跑到了艺术的海边，你得下决心绷紧了腰身往更深处跑，那边你可以找到更伟大的伙伴：梵高、石涛、梯青、塞尚。

志摩敬上

十五年九月三日

1931年3月9日，谁也料不到的一场噩耗传来，这个世界上再也见不到徐志摩这个杰出的诗人了。刘海粟由杭州回到上海，撰写《志摩之死》，表示悼念！12月中旬，刘海粟从上海给胡适写信。

适之：

日前寸缄，当达 记室。大驾何日南下？时局糟到如此，无话可说，唯有放声痛哭而已。此间定二十日公祭志摩。昨晤 申如先生。渠愿瘗之于硖石。其余一切均待吾 兄到沪商定。朔风多厉，希珍卫。

弟 海粟状

胡适终于来到上海，惜未见到刘海粟。1931年12月15日，忙给刘海粟写信：

海粟兄：

南京别后，世界更不像样了！ 志摩死后，我在他房内检点遗物，有你送他的画一幅，今日读来书，更增感叹。一月中南来，甚盼一见。匆匆问好。

适之

廿、十二、十五

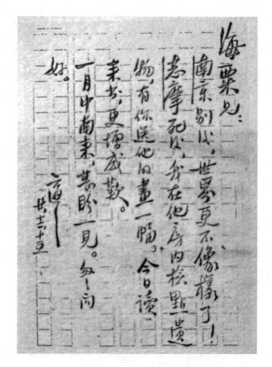

1931年12月15日，胡适致刘海粟函

　　1929年2月，刘海粟（时年33岁）在学界泰斗蔡元培先生的帮助下，从上海启航，走出国门，初踏法国，旋在巴黎，后在意大利、德国、英国等各地举办了多场绘画展览，盛况空前，博得了中国及欧洲观众的喝彩。笔者曾在上海图书馆查到1928年1月8日一份名曰《小日报》上，刊登着魏振华所写《刘海粟画展的印象》的评论文章，此文是一篇91年前的美文。现在转录如下，既可窥视这篇刘海粟去法国前在上海"尚贤堂"（美国基督教新教传教士李佳白所设文化机构）的"近作预展"的布局和参观盛况，也为我们提供了与会的徐志摩疏于为刘海粟创作配画题词，却情有独钟地为刘海粟的书画展付之于慷慨点赞的心态。

　　该美文曰："昨（十二月十九日）为刘海粟近作展览会之第三日，余偕友人周君梦白等数人，驱车赴会，门前车马杂沓，大有山阴道上概。作品分陈四室，楼下二室陈大幅油画三十幅，楼上二室陈国画五十余件。各室参观者充塞其间，因叹叛徒魄力毕竟不弱。"

兹将观览所得，略缀如下，非敢言批评也。

◎ 国画精华 ◎ 一号《高严翘翠》笔力雄健，墨气淋漓，有分云裂石之势。结撰凌空，极创作之能事。十八号《白孔雀》为五尺中堂，展开雪屏，扑面奔来，栩栩欲活。至于线条竞爽，色彩雅洁，尤是引起人类新生命之美感。二十二号《梵音洞怒涛》，以壮烈之曲线，表现激荡之波光，有鸾舞蛇惊之势，令人不可思议。二十六号《溪山晚霭》，落笔沉着，苍翠欲滴，工力俱臻□绝，下笔似有神助。此幅当为海粟精心结撰之杰作。二十五号《松鹰》，一鹰昂首欲鸣，一鹰俯瞰草地作觅食状，苍松半截，翠石一角，笔法跌宕奇谲，实师造化。白龙山人为补清霄花，尤为锦上添花，益形腴丽矣。三十号《华严泷》，百丈飞澈，自高直泻，苍松诸屈其上，疏篁掩映其下，银瀑潺潺有声，望之萧然有出世之想，令人冷刺肌里。四十七号《云峰烟树》，望之蔚然森秀，俗虑尽涤，盖此等境界，如在阆风之巅，如游太清之表，俯视尘世，一空所有。作者具此胸怀襟，自然有此魄力，鄙口者不足与言者也。余如《天马行空》《潮阳出谷》《溪山晚翠》诸作均见心思独运，邱壑灵奇，落墨迥不犹人。

◎ 洋画杰构 ◎ 六号《钱塘江帆》碧绿之江波，有黄色帆影疾驰而过，在明暗之光线上，显出和谐之色彩，大有帆影夕阳飞过之诗趣。八号《斜阳》，表现岩石与残阳，画境诗情，兼揽其胜。海波不兴，映带夕照，神秘之岩石突兀于海滨，诚世外之一仙境地也。九号《潮音》以强烈之线条，表现磊□之严石。碧海白浪间，似挟悲壮音调冲击而来。□灰清澈之天空，益显其□大优美之精神，此画幽静中有生动气，自然之美，得生命□和谐，陆机诗'磅礴立四极，穹隆放苍天'，仿佛似之矣。十号《秦淮河》白杨飘忽于碧水之上，亭榭错落，下临清流，有舟子之荡桨，色彩新研夺目，高妙脱俗，不染纤尘。刘君可谓色彩之诗人也。十二号《南屏晚钟》，作法庄严，色彩亦愈闳肆，能表出空气之幻觉，树森绵密，市尘栉比，恰能以惊异之章法为之，得心应手，出神入化。《灵隐寺庙》与《泉》，皆动之象征。《晓》《渔舟晚炊》《沙雾中的雷峰》皆能表现充富之内心生命，而为自然之赞美。盖艺人之情趣及性格，各有不同表现，故自然现象经艺人揭橥后，无论其为一石一树，便有许多深邃之情绪，所谓一叶落而感天下秋，一花残而泣春归尽。若无艺人之情绪，则自然之本质，有几何之美哉？故艺术之可贵，亦在乎此也。"

◎ 玄学思想 ◎ 徐志摩君言："海粟是一个有玄学思想的画家，从道德经，经过邵康节，刘天游主义，或从天游主义，再到道德经，这是海翁在他的玄学海里旅程的一个概况"数语，洵不虚也。观其一号国画所题数语曰："真莫非幻，幻莫非真，幻之又幻，变之又变，吾实莫知其终极也。真也幻也，物也我也，彼此同一者也。故曰绝对真，即绝对幻，绝对物即绝对我，神契夫幻，放笔为之，莫之天阏而已，幻虚也，唯实出虚，而返于虚，体一而用殊，实有尽而虚无极也。无极太极，真美所在也。"凡此数语，真玄之又玄矣。

○ 怒涛悲嘶与潮音 ○ 二号油画《怒涛》为普陀风景澎湃之涛击石而雪花四溅，天气黝黑，似风声呼呼破画面而出，定价二百元，为蔡君增誉所购。《潮音》一幅，较《怒涛》更阔，为上海县长江君之楣以三百元购去。国人贵于重金购藏洋画，非刘君之资望恐不易吸引也。

刘海粟出国前举办近作绘画展览；徐志摩出席并讲话。
图为 1928 年 1 月 8 日，上海《小日报》对此给予好评

魏振华先生大笔一挥，不仅对展品解读到位、剖析精辟、文字华美，且对年轻的艺术家刘海粟的恭维也是恰到好处；特别值得一提的，是画龙点睛地对杰出诗人徐志摩引用哲学原理透析刘海粟上乘之作源于"玄学"的功力给予好评并表赞同，这让观众了解徐志摩与刘海粟之间的深情厚谊

有了新的认知与认同。

至于"三杰"关系，在徐志摩不幸遇难后，虽然这种亲密关系基本上中止了，但是刘海粟没有忘记仁兄胡适。1931年，刘海粟曾将由上海中华书局出版的《中国绘画史上的六法论》一卷铅印本寄给胡适。刘海粟在书衣上钤有"海粟之印"，同时亲笔写上题记："适之评正　海粟"。该书现存于北京大学图书馆。

1962年2月24日，胡适因心脏病突发而死亡于台北。而刘海粟却以98岁高龄在胡适离世后的32年——1994年也驾鹤西去矣。

关于刘海粟与新中国的关系，这位老艺术家早年便拒绝了侄儿的劝说而未去台湾。往后在新中国，他虽也受到"文化大革命"的伤害，但他老人家始终不忘初心，抱定为艺术而献身。他的这份空前的成就，震动了世界；但最令世人感叹的莫过于他那高尚的品格和无私的奉献，全心全意为新中国的书画艺术的繁荣，甘当一名耕耘不止的孺子牛，从而奠定了也丰富了中国书画宝库的珍藏。

胡适四十岁寿庆记趣

胡适过生日是对母亲的感恩

胡适既是常人却非凡人，因为他重视伟大的母亲赐给他生命的那一年那一月那一日那一时的宝贵时光。为了永远铭谢妈妈的恩惠，从古到今，千万年来，每个人也包括现代杰出学者胡适在内，都异常重视对生日的庆贺，而逢五遇十，特别是后者，其庆贺的仪式更是隆重。有趣的是，胡适还有与挚友们相互祝寿的良好习惯，将过生日过成属于主宾共享的喜日。

胡适父亲铁花公，清光绪十五年（1889年）47岁时迎娶本县冯顺弟（时年19岁）为第三任继配。婚后翌年，随夫到宦所。光绪十七年十一月十七日（1891年12月17日），胡适诞生于上海。1895年，胡父去世，胡母年仅23岁，胡适方5岁。后来，胡适在《先母行述》中说她"温厚有礼，通大义，性尤镈粹"，佩服其母"内持家政，外应门户，凡十余年。以少年作后母，周旋诸子诸妇之间，艰难困苦有非他人所能喻者"。胡适在致其族叔胡近仁的信中，更是坦言，他"生平有二大恩人，吾母吾兄而已"，又说"吾力求迁就，以博吾母欢心"。未料民国六年（1917年）其母病故，年仅46岁。胡适得讯，回乡奔丧，亲书"魂兮归来"四字，志其悲哀。

事实证明，胡适是位大孝子，他对生日的重视，就是他直接宣示自己对母亲的感恩。

胡适未就他十岁、二十岁、三十岁写过什么纪念作品，到四十岁即中年时期，才按孔子所言"四十而不惑"写就《四十自述》。他说："四十岁写儿童时代，五十岁写留学时代到壮年时代，六十岁写中年时代。但我的五十岁生日，正是日本的空军海军偷袭珍珠港的后十天，我正在华盛顿做驻美大使，当然没有闲工夫写自传。我六十岁生日正当大陆'沦陷'的第三年，我当然没有写个人自传的情绪。"可是，1961年12月17日，胡适七十大寿日。此刻，正值胡适因心脏病在台北住院治疗期间，因此胡适"坚辞一切祝寿的举动"。但是全台湾自上到下，一片欢庆声，生日前一天，蒋经国代表蒋介石到病房为胡适祝寿。病房外及走廊上堆满了鲜花和花篮，一本祝寿签名册上陆续有113位客人签了名，按毛子水（1893—1988）所说，这是"大家借这个日子来记识我们自己的庆幸"。除外，还有送生日礼物——著作、画册、酒、茶叶、水果、领带、尼龙被、睡衣、猩猩木（又名圣诞红）。李敖创作了三十首白话打油诗，敬贺适之先生七十岁生日。当晚，胡夫人江冬秀在家中举行祝寿宴会，出席的有毛子水、杨亮功等四十余人。祝寿仪式，虽系朴实无华，但仍凸显礼重情隆。

钱玄同、罗尔纲等为胡适四十寿辰献礼，盛况空前

1930年12月17日，胡适是如何欢度他的四十寿辰的？据参与者石原皋（1905—1987，绩溪县人）说，胡适四十寿辰祝寿宴会是在北平地安门米粮库四号家中举办的。祝寿仪式或规模，比之七十华诞之气势，则显得简朴得多。

古老的北平风俗旧习颇多，对于生日宴丰俭基本由人，但对于自己的生日，胡适则主张革新从简。他宣布不设寿堂，不叫堂会，也不收礼品。不过，客人没听寿星的嘱咐，他的挚友钱玄同（1887—1939）、赵元任（1892—1982）等，献上寿文和诗，以示敬意；而傅斯年、俞平伯、闻一多、冯友兰、朱自清、毛子水和甫从中国公学毕业便随胡适来胡府效力的学生罗尔纲等二十余人则联名赠送了一幅寿屏。少不了也有献金的，然而礼轻情意重嘛。主随客便，胡适也愉快地接受了嘉宾的祝福。胡适特别

高兴地将寿屏高高挂起。那天，打破常规，不是由江冬秀掌勺做她的拿手菜——徽州火锅来款待客人，而是从街道上请了大菜馆的高厨来家做菜，显示了规格的提升。饭后，大家分散在各个房间内，爱打牌的便坐下来打牌；不爱打牌的，三三两两在一起喝茶、抽烟、嗑瓜子、谈天。胡适夫妇与客人热闹了一天，兴犹未尽，直到夜阑人静，客人才依依不舍地离去。

钱玄同是年长胡适三岁的资深老友。1931年4月9日，他给胡适另一资深老友周作人写信，告知"去年十二月十七日咱们送给胡适之先生的寿礼，计为酒席卷二十四元，寿文的裱工和照相十二元，一共三十六元。送礼者共十二人，每人应摊派三元。乞将三元掷下"。至于那件名曰《胡适之寿酒米粮库》的长篇寿文，则由北京大学中文系教授魏建功（1901—1980）撰文，钱玄同书篆字。寿文曰：

　　更不伤春，更不悲秋，以此誓诗，任花开也好，花飞也好。月圆固好，月落何悲！我闻之曰："从天而颂，孰与制天而用之？"更安用为苍天歌哭，作彼奴为！

　　文章革命何疑！且准备搴旗做健儿！要前空千古，下开百世；收他臭腐，还我神奇。为大中华造新文学，此业吾曹欲让谁？诗材料，有簇新世界，供我驱驰。——调寄沁园春。

这首词是革新中国文学的先锋将领胡适之的誓诗。当时是民国五年（1916）的春间，这人正在美国纽约城哥伦比亚大学留学，是一位天下闻名的才士。姓胡，单名适，表字适之，年方二十五岁。原来胡家是安徽绩溪的大族，胡适父亲铁花公游宦江苏，转宦台湾；胡适母亲十七岁过门来，是续弦的，所生只胡适一个儿子。甲午之役，清廷把台湾割给日本，胡铁花先生回到大陆，却死在厦门，那时他才五岁。胡父遗命一定要让他读书，胡母督促得很严紧，时常勉励他道："我一生只晓得有这样一个完全的人，你将来做人总要学你的老子！"14岁上，胡适被送到上海入学，三年才许回家一次。1910年，胡适考取美国留学生，先学习农科，后改修政治经济兼治文学哲学，最后专攻哲学，得了博士学位回来。

胡适生性洒脱，志向远大，旅居上海时，也曾诗酒豪兴，纵情奔放，正是"少年恨污俗，反与污俗偶"！一日大醉几乎死去，醒来忽然怪自己：父母生我该有用，似此真不成事体！他父亲的朋友，很能策励相彰；"学理互分别，过失赖弹斜"；去国六七个年头，大加抖擞，颇读了一番书，他尝有朋友篇一诗，内中说："清夜每自思，此身非吾有；一半属父母，一半属朋友。

起先在美国绮色佳（今依萨卡）城读书，那地方几乎成了他的"第二故乡"，但看他写这地方的景致——山前山后，多少清奇瀑布，更添上远远的一线湖光，瀑溪的秋色，西山的落日，还有那到枕的湍声，夜夜像雨打秋林一样。

这一派景色中住着这一位文采豪华的文士，又加同住了几位能酬唱咏和联盟与他成劲敌的诗友，终朝每日受着外国文学空气的振荡；纵然他是为了挽救中国贫弱，不治文学，试问这样情境如何能不焕发起他的文学趣味？当时经过了民国四年五年两个年头，他们在海外早争论起"死文学""活文学"的问题来。

提起中国文学史的消息，那一线生命未曾与语言离得毫厘；只争无人识透这哑谜儿；即便省得，又无人肯打破这闷胡芦儿，和盘托将出来，前六十年左右却有一位有志革新的诗人黄遵宪，他少年所作杂感诗：……"吁嗟东京后，世界文益张，文胜失则弱，体竭势已窘！后有王者兴，张网罗贤俊，决不以文章，此语吾敢信！……俗儒好尊古，日日故纸研，六经字所无，不敢入诗篇；古人弃糟粕，见之口流涎，沿习甘剽盗，妄造丛罪愆！黄土同搏人，今古何愚贤？即今忽已古，断自何代前？明窗敞流离，高炉热香烟，左陈端溪砚，右列薛涛笺，我手写我口，古岂能拘牵？即今流俗语，我若登简篇，五千年后人，惊为古烂斑。"

黄遵宪倒是尽过一番心血，可惜只限于他自己创作的成功，何曾影响给及旁人！又何曾影响到学术的全部！正是——"风定始知蝉在树，灯残方见月临窗。"

偏生再过了四五十年，这位先锋将走向海外，服膺了"实验主义"的哲学，身受了"科学方法"的训练；回到国内，彻底澄清的匡正了思想，才水到渠成的革新了文学。凡是学术没有不互相贯通的，这才给了世人更相信的证券也。

且说，这位先锋将慧眼深，法力广大：刍议改良，劝众"八不"入手；"历史观念"，叫人一念持信；建设宗论，造成十字名言；播扬创作，写成连篇考证。

那"八不"是：

1. 不做"言之无物"的文字。

2. 不做"无病呻吟"的文字。

3. 不用典。

4. 不用套语烂调。

5. 不重对偶——文须废骈，诗须废律。

6. 不做不合文法的文字。

7. 不摹仿古人。

8. 不避俗语俗字。

那十字是：

国语的文学，文学的国语。

那古老的"非国语文学"却重重的栽着一个斤斗，不啻从九霄云头跌落下了千丈深坑！倒也有些卫道的人替古文"会师勤王"，直到如今不三不四的还有人在报尾巴上嘲骂两句！最有意味的纪念要算当日林纾将"狄莫""秦二世"的隐名来影射胡适写成的小说了。自从民国七年（1918）教育部正式颁行了注音字母，公布了国音字典；九年（1920）又规定全国小学实行渐次改授国语；现在已成当然不疑的事实；这种成功，自与这位斩将挥旗的先锋奋斗的阵容声气相通。

民国十二年（1923），由他主编的北京大学的《国学季刊》发表了宣言，提出三个方向来督责勉励治学的同志，就辟出辩伪研究的大路，开知发地考古的先声。有分教——"世间多少迷路客，一指还归大道中"。走惯了"磨磐"路的中国学术界，这才紧趱了一程：从思想的革新到学术的革新，从文学的改革到文字的改革。打民国六年到十一年，六年之间全在思想和文学改革的时期中；十二年以后，便进步到了学术革新、文字革新的时期。回头一算，转眼也就如同隔世，所谓"时代"似乎有一日千里的变化，不觉已是十三四年了。这位革新的先锋，他遭母丧、结婚、得子、教书、讲演、著述，中间又生病，又几番在国内外旅行，毁誉荣辱，在精神劳力上都有相当的增损；他就到了中年，是四十岁的人了。

民国十九年（1930）十二月十七日，便是他的四十岁生日。胡适的朋友和学生中间，有几个从事科学考古工作的，有几个从事国语文学研究和文字革命运动的，觉得他这四十岁的纪念简直比所谓"花甲""古稀"更可纪念：因为在这十三四年中间，他所尽力于中国学术的辛苦，应该获得一些愉快，应该享受一点安慰。好在他早有可以自寿的"不朽"，即如这首誓诗，尽够当祝语，不用旁人再赞一字了：所以他们不想用什么话来祝他，只将他十三四年来努力的梗概记下，他们毕竟是谁某？原来是这十二个人：

北平	白涤洲	镇瀛
宁波	马隅卿	廉
东台	缪金源	金源
织金	丁仲良	道衡
湘潭	黎劭西	锦熙
汉川	黄忠良	文弼
吴兴	钱疑古	玄同
唐河	徐旭生	炳昶
绍兴	周启明	作人
北平	庄慕陵	尚严
沧州	孙子书	楷弟
如皋	魏建功	建功

十九年（1930年），他再住北平，定居米粮库，便赶上是生日。他从自己诗里说，"幸能勉强不喝酒，未可全断淡巴菰"，是早已受了戒酒了；

这次生日应该替他开戒，好比乡下老太婆念佛持斋，逢了喜庆，亲友们来给他开了斋好饱餐肉味一样。

如今为要纪念"人""事""地"，便写下这个题目：《胡适之寿酒米粮库》。

魏建功撰

钱玄同书

（本寿文采自香港《大成》杂志第二十一期）

这洋洋洒洒的空前的长篇寿文，是对胡适领军新文化运动十五年来已迈入"四十而不惑"的成熟期的赞美！是月二十日，胡适在复信时，非常激动地对钱玄同说："谢谢你为我的生日费了那么多的工夫写那篇长文。裱成时，还要请你签字盖章，使千百年后人可以省去考证的工夫。"1931年1月5日，胡适再致函钱玄同，重申他的谢意。信曰："生日小说裱成后，请邀建功与你同签名其上，此轴即暂存孔德，俟我归来面取。"

除开献诗、献寿文外，尚有赠金者。一位自称对胡适"钦佩的人"、年长胡适三岁的北平中国大学教授沈步洲，在贺寿信中说道：

适之吾兄惠鉴：

值台端四十寿辰，本应趋贺，唯病未全愈，不能在人多处参与寿礼，甚以为憾！

希鉴谅之。寿仪陆元并祈哂纳。此颂

寿祺

　　　　　　弟　沈步洲谨上

　　　　　　十二月十七日

沈步洲给胡适的寿仪函

1932年10月，"北大教授沈步洲去世了，在一个大饭庄里开吊，那天早上，天下着大雨，已经穿上袍子了，（北大讲师）赵伯平是唯一的招待人员，（未料）胡适却是唯一的吊丧之客"，可见胡适是一位非常重情的人。

另外，一位牢记胡适四十大寿的朋友——沈昆三教授，他借生日当天在告诉已为胡适办妥事情的复函中，特意向胡适、江冬秀伉俪"顺祝四十双庆"。这也算是一种祝寿的方式。

还有，前北京政府内务总长和教育总长的汤尔和（1877—1940），也给胡适四十岁生日打趣地作诗："何必与人谈政治？不如为我作文章。"

在当时虽非社会名流，然却是工作在胡适身边的真传弟子，罗尔纲的祝寿函，亦具有一定的价值。现将全函抄录如下：

今天是吾师的四十大寿，尔纲荷蒙提携，逢兹盛会，幸也何如！唯初来北地，无以为贺，谨与成之先生共献生花数盆、香橼两树，借"生花"与"香橼"之义，敬祝吾师的生辰。更缀芜辞，以表欢忻。吾师今天刚过四十岁的生辰，吾师的功绩，早已千秋。天涯地北，万流同庆。这，何须我细数。这，更何须我歌颂。我只敬祝吾师康健长寿，万岁千秋。多饮些牛奶鸡汤，少喝几杯黄酒，只有年年岁岁的今天，是个例外，吾师须要对酒高歌，放怀痛饮，庆祝这人人欢欣的生辰。

学生尔纲敬贺

时年二十五岁的青年罗尔纲，刚走上工作岗位，就遇上校长、老师的四十大寿，当时囊空如洗的罗尔纲，便与胡适侄儿胡成之合买了鲜花和香橼树作为献礼，足见其良苦用心。作为后辈，罗尔纲还奉劝老师节制饮酒，多喝牛奶和鸡汤，增强营养，强化体质，实在是满满的真情实意。

2015年，笔者在广东深圳大学城图书馆，喜见在贾逸君选辑自《北平晨报》、1931年出版的《中华民国有趣档一束》中，有一件赵元任所撰献给胡适四十大寿的白话诗，读之颇感有趣。现转录如下：

民国十九年十二月十七日，为胡适之博士四十岁寿辰。时胡寓北平米粮库四号，亲友往祝寿者甚多。夫人江冬秀，特赠以止酒戒指。友人刘复（1891—1934，字半农）等则赠以白话寿诗。诗传为赵元任所撰，毛子水书。兹照录于下：

适之说不要过生日，

生日偏又到了。

我们一般爱起哄的，

又来跟你闹了。

今年你有四十岁了呐，

我们有的要叫你老前辈了哪；

天天听见你提倡这样，提倡那样，

觉得你真有点儿对了呐。

你是提倡物质文明的咯，

所以我们就来吃你面；

你是提倡整理国故的咯，

所以我们都进了研究院；

你是提倡白话诗人的咯，

所以我们就啰啰唆唆地写上了一大片。

我们且别说带笑带吵的话，

我们且别说胡闹胡搞的话，

我们并不会说很巧妙的话，

我们更不会说"倚少卖老"的话；

但说些祝颂你们健康的话——

就是送给你们一家子大大小小的话。

兄先生

适之　　四十双寿！！

嫂夫人

拜寿的是谁呐？

一个叫刘复，

一个叫丁山，

一个叫李济，

一个叫裘善元，

一个叫容庚，

一个叫商承祚，

一个叫赵元任，

一个叫陈寅恪，

一个叫徐中舒，

一个叫傅斯年，

一个叫赵万里，

一个叫罗莘田，

一个叫顾颉刚，

一个叫唐擘黄，

毛子水算一个，

最后是李芳桂。

有星儿的夫妇同贺，没星儿的"十分惭愧"。民国十九年十二月十七日

《北平晨报》

　　《胡适之先生年谱长编初稿》（增补版）亦刊有此祝寿诗；又说："原诗由赵元任起草，毛子水写成寿屏八幅，挂在胡宅寿堂里。第二天（民国十九年十二月十八日）曾登在《北平晨报》。"对比后发现两文的内容大同小异，现采用《北平晨报》之文。

　　胡适挚友——丁文江记住适之四十岁生日，他仿郑板桥体，亲书白话对联一副祝寿。联云："凭咱这点切实工夫，不怕二三人是少数。看你一团孩子脾气，谁说四十岁为中年。"这虽然不太像对联，但趣味性甚浓。一位自称后学的吴其昌，于12月17日，在致胡适函中说："昨见《北平晨报》（车上见的），才知今天是先生的四十初度，我恨不能立刻奉一觞寿

酒，然而事情不巧如此：我的妻偏偏在这天从上海到天津来，我不能不到天津去走一趟，只好等我回北平后，再来拜寿了。我在旅馆里作一副寿联恭祝先生。文曰：'加紧继续千里世以后的文化运动，切莫误会四十岁便过了青年时期。'"

同日，黄秋岳也奉函胡适，曰："您今天四十生日，我实在想不出拿什么东西来送您。您说辛稼轩词做得佳妙，我集两副对联都是辛稼轩词，送给您罢。一副是：'刘伶元自有贤妻，乍可停杯强吃饭；郑贾正应求腐鼠，看来持献可无言。'另一副是：'扶摇下视，屈贾降旗，闲管兴亡则甚？岁晚还知，渊明心事，不应诗酒皆非'。"又解释说这两副对联的意思是"祝您新文化运动的胜利"，另是"切止酒"。最后说"今天恕不来拜生日，改日来谈天吧"，等等。

胡适的生日，还引起一位在河南开封中学任教的全国斌的热烈反响。12月20日，全国斌在胡适四十岁生日后，致函胡适：回忆"先生在任宅及在汽车上给我的一切教言，我都分明记着，时刻地努力实现它，我十二分地相信。今日上午见报载汤尔和先生送给先生的对联，真是短小精悍，言近旨远。……我在本月十七那日，也居然作成了一联二十五字的'中联'。平仄虽有些不大工稳，然于事实颇甚切合。我选用了红珊瑚纸，请写家写了。打算回（北）平时，亲自（送）给先生。联曰：'无适非可，小心求证，古今来融会贯穿，国学整理，洵属文父第一；有之必然，大胆假设，东西去参考比较，文化沟通，堪称博士无双'"，可谓师生情谊浓，寿联可为证。

曾经最早给胡适出书的上海亚东图书馆，自然不会忘记胡适的生日。该馆在《尝试集》、《胡适文存》（一、二集）、《镜花缘》、《海上花列传》（汪原放标点）、《三国演义》（汪原放标点）、李宝嘉著《官场现行记》等书封面上烫印了金字："适之先生四十生日纪念，上海亚东图书馆谨赠，一九三○年"，并于胡适生日当天送给他。这些礼品现藏于北京大学图书馆。

比这更甚者，当数远在大洋彼岸的美国侨民了。胡梦华、吴淑贞夫妇将自己的著作 *Modern and Contemporary European History 1815—1928* 作为祝寿礼品；他俩在书的扉页上写道："敬赠于我们的证婚人适之博士四十大庆纪念，并祝福寿康宁。十二、十七（十二月十七日）。"同一天，刘吴卓生也致贺词："我也附笔祝你四十寿辰，愿你康强多福！十九、十二、十七（民国十九年十二月十七日）"。

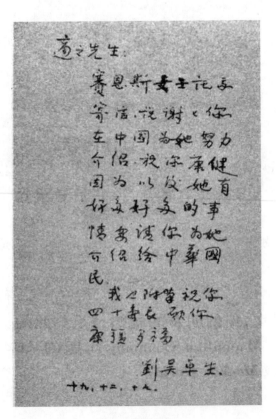

刘吴卓生的贺词

是日，一位美国朋友、协和医学院院长顾临（Roger S Green）也以赠书的方式向胡适祝寿。顾临以英文"题赠胡适博士：Health Work in Soviet Russia，作为奉赠挚友的40岁生日礼物。"

说来有趣，胡适重视自己的生日，不忘自己给自己购置生日礼物，不是衣服，更不是黄金首饰，所爱乃是一本书。这本书叫 *An Introduction to the Industrial and Social History of England（by Edward P.Cheyney，New York*:

The Macmillan Company）。胡适在该书扉页上作题记："在旧书摊上买的此书，送给我自己做生日的礼物。适之 一九三一、十二、十七"。

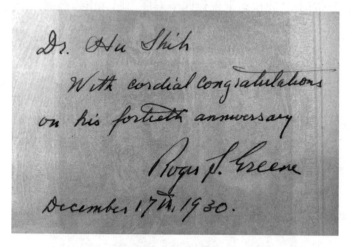

顾临的英文贺词

这是一个别开生面的自贺自乐而又韵味无穷的"胡适模式"，值得点赞！

说来有趣，1928年12月28日，胡适"今天忽得朱经农、郑阳和来一贺电，他们记得我的阴历生日，却记错了我的年岁了"。贺电曰："适之兄：敬贺四十大庆。经农、阳和。"胡适觉得好笑，但他还是非常欣赏这个提前发来的贺电，他在日记上写了一首白话诗："小弟今年三十八，再过三天三十九，多谢你们预贺寿，请等两年吃寿酒。"表白了对挚友的感激之心意。

胡适支持李孤帆著《招商局三大案》

　　中国招商局，是一个草创于清朝同治年间、中经民国政府的官督商办股份制企业。她在旧中国历史阶段，经历风雨飘摇的百载，取得过世界航运事业上的进展。但由于受到旧政治制度的病态干扰和旧社会邪风积习的腐蚀，具体说来，就是有三个地方领导人巧立名目、瞒天过海犯下了贪污的大案，这给集体给国家带来了重大的损失，这些贪腐分子触犯了刑律，堕落成上下共诛之罪人。于是在社会上，一支口诛笔伐的队伍便站出来对之谴责声讨，这当中就有胡适一位。

沈冥在上海《小日报》上著文，揭露《招商局腐败之写真》

为了正本清源，1928年，招商局总管理处特派"赴外稽核"官李孤帆，深入地方基层，进行查核审计，终于弄清真相，揪出了三个大贪污犯。李孤帆遂将其稽核成果编印成书，取名曰《招商局三大案》。但在该书出版前，李孤帆曾将其书稿送呈政界学界等名流处提请审阅，并请求各名流为该书赐序，李孤帆终得圆满回报。胡适等应邀为该书题了词，表达了对李孤帆正义行为的支持和赞扬！

李孤帆利用稽核审计的利刃，一举成功地揭露并挫败了隐藏在招商局内的反贪腐案件，开创了厉行稽核制度的历史先河，功不可没！

此举虽是80多年前的往事，然其警示价值不泯。水流花落犹有梦。

胡适受益李孤帆　关注招商局动向

胡适与李孤帆，既非安徽同乡、又非北京大学直接的授业师生关系，但是功成名就的胡适在李孤帆的心中早就是一位令他敬佩之大学者。李孤帆曾以李孤帆、李平、李拔可三个名字给胡适写过13封信，胡适也回过李孤帆6封信。另，胡适日记中有部分关于他俩交往的记录，加上双方互致的信件，这些资料为世人研究他俩提供了依据。

李孤帆，字平，号拔可，"福建闽侯人。为'双辛夷楼主人'李次玉哲嗣。郑海藏为汉口铁路局总办时，聘拔可为文牍"。李孤帆于清光绪二十年（1894年）在乡试中式举人，旋出宰桃源县、泗阳县，官至江苏候补知府；有政声。民国时期，入上海商务印书馆，与张元济、徐伯昕等任编辑。教育家叶圣陶在日记中也提及他曾"应商务印书馆徐应昶、李孤帆之招，餐于大华酒家，座有马季明、徐伯昕等，九时散"。

从1919年12月3日前，李孤帆写给胡适的信来看，他俩在这之前已有交往。李孤帆说："适之先生：方才从上海转来你来信，读了我心里十分感激。我刚才看见《新青年》六卷六号的要目，晓得你做了一篇《我对于丧礼的改革》的新文章，可惜我还没有见到，我很希望你以后能够多写几篇这类移风易俗的文字呢！"李孤帆在信末要胡适代他向"独秀和梦麟两位先生代致一个意"。胡适这篇新文章刊于1919年11月1日,这是他俩交往中可见的最早记载,可惜未见胡适这封信的身影。是年12月3日,李孤帆接着函告胡适:"你的《我对于丧礼的改革》,我已经读过了,引起我对于俗礼改良的感想不少。"虽系初交,但交谈的深度不浅。

1921年暑假,胡适在日记中写道:"我在上海住了四十五天,天天到商务印书馆编译所去,我知道馆中老辈有张菊生先生、鲍咸昌先生、李拔可先生。"他感受到"老辈"李拔可与高梦旦所长同样欢迎自己到编译所来任所长的热情,但胡适最终则力荐王云五来任所长。

1924年12月30日,李孤帆用钢笔给胡适写了一封长信,报告了他离开商务印书馆以后的行踪及对胡适的思念之情。他说:"适之先生:我的确是前在上海李孤帆名平的,但是我从民国八年以后已此字行了。我从六三运动时,在上海和你在蒋梦麟先生家中一别以后,民国十年暑假中,曾一遇上海郑寿芝先生——郑铁如先生的兄长一家。此后我因南京的职务曾到过香港,并住在那里一年,常和郑铁如先生相见。曾到过汕头。并在铁如先生家中得见你和你的儿子照片。十一年冬季,我曾为了职务,到过一次北京,我到你的寓中访问,知你在协和医院养病,后来再到协和医院,你又出院了,始终没有会面的机会,实在失望得很。十一年冬季以后,我就住在汉口了。银行界的朋友叫我替他们去办一个《银行杂志》。我因为《银行杂志》范围太狭了,于是和朋友张肇元、陈方之办了一个《市声周报》,我要求你替《市场》介绍特约撰述员。感激不尽呢!今年夏季,马寅初、张君劢两先生来鄂讲演,我和马先生相叙多日,知道你的肺病未痊愈,为你担忧。此间离牯岭很近,是养肺病的好地方,我也有一些肺病,不妨和你同去休养,你有意去吗?……李孤帆敬上"。

李孤帆知道胡适酷爱诗词,特将其父李次玉的遗作《双辛夷楼词》寄给胡适,胡适阅完,大呼"高兴得很"。1928年3月8日,他给李拔可回复了一封信,说道:"拔可先生:今天收到《双辛夷楼词》,读完之后,高兴得很。令先公的词最合我的脾胃。他最得力于《花间》及周美成、辛稼轩、林琴南先生作墓志,说他所填词无一折涉南宋,其实不尽然。此册词虽不多，然有很多可传之作。我最喜欢的有：'收吸尽三杯酒，流莺促上雕鞍。出门望望风吹面，谁信泪难干？他日小楼频倚，不须短嘘长叹。但教汝自多眠食，便是我加餐。……。写呈先生一看。适敬上'"。

是年6月17日，胡适在日记中写道："有剪报一则，题为《招商局总办控告施省之（汉口分局前局长）侵款35万》。"

1930年7月25日，胡适在日记上又记下："昨日，招商局总办赵铁桥（1886—1930）先生被人暗杀。"

胡适在上海期间，总要去看望李拔可，并与李拔可聚餐、交谈。

1931年1月10日，他"与梦旦同到杏花楼，见着李拔可先生、王云五先生"。1月18日，"梦旦、拔可、云五诸先生来谈，我们谈及商务印书馆的事。梦旦、拔可、云五见了陈布雷的回信，他们都劝我不要去南京。"他答应了。遂与云五、杨杏佛同到李拔可先生家。"

1934年2月7日，"云五、拔可两先生邀吃饭，在座有菊生、梦旦、昆三诸君"。2月8日，胡适在日记中又记下，当天"九点与（徐）新六到百乐门，主人为陈光甫、（招商局总办）刘鸿生（1888—1956）、王晓籁；请的客有：宋春舫、夏小芳、秦通理、黎锦晖；女客为胡蝶女士、徐来女士（锦晖之妻）、王洁女士（秦夫人）、谈雪卿女士、张蕴芳女士、张素珍女士。我不会跳舞，看他们跳舞"。

是年除夕，胡适"到商务见着李拔可先生等。借了李拔可老丈的汽车去看蔡先生（元培），小谈"。

1936年1月22日，"云五先生、拔可先生邀在'小有天'吃饭"。胡适与李孤帆相见的频率虽不高，然而双方感情交流的温度却不低。

中华人民共和国成立后，胡适蛰居美国，王云五跑到台湾，高梦旦则留在大陆，而李拔可却去了商务印书馆的香港工厂任经理。1950年5月23日，胡适在纽约给老友赵元任的信中，告知他已给香港的李拔可发了一封航空信，拜托他代购一套《四部丛刊》；并说李拔可"是北大出身的，平时和我很好"，又说李拔可已回信，可给六折优待，自己寄去250元。故要求赵元任"千万不要替我计划买书"了。

事实上，是年4月25日，胡适在日记中已详细讲明了这件事。胡适说："李孤帆给我寄的'缩本《四部丛刊》初编'440册、书录（即目录）一册，装船直运纽约。3月27日，船已到码头了，我托一家经纪人去办报关手续，今天书一箱运到我寓中。从香港到纽约，需时一个月多。从纽约码头到我寓中，需29天！书价港币1750元，孤帆给我六折，合1050元，运费等，共155.6元，两共合美金（以6.15计）196元，其中运费及杂费只有美金25.30元；从船上运到我寓中，被经纪人敲去33.5元！此是我第三次买《四部丛刊》初编'，第二次买缩本。海外得此440册书，真如见老朋友！"这种豪购的行为，正反映一位大学者的大手笔！而令这位受益者——胡适产生如此浓烈愉悦心态的，则是源于香港挚友——李孤帆的给力所致。

这以后，胡适多在美国生活并著书立说，而李孤帆仍在香港忙于生计。1961年5月、6月、8月间，胡适曾给李孤帆写过4封信。例如5月25日，时年71岁的胡适，满怀深情地给李孤帆写信，一开头便称："孤帆兄：几年不通音问了。"接着才进入主题，"忽然张贵永先生给我看你3月16日的长信，我才知道你们的近况，我很高兴。谢谢你问候我的病，谢谢你提及曹雪芹画像的下落"。信末曰"祝你和葆真（系李夫人）都好"，署名"适之"二字。三天后即5月28日，胡适再给李孤帆写信，仍称："孤帆兄：前寄一函，想已收到了。今剪寄我的短文，请你看看。如祖莱在港，也可以给他看看。"信尾仍称"敬问你和葆真都安好"。

一周后即6月5日。胡适一连给李孤帆写了三封信，这也是很少有的现象。信中依然称："孤帆兄"再入正题"谢谢你5月30日和6月1日的两封信"。信文很长，大意是涉及陈独秀和《红楼梦》等问题，赞扬李孤帆"收集的《红楼梦》著作，确实很丰富。6月1日信上开的书目使我欢羡！但你的《红楼梦集评》计划，我觉得太广泛、太杂，不容易断制选择。有许多文章不值得收集的，如李辰冬、林语堂、赵冈、苏雪林等。'集评'书名，似也不甚妥"，等等。是日第二封信，则称"谢谢你寄示自传目录及《宗教生活》一章"，赞扬了作者"保存了一个时代的有关宗教的辩论文字，自是有益的事"，但也指出作者在文中将徐光启、李之藻列为率先奉教之先驱是错误的；尤其指出作者是一位基督教徒，故劝他"多参考史籍，或请教于天主教学人"，最后不客气地批评作者是个"幼稚的人"；"不知不觉之中受了一些幼稚左倾的党八股的影响"，建议作者读费赖之的《入华耶稣会士列传》，罗光的《徐光启传》和《明史》的"历法"。

现知1961年8月28日一信，是时年71岁的胡适给李孤帆的最后一封信。胡适在信中对李孤帆正在选印《独秀文存》一事持否定态度，连呼他"颇不热心"，因为他认为李孤帆"不是理想的'选家'"，又指出那个时候"也不是选印独秀文选的时候"。

李孤帆在招商局反贪污斗争中立大功

要问李孤帆是怎样进入招商局的？他又是怎样披荆斩棘走上反贪污道路并立大功的？兹据李孤帆在他的反贪污斗争取得伟大成果——《招商局三大案》杰作中的"叙言"，便能找到答案了。

民国十五年冬，李孤帆偕妻葆真与杨杏佛同舟西上，因搭乘外轮，见其管理之有条不紊，与我国招商局轮船相较，不啻有天壤之别，抵掌而谈，相与唱然。舟抵汉口后，由杨杏佛介绍与前交通部长孙哲生罄谈，遂奉委与吴尚鹰、杨杏佛、杨端六诸先生，同任清查招商局委员。1927年春，党军克复江浙，奠都南京，复与张静江、蒋百器、虞洽卿、宋汉章、郭复初、潘宜之、钱新之、陈光甫诸先生，同奉国民政府特派为清查整理招商局委员会委员，并指派李孤帆、杨杏佛、杨端六三人为常务委员，任命李孤帆为秘书主任，担当实际重责。李孤帆遂聘请潘序伦、徐广德为会计师。人马齐全，定下战略目标：先上层总部，后下级分局。委员会首先清查了招商总局的一切账目，历时半载，而成《国民政府清查整理招商局委员会报告书》上下两册，获得了初步成果。

是年11月，交通部在上海成立招商局监督处，前交通部长王伯群兼任监督，李孤帆受命为监督处秘书兼设计科科长。1928年2月，国民政府对招商局进行改组，宣布以赵铁桥兼任总管理处总办，李孤帆为总管理处"赴外稽核"，表面看来这并不是一个什么高官，然而依然是一位手握尚方宝剑的钦差大臣似的要员。

事实证明，李孤帆没有辜负上下的期望。1928年4月，他率员首赴汉口分局查账，结果发现重大弊案，随即做成清查报告书11件，上报总管理处。总管理处实时将汉口分局局长施省之革职；5月18日，向上海租界临时法院呈文，控告施省之"侵占局款，依法公诉，并附带民诉事"，因其"历年损失，数极惊人，按其情节，显有侵占行为，事涉刑章，应归法庭讯办"，建议依据刑律，给予二至三等有期徒刑，时效为七年。被侵占之公款，法应追还，"判令偿还购煤损失银二十万零五千一百十四两八钱四分。铜元折合银两损失银十五万二千七百十六两三钱八分"。随后经过两次庭审，施省之强调因身任两路督办，无暇顾及分局之事，但也不得不低头承认"事或有之"，"心有所不安，极愿酌定赔偿"。经过复查，法庭认为被告所言"谅系事实，故与谈判，屡经商榷，议决：交付总局现银五万两；抵押之地契收回交总局"等。总局申请法院撤销刑事及民事诉讼，息事宁人，了此公案。

1928年10月，李孤帆再率队赴天津分局查账，复发现重大弊案，做成报告9件，上报总管理处。该处收到报告，即令分局代表该处向天津地方法院，以货力煤斤浮报开支三大弊案，对分局局长麦信坚进行刑事诉讼。被告曾任交通部次长，管理分局长达22年。辞职后，其代理人抗拒李孤帆的查账，被告不仅"多有隐匿，又不切实交代"，李孤帆权且"就所存账簿书类，并调查当地情况"，但还是发现贪腐分子在"货力及煤斤两项，弊窦最大；它如浮报开支，情亦显著"。做成报告后，总管理处"命即就地诉请法办，讵被告串同前局长（麦信坚）所用之账房，尽将存在津局账簿及旬报底册携去，以妨碍诉讼之进行。实在是罪上加罪！然而总管理处坚持"被告犯罪在所必究，不能免其刑事责任"。于是其向天津地方法院呈请给犯罪分子"用刑法第三百五十七条，宣示刑罚"，并附带民事诉讼，追缴贪污公款"银七十四万五千二百三十六两二钱七分"。

因知招商局已被官僚商蠹所把持，国民政府曾派张人杰、李孤帆等以"代行专员职权"前往招商局清查整理。1930年4月，李孤帆奉招商局总管理处之令率团队进驻招商局进行"积极整理"，未料却遭被告、该局董事会会长兼积余公司经理李国杰的抵制，犯下"公然侮辱公务员之执行职务，并唷匿重要文卷，把持附属机构"的罪行。李孤帆不畏权势、不给情面，一心为公，"见其违法妄行，知其必有不可告人之隐，略一调查，罪证迭见"，特别是粉碎了李国杰妄图将原本是招商局旗下的积余公司分割后据为己有的阴谋，遂做成报告书五章。总管理处据此控告李国杰触犯刑律，以"侵占局款、妨害公务、损坏信用"三罪，呈请上海临时法院拘案严惩。按三罪即：其一，被告借得汇丰银行巨款五百万，虽无中佣，但开支酬劳，包括贪污高达二十余万，建议按刑法第三百七十条进行制裁。其二，妨害公务罪，对国民政府令行之规则，指为无效、指为搬弄；侮辱并刁难代表政府的公务员；拒不交出银行贷款的契约，应受刑法第一百四十六条和一百四十四条之制裁。再有，损坏信用罪，负债已达一千四百万，不仅本金无法偿还，利息也多拖欠未付，以致怨声载道，纠葛纷呈。李国杰"散布流言，损害招商局信用"，请法院按刑法第三百三十条进行惩处。局外材料还被抖出李国杰擅自将上海四货栈及码头抵押，向美商借款上海银元1000万两，以图弥补历年积欠款，无耻至极的李国杰，竟从还借款中攫取了巨额回扣。此种行为须即刻将罪犯扣押查办。

伸张正义 胡适为《招商局三大案》题词作序

李孤帆认为他乐于经办这三大案，他说："自信为明了过去腐败之内幕，与力求将来之复兴，均有参考借鉴之价值。"因此他决心将三大案内容编印成书，以方便关注招商局问题的人浏览。知我罪我，非所计也。

李孤帆自言，"著者少时，随侍先二伯父莱山先生，读书上海。先二伯父对于一事一物必穷其源流，以为著者训导。著者自幼即深受即物穷理之启迪，以处世立身之道。每能认真从事，素无苟且之态度。其获益于二伯父者，可谓既深且巨"，但稍能明理处事后，则心仪胡适，在交往中，受益良多，其遗函是为明证。

李孤帆作"叙言"中，坦诚地自我肯定了出版《招商局三大案》的目的和意义：该书既可供政府及社会为改善招商局现状制作方案做参考，也可警醒大众对贪污人员必须采取不妥协的精神；同时现身说法，公开自己的查账方法，那是以现成之统计材料为经，历年之旧账数目为纬，俾资比较研究，以求损失公款之确数。李孤帆自信此法可做彻查贪污分子时之利器。

著者穷于役招商局，前后六年，始终担任扫荡积弊之工作。著者不忘初心，牢记使命，要"旧污不除，鼎新无自，不先清源，奚克有济，因刊《招商局三大案》以自勉"。著者用心良苦，特别寄望本书问后，能够激发政府及社会之天良，对国家之伟业，共起而扶持之，使之发扬光大；更要杜绝贪污者有染指的机会，这是他"尤为所馨香祷祝者也"。

李孤帆在他的杰作出版前，曾捧着沉甸甸的手稿，拜访了张人杰（静江）、陈果夫、叶楚伧、蔡元培和胡适等，虚心求教，旨在获得国家政要和社会各界名流以及新闻媒体的了解与支持，以期再获得一份题词或序作为锦上添花。张人杰用毛笔为该书题写了："李孤帆著，招商局三大案，张人杰题（私章）"。陈果夫用毛笔题写了："官僚商业之结果"。蔡元培用毛笔题写了："招商局有数十年之积弊，非澈底明了，决难着手整理，是编举其最大者详言之，洵足供当局参证。蔡元培题（私章）"。叶楚伧用毛笔写了："闻者足戒，叶楚伧"。

除外，作序的还有褚民谊、潘公弼和诸仲威（青来），他们合力给李孤帆的反贪污作为以肯定与支持！

关于恳请胡适作序之事，因情况与上述人士有别，故单独叙之。1932年12月19日，李孤帆用毛笔给胡适写了一封信，文曰："适之先生：本月十日寄上一函并附《招商局三大案》清样一册，谅已收到。现因全书已经印就，所求先生替我写的序言，务请早日赐寄。是为至祷！回件寄上海威海卫路15号'中社'转下。一切容后面谢。李孤帆敬上。（私章）廿一、十二、十九。"

官僚商業之結果　陳果夫題

聞者足戒　葉楚傖

国民党中央组织部长陈果夫题词　　国民党中央宣传部长叶楚伧题词

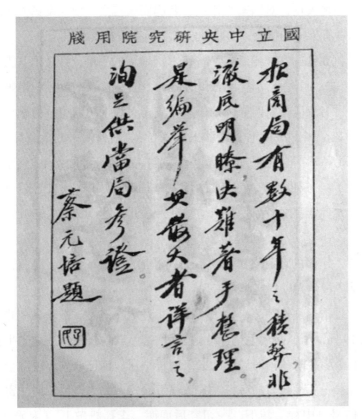

国立中央研究院院长蔡元培题词

　　李孤帆在12月10日，即将《招商局三大案》清样稿寄给胡适了。此时，胡适正在湖北武汉、湖南长沙的高等院校等单位进行演讲。在武汉，胡适第一次面见蒋介石，把他的《淮南王书》赠送给蒋介石。又曾为潘光旦主编的《华年》周刊题了词；随后便返回北平。同月22日，胡适应邀在北平培英女子中学演讲。可以相信，胡适见到了李孤帆的信函及清样稿后，便决定满足李孤帆的要求，也许是考虑催稿太急，作序又需时较长，故以题词便捷为好，于是用毛笔题写曰："公开检举是打倒黑暗政治的唯一武器。光明所到，黑暗自销。题招商局三大案　胡适（私章）"。胡适题词中的"公开检举""打倒黑暗政治"，是关键词；而后两句则是虚晃一枪。这个题词，力度似嫌不足，且认识上有偏差，那就是对"黑暗"的认识。无数的事实早证明：黑暗是不会"自销"的，你不打它不会倒的，即便打了它也会死灰复燃的，必须与之打持久战。不过胡适强调"公开检举"，则有其积极作用，故不失为"打倒黑暗政治"的武器之一。

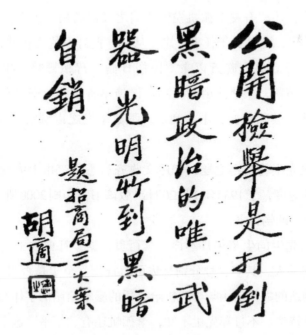

胡适题字支持招商局的反贪污斗争

褚民谊在序中说道："以招商言，规模弘大，而枵削日甚，腐败暴露，实可谓病夫之缩影，中外腾笑，引为口实。"他赞扬"李孤帆先生，今之有心人，自十六年奉令清查招商局，即埋头力求弊源所在。近以所著之《招商局三大案》一书见示，雒诵既竟，乃谂李君对于过去症结，了如指掌，而愈信招商局之整理，为不容缓。李君之书，乃诚为革命革心之资料，而为研究吾国航业史者所不可不知。今后，吾将于李君此书之风行卜之矣"。

潘公弼自叙彼与李孤帆有"逾十年，共朝夕，知之深"的关系。"闻孤帆奉为赴外稽查，以彼才调，颇为之屈，以彼秉性，颇为之忧。盖稽核必精审缜密，非其所长。嗣问胜诉，孤帆挟巨帙（积稿三卷为三大案之括记）欣然来寓，曰是可与世以共见矣"。潘氏"展读，越宿而竟"，发现"提纲挈领则经纬井然、条分缕析则秋毫可辨，主证详明，旁证繁博，以充实之证据，作精密之断案，虽老吏不啻也"。

诸仲威自述"吾友李孤帆先生所编之《招商局三大案》，付诸剞劂。愚受书而读之，觉其勇于任事、忠于从公，摘奸发伏之精神，跃然纸上，诚有足多者已。慨自晚近以来，民俗日偷，营私舞弊，相习成风，虽缘于道德之堕落，未使非由制度不良设施不备所致。安得有李孤帆先生者数千百辈，破除情面，不为利诱，悉数举发之以廓清其积习"，功莫大焉！

李孤帆先生将所得之题词和序文收齐后悉数交由上海现代书局。该局用最快的速度，于1933年1月20日出版该书，印刷2000册，发行全国，一时成为抢手的畅销书。

李孤帆先生的生卒年月不详。其籍贯，据"补白大王"郑逸梅先生说是福建闽侯人，其字、号分别是拔可、宣龚。至于是否叫"宣龚"？从李宣龚给胡适的墨笔信函与李孤帆给胡适的墨笔信函的字体与笔锋看，判若两人，故待考。不过郑先生不知，李孤帆还有"李平"这个字号。郑先生在他的《墨巢主人李拔可》一文中说"拔可工书法，晚年手颤，遒劲古拙，益饶趣致，订润鬻书，求者不绝。他没有嗣君，仅有二女，一名昭质，先拔可卒；一嫁王一之，远旅海外"。又说"海内外收藏清代伊秉绶著作者，以李拔可为最富"，除外"又藏林琴南及溥心畬的画幅为特多"，云云，仅供参考。

胡适为广源轮案胜诉而欣慰

1937年抗日战争爆发之初，在美国发生了一场华人船员与日本船长的广源轮案。这个案件，说大，影响着国家的尊严，牵涉国家资财遭劫，关乎二十位华人船员的生命安全；说小，它只是一个牵涉一条价值数万美金的旧货船的案件，船上有日本人的2100吨废铁。我驻美国旧金山总领事黄朝琴（1897—1972）等为维护祖国的尊严与利益，坚决与日本船长打起了官司，未料这长达三年的诉讼案，成了国际法中轰动一时的一件例案。由于正义在我方，结果以我方胜诉而告终，时任中国驻美国大使胡适也介入此案，他为广源轮案的胜诉著文，以示欣慰！

胡适从檀香山飞来旧金山候任驻美大使

1937年9月，正当中国人民被迫抗日之际，不巧又是中国驻美国旧金山总领事馆暨黄朝琴总领事即将接手处理广源轮案之前夕。就是在这一非常时期，胡适受命将赴美国接替王正廷出任中国驻美国大使。黄总领事本想按惯例举行一个仪式来欢迎胡适上任。胡适闻讯感到不妥，是年9月25日，从美国海外省——檀香山住地，急忙给黄朝琴寄去一封信，极力阻止。

信曰："黄总领事朝琴兄：廿六到。前次蒙侨胞盛大欢迎游行。此行为国难来，万不可招摇，务乞预为阻止为感。久飞甚劳苦，亟需稍息，在西岸留为暂，均听儒堂大使电示，故不能多作公开讲谈，务希预为留意。胡适。"

在26日的日记中，胡适是这样写的："从檀香山飞旧金山，约2400英里。上午10时抵旧金山，黄总领事夫妇与各团体代表来欢迎，到中华会馆茶会。午饭后到大中华戏院演说。晚上出席两处宴会。"这是一个由明智的胡适在即将出任中国驻美国大使前抵达美国本土第一站时所描绘的简朴而又感人的场景。

广源轮案的来龙去脉

就在胡适抵达旧金山时，旧金山曾发生了一场历时两载的广源轮案。这是一个什么性质的案件？广源轮案的基本事实又是怎样的？

1937年8月，中国山东省烟台市的永源轮船公司，向美国金山通用轮船公司购得约3000吨的轮船一艘，旋改名"广源"。业经中国交通部天津航政局驻烟台办事处发给各项证明文件。按民国法律规定，凡在外国取得的船舶应先向当地中国领事馆申请发给临时国籍证书，驶回国后，再换发正式的中国国籍证书。

中国总领事馆为慎重起见，对该油轮进行调查，结果发现油轮载有废铁2100吨，拟运往日本大阪。而已登船的船长、轮机长及大副均为日本人，其余二副以下船员二十人则为华人。刻在金山美国移民局候保，等待上岸接船。当时抗日战争正酣，黄朝琴以该轮所运废铁系制造军火材料，显有资敌行为，即请示外交部，奉复："不应发给船籍证书。"永源公司因中国总领馆拒发中国船籍证明，无法开航，乃秘密动员美国航政局，拟将该轮转售英商，企图变更船籍。黄总领事遂偕孙碧奇（1908—1986）副总领事登船视察，有幸地从日本河野船长的口中套出永源公司的底细。原来永源公司是中国买办与日本商人的合营公司，而且购船的费用是向日本银行借贷的。黄朝琴丁是采取紧急措施，一方面呈请我驻美大使馆向美国政府交涉阻止该轮转售，声明该轮是中国船籍的事实；一方面电报外交部，复示：该轮的中国船籍证书由总领馆代为保管，就近制止开行。黄朝琴与旧金山海关商妥，如无该项证书，不能给该轮颁发出港证，从而挫败了日本船长的阴谋。旧金山总领馆负责保释尚在移民局中的中国海员，让他们立即登船工作，并通知中国船员，严格监视日本船长的非法行为，拒绝日本籍船长的指挥。未料不甘受挫的日本船长私自将船名改为"德行丸"并改悬日本国旗，此奸计自然遭到中国海员的坚决反对而未得逞。河野船长厚颜无耻，屡次到我总领事馆要求放行，均不被批准。黄朝琴已知河野会私自开船逃亡日本，于是密令旧金山华人虾寮工人轮流派汽船监视。1938年1月23日，果见该轮升火待发，监视人员飞报总领馆，当即派员上船制止，因其行迹可疑，乃正式商请美国缉私兵舰在旁监视。日本人贼心不死，次日该轮又连续两次开动，于是中方向河野给予正式警告。随后，河野竟私自将广源轮转卖给日本神户某公司，并持日本驻旧金山总领事馆开具之日本船籍证书，要求海关放行。海关问我总领事馆可知此事？即答广源轮是中国财产，早有中国船籍证明存于我总领馆，日方所谓证明无效。美国商务部航政司通知：只有法律可以阻止，否则放行。黄朝琴鉴于时间紧迫，一方面与法律顾问研商，一方面向外交部及驻美大使馆请示。同时与虾寮工会商议，以备万一失败，可安置撤出的我方海员，使该轮无法成行。大使馆应尚德参事指示：保持被动地位，不必先行上诉。

1938年4月2日，又有自称船主的日本人上船，故意找茬，责骂华人船员梁振先等三人何以不工作！华人船员们回答"已生病数十日"，日本人无奈，登陆日本医院治，梁等不信，要往中国医院治疗，于是发生争执。日本人竟将梁振先等押解回船。梁振先等不服，急向河野船长质问，不料日本人船长及日本人大副等，竟手持木棒乱打华人船员，梁等忍无可忍，群起自卫反抗。适为美国海防巡逻舰人员发现，上船制止，才避免重大伤亡。那个自称船主的日本人，怕受到首先挑起事端的处罚，乘乱逃走了。黄朝琴闻讯后，立即偕警上船，先将病员送东华医院医伤，为防日本人陷害，乃雇美国警察上船保护。4月11日，日本总领馆人员上船，宣布华人海员已被开除，不得住在船上，遭雇警的反对，其阴谋受挫。但日本人又生毒计，企图将二十名华人船员遣往日本，此举更受到中国大使馆和总领馆的坚决反对，因而获得营救。

　　黄朝琴考虑因广源轮系商船，容易被日本人再掀风浪，为扭转不利形势，决定从根本上击败敌人——改变广源轮的商船身份。黄朝琴通过申请，获得中国政府和蒋委员长的批准，广源轮终成为拥有中国国籍的中国轮船。因此，中国副总领事孙碧奇登船，宣布日籍船长、机轮长及大副被免职；升任二副赵子明为中华民国国有轮船广源号船长、王其福为轮机长，着令留守该轮，舵工隋耀贤调领馆差役，其余华籍船员十七人遣送回国。全体华籍船员均鼓掌欢呼。孙副总领事遂将征用令张贴于船舱，同时将中国政府征用令照会旧金山海关及移民局。黄总领事还亲赴美国联邦法院北加省分庭面交照会，声明该轮已经中华民国征用，现系中华民国国有轮船，以后美国法庭无权干涉；同时又照会美国外交部转行司法部、商务部、财政部及各关系方面知照。这项外交工作做得可谓是滴水不漏，是何等周密，何等精彩。

　　在此期间，日籍船长、轮机长和大副，倒打一耙，反诬我海员"无故逞凶，伤害身体"，以刑事控告华人海员，前后三次要法庭签发拘票。日本人向美国联邦法院提出要求让中方将船交其执管。第一次，该庭法官拒发拘票；第二次，法官要原告和被告提出书面辩论书，结果是，地方法院无权签发拘票；第三次，法庭判为船员纠纷，法庭无权干涉，故日本人"状请签发拘票一节，应予拒绝"。日本人的诬告以失败告终。

　　但是令日本人念念不忘的是那批非法装运的2100吨废铁。小谷船主故意颠倒黑白，诬蔑华人海员"殴打船长，又将轮船非法占据"，挖空心思"请求法院将华人海员驱逐，以便物归原主"，其罪恶用心是民事刑事并进妄图将那批废铁取走。但因小谷船主提不出货物所有权证明，况且废铁又在中国船上，应受中国法律支配。小谷知案必败，只好灰溜溜地撤诉。1939年6月30日，美国联邦法院判决"原告请求移船提货一节，应予拒绝"，至此，日方反控我三案，以日方全盘失败而告终。我方理直气壮，获得了胜利！黄总领事、孙碧奇副总领事为广源轮案立下大功，为国争了光，也使中国人民和旅美华侨大长了志气。尤其是在1938年抗日战争酷烈之际，广源轮案的胜诉，具有深层的意义，可以看作是在美外交官和旅美

华侨齐心合力打的一场艰苦而又漂亮的间接的抗日战争。外人称誉广源轮
案是一场伟大的"旧金山中日之战"。

胡适大使著文称赞广源轮案的胜诉

广源轮案发生时，胡适尚未出任驻美大使，他是1938年10月5日到
华盛顿任职的。但是胡适还是处在广源轮案的后期，他是该案的知情者和
当事人之一。事实上胡适很关心日方在广源轮案上耍无赖，1939年4月11
日，黄朝琴感激胡大使在病中还挂念着广源轮案，所以写信告知胡大使：
"关于广源轮提货案，大约不久亦可宣判，唯恐日方上控耳。前因贵体新
愈，雅不欲以琐事奉读，兹闻美东友人言，藉悉玉体大好，至为欣慰。
千万珍重。"

胡适得知黄朝琴虽然在认真并积极处理广源轮案，但对一位亲密同事
即将离去，心中不免十分惋惜。于是在4月23日便给黄朝琴复了一封热情
加鼓励的信。

信曰：

朝琴吾兄：你的两封信都收到了。多谢。多谢。老兄调任仰光，是
旧金山的绝大损失，是我的绝大损失。连日执笔想写信，总觉得惆怅难下
笔。老兄在旧金山任内的成绩，我最佩服。此次调任最繁剧的仰光，是为
要地觅长才，此间的损失却是那边的大收获了。老兄与嫂嫂在语言习惯上
都最适宜于南洋各地，将来你们俩在缅甸的 popularity 一定比旧金山还更
大。你们赴任，似以经欧洲为最便，行期决定后，务乞早日通知我，务乞
来华府小住，使我们三个人可以痛痛快快的谈几天。……

弟　胡适上　廿八（1939年）·四·二十三

当前一个重要任务刻不容缓地摆在黄朝琴的面前，那就是旅美各地侨
领，均以广源轮案是"我国在美官民抗日胜利史"，特组织一个旅美华侨

广源轮案出版委员会，请黄朝琴将本案情经过编印成书。黄朝琴感到责无旁贷，于是义不容辞地担当起来了。他除了向国内有关政要约写题词外，1939年5月24日，还向在任大使胡适写信征求题词。

此信曰：

> 适之大使钧鉴，敬肃者，琴在金山任内办理征用广源轮一案，渥承钧座及主管人员多方指导，案幸得直。日方控我民刑三案均已败诉，船货并为我方所得，计日方损失当在美金二十五万元。此案内情复杂，所引法理亦颇饶兴趣。美国各大学及国际法学者函索节略颇多，兹为应付并宣传计，似将全案编成节略，排印成书，以便分送各界。用特恳请钧座赐予题词，以光篇幅，不胜感幸。再：琴刻正赶办结束，一待部款汇到，即于六月底偕眷赴任。题件仍请寄金山为盼。专此，敬颂

> 勋祺

> 职黄朝琴谨启　五，廿四

事实上，黄朝琴按上级命令，没有去缅甸仰光任职，而是直接调往印度的加尔各答履新。1939年7月7日，胡适在日记中写道："前旧金山总领事黄朝琴调加尔各答，今早到此，住我寓中。新旧金山总领事冯执正夫妇今天下午到此。晚上同饭。"

1939年8月19日，黄朝琴安全抵达印度，受到侨胞的欢迎。他收到美国旧金山总领馆来信。他即于22日给胡大使回信，说："据（旧）金山来信，我公允赐宏文，尚未收到，或因忙未果。如做文章不及，可否赐题几字，径寄金馆，以光篇幅。幸甚幸甚！"黄朝琴接着又为上级胡大使的业绩叫好，他说："在英国悉美国宣布取消美日商约，于我国不无裨益，此又我公水鸟式外交文成功也。"

胡适接信后，9月11日，便为《广源轮案》作了序（在当日日记中称之为"跋"）。现将"序"的全文公示如下。

广源轮船案，其实是三件案子：一为广源轮上海员殴打案，一为船的主权与国籍案，一为船上废铁扣押案。三案的胜诉都归我国，这是中国外交史上一件很有意义的大胜利。我们读了这三案的详细记录，第一，不能不赞叹黄总领事朝琴的敏捷勤劳、随机应变、坚持到底；两年如一日，这是胜利的总指挥。第二，我们不能不感谢我方的法律顾问 Hugh K·Mckevitt, Newell J·Hooey , Jack M·Howard , Archie M·Stevenson 和国际法大师 Professor James W·Germer 这几位先生们的知识学问，帮助我国做到这三案的胜利。第三，我们不能不赞叹美洲各地的侨胞的慷慨合作，如（旧）金山虾寮工会的监视轮船的行动；如各地侨胞的踊跃捐款，担负广源轮海员的盘费和本案的诉讼费等，都于本案的最后胜利有很大的贡献。广源轮案虽然结束了，但这三案引起的国际法上许多有趣的问题，是永远有供学者引证援用的价值的。例如第三案（废铁案）里，我方并不否认船底废铁属于原告，只主张原告无权上船取货，这是很有风趣的辩诉。对方的律师也不得不承认这个理论可以比莎士比亚的名著《维尼斯商人》里女辩护士 Portia 提出的"只准割肉，不准出血"的妙例，只此一端，这案子就可以不朽的了。

中华民国二十八年九月十二日

胡适的序文，铿锵有力，掷地有声，是一篇高水平带有总结性的杰作；也是一篇研究抗日史册不可或缺档案。黄朝琴除了邀请胡适作序外，并有蒋介石题"公理战胜"，王宠惠题"理直气壮"，张嘉璈题"公理斯彰"，前驻美大使王正廷题"正义获伸"。主编黄朝琴乃将案中法庭辩辞、证词记录及一切有关文件，汇总为中英文合刊：中文名《广源轮案》，英文名 *The Case Of The S·S·Kwang Yuan*。由旧金山《中西日报》承印。全书近400页，在美国发行。郑倚虹女士还将《广源轮案》以戏剧艺术的形式搬上了舞台，更是扩大了该事件在国内外的宣传效果。

黄朝琴曾将《广源轮案》一书寄给胡适，惜未写题记，现藏北京大学图书馆。郑倚虹也曾将她的《广源轮》（1944年由重庆读书出版社出版）赠送给胡适，她在该书的封面上作"谨奉适之先生"题记，现藏北京大学图书馆。

尾声响亮，余音绕梁

永源公司不愿付清所欠华籍海员一年来之薪水，且亦无力负担华员的遣送费用。正犹豫间，在美华侨闻知，纷纷解囊相助。虾寮工会特别举办"饯别会"，并率先捐款，盛情最为感人！

我海员出发之日，黄总领事与孙副总领事亲自带领十七名海员，由旧金山乘长途汽车，经沙加缅度、市作顿、斐市那、北架斐及罗省诸埠，前经山区度搭船，沿途各地中华会馆及旅美华侨捐助川资，共计2800余元，均按船员职级公平分发。抵罗省，又蒙张紫常领事的同情和协助，当地侨领慷慨解囊购赠了回国的远程船票。于是华员们得以顺利搭乘上英国蓝烟囱公司的轮船。当船经菲律宾国首都马尼拉时，海员们不仅受到了涂允檀总领事的登船慰问，而且收到旅菲侨胞160余元菲币的捐助。待到终点站香港时，全部海员均被接往东华医院进行治疗。事后，均按自愿，分别介绍职业或给资回家。

黄总领事返回旧金山后，即向日方代理人要求赔偿遣送海员的费用，日本人恐我方提出反诉，乃交出美金1700元，当即付给办理本案的律师。

合影：在美华人欢庆广源轮案胜诉并欢送海员

本年6月底，黄朝琴功成身退，遂偕眷赴印度加尔各答就职，任总领事。后来，孙碧奇副总领事也奉调马来西亚。冯执正继任驻旧金山总领事后，他没有接受孙碧奇的先将废铁抛入海中，然后卖船的主张，而是将广源轮卖给了澳大利亚船商，所得之款，拨汇外交部，外交部在重庆两路口买了一所房子，用作外交官的宿舍。至于中日双方特别是日方处心积虑地争夺的那批2100吨废铁，鉴于轮船已卖，货物可归原主，但我方的终极条件仍是坚持这批废铁不许运往日本。日本横滨正金银行虽然将废铁收回，但遵守立约，未运回日本，而是转卖给美国一家铁厂就地熔化了。广源轮案的最后一环宣告结束，中国驻美外交官及旅美爱国侨胞取得了永铭史册的伟大胜利！

两年后，国民政府酝酿要给在处理广源轮案中立功的人员以嘉奖并授勋。此时的胡适仍在驻美大使岗位上，黄朝琴也依旧是中国驻印度加尔各答的总领事，而孙碧奇却工作在战时首都重庆，他还置身于广源轮案的授勋公务之中，有趣的是他还为黄朝琴授勋之事出了大力，并及时地向黄朝琴报了喜讯。黄朝琴看了信，觉得孙碧奇当时虽系助手，然而功不可没，又觉得自己面子小，还需动用大使的大面子保举孙碧奇，其授勋之事定能奏效。

1941年12月1日（日本发动太平洋战争的前六日），黄朝琴给胡适写了信。

适之老师：

Dr. Grant回到这里告诉我，您近来身体很好，真使我快慰极了。今天接到孙碧奇先生来张信，提及办理广源轮案人员授勋的问题。他帮助我办这个案子，的确努力不小，可是我回部以后，熟人无多，而且回部人员谈不到有发言的机会，哪里能替他说话。我还记得不久以前您给我一通电报，问我有无其他应给勋章的，当时我只请您加入一个律师。此刻接了孙先生那张信，忽然觉得也应该给他一个。如果您还可以保荐的话，请您给他办一办。至于我呢，我回部以后要是白吃干薪的话，还是自己做点小生意，一可以不要靠人，二可以不虚糜国家的钱粮，所以亦用不着勋章。尼赫鲁先生还在监牢，他新著本书，叫作《印度的统一》，我送一本给您看看。其余等待回了重庆再写信给您。

朝琴谨上　十二月一日

黄朝琴于是年调回重庆，从1941年到1946年，相继担任外交部特派员，台北市长、议会议长。1947年，任台湾银行董事长，是年起当选国民党中央委员、中央常务委员。

胡适没有忘记广源轮案，但也敬重处理广源轮案的功臣——黄朝琴。胡适并不因为黄朝琴终已功成名就，荣居高位，就与之疏远了；相反，依然念着旧情。至于黄朝琴哩，他也是心心相印，对曾经的上级领导胡适依旧敬爱如初。

1949年3月23日，胡适到台湾，安置家属，在台北住了七天后重回上海。是日，心情迷茫，正不知所措之际，上午九时，"黄朝琴来"。次日，黄朝琴邀胡适到自家用餐。两个难兄难弟能说出什么开心的话呢？这是可想而知的。4月6日起，胡适从上海出发，乘上"克利夫兰总统号"轮船，前往美国。

1950年12月17日，黄朝琴在台北电贺胡适59岁生日。当晚由于谦六和刘锴在顶好酒家为胡适夫妇祝寿，同饮寿酒并吃寿面，相聚甚欢！

九年后，1959年5月9日，胡适给黄朝琴寄出他俩的最后一封通信。胡适满怀激情。

朝琴先生：

本月六日下午我到台大医院去换药，在路上看见您的155555车子，我正要向你招呼，但车子已经过去了。

昨天又从医院回来，收到了　先生送我的日本大梨一大篮、葡萄汁十二瓶，多谢多谢。

请您接受我很诚恳的谢意，并祝您和夫人安好。

胡适　四八·五·九

胡适在信中用"您"和"先生",并在"先生"前空一格,以示尊敬。特别是在信中,胡适目送黄朝琴的小轿车远去,欲喊不能,可是他却记住了汽车牌号。这是多感人的情节啊!它反映了一位已年迈并多病的老上级、老学者、老兄长的胡适,对一位比自己年轻六岁,与自己共同经历"广源轮案"的海外下级黄朝琴的思念之情。从另一角度看,胡适在与黄朝琴相处的过程中,没有官架子,也不打官腔,凸显出一个清官和好官的形象。

1962年2月24日,胡适仙逝,黄朝琴十分悲伤!因他与胡适共同缔造的一段精彩的外交业绩,被推为治丧委员会委员。黄朝琴参加了团体和个人祭礼,从此永别了,只把老上级永植于心田。

1967年,黄朝琴改任国民党中央评议委员。1972年,这位一代杰出的外交官病故于台湾,享年75春秋。他出版有《在日本统治下之台湾》《广源轮案》等。特别是后者,它是一位上级与一位下级平等相处共缔业绩的楷模关系的载体,更是一份沉甸甸的中国海外外交历史的不朽遗产。

胡适与上海小报刊界名人的交往与纠结

从晚清至民国期间，亦即从1840年到1949年期间，逐渐兴盛起于中国北南两方的大城市中的一种旨在服务市民，以消遣娱乐为主，结合新闻、掌故、文艺及食货等为一体，充满趣味性和可读性的短小精悍文章的小型地方报纸，深受市民的喜爱。它们筑成那个时代的一道亮丽的风景线。这些多如繁星的小报，主要收藏在上海图书馆。

笔者多日长时间翻阅，宛如通过时光隧道重回当年，领略了旧辰光的风采，不亦悦乎！

本以为作为一个位尊业强的洋博士，胡适会不乐意与这些通俗性、娱乐性市井小报有什么稿件往来，也不会与一些小报与刊物的发行人或主笔有交情。但是考察的结果是，胡适乃是一视同仁的态度。如在《晶报》中，喜见胡适的短文。除此之外，胡适与《上海画报》《晶报》《时报》（位列上海《申报》《新闻报》《商报》大报之后，居第四）等多种小报刊的创办人、资深主笔张丹斧、钱芥尘、狄楚青、陈景韩（冷血）、包天笑、姚苏凤、周瘦鹃等，多有礼尚往来，既有交情更有深交。他们有书信往来或互赠题词。

更有趣者，胡适对小报的能量和作用抱有好感。1921年10月，胡适在日记中曾吐露过心声，他说："《时报》于我少年时很有影响；我十四到上海（甲辰），《时报》初出版，我就爱看；我同他做了六年朋友，从十四岁到十九岁，正当一个人最容（易）受到影响的时代。《时报》的短评、小说、诗话，都能供给一般少年的需求。那时受《时报》的影响，究竟还是好的多。"笔者还发现胡适与个别小报主编，在笔墨官司中尚有少许的"刀光剑影"，等等。这些虽系吉光片羽，然亦堪称珍贵。

《时报》一页

《晶报》一页

胡适与文坛"怪物"张丹斧

张丹斧（1877—1937），外号洋场奇才，被戏称"文坛怪物"。江苏仪征人。自称丹翁，晚年号无为等。早年曾中秀才，后入天津洋学堂。抵沪补习英语。曾入南社，为著名社员。光绪末年办《扬子江报》和《风人报》，任编辑。宣统年间，在上海就任一份白话文报——《竞业旬报》的主笔。1908年，时年17岁的胡适接手任主笔，于是二人遂成为同事兼文友。胡适曾戏作《答丹斧十杯酒》。

一杯酒儿酒满钟
卿卿今日何须送。
你代我把双亲奉，

阿阿育，你代我把双亲奉。

二杯酒儿酒未干，

大儿小女你要管。

你挑着千斤担，

阿阿育，你挑着千斤担。

三杯酒儿卿须记，

多读半书来国事休提。

秋雨苦凄凄，

阿阿育，秋雨苦凄凄。

四杯酒儿酒正浓，

话儿我句句记心中。

你身体须珍重，

阿阿育，你身体须珍重。

五杯酒儿酒满杯，

千万你要放开怀。

我书信儿常常来，

阿阿育，我书信儿常常来。

六杯酒儿酒正温，

手挽手儿出了门。

你休把归期问，

阿阿育，你休把归期问。

七杯酒儿送口边，

江山锦绣是中原。

祖国应留恋，

阿阿育，祖国应留恋。

八杯酒儿上船头，

祝你学业早成就。

双双地游五洲，

阿阿育，双双地游五洲。

九杯酒儿酒已阑，

握手依依要断肠。

分别最艰难，

阿阿育，分别最艰难。

十杯酒儿气笛鸣，

眼儿一瞬人远天涯近。

模糊抛巾影，

阿阿育，模糊抛巾影。

胡适这首"十杯酒"唱曲，是在听了张丹斧所作的歌儿后，"心中羡慕得很，学作了几句，弄个玩意儿"的，这首唱曲反映两个事实：

第一，胡适从少年时期便接触并发表民间文学作品。

第二，从一开始胡适便与张丹斧结缘，并构成戏笑人生华章。

后来，张丹斧在办《小日报》创刊前，曾请时任北京大学教授胡适撰稿，来信既恳切又带敬意。信曰："适公我是您的旧朋友，您无论何等忙法，不屑替别人做文字，旧朋友的文字，忙里偷闲总要做一点儿。虽拿我开心，我看见了都是极欢□长的。说到征文未免客气，今□世简直是拉住老朋友，硬请帮帮忙。您现在虽□似的，我□泥似的，但我看您仍像住在竞业报馆西边房里的胡铁儿一样，您心内大概也是如此。有一天在马路上匆匆地好像看见一个人，您猜哪一个？谢小庄，奇怪，哪里是谢小庄，分明一个人家的烧饭师父，未来得及招呼他去远了。《小日刊》，因'刊'太像'刻'字，怕人认不得，已改作《小日报》了，无非热嚼大头咀，您不可不来耍耍。辛白已奔丧回去么？我□想他得很。具甫新改名延礼状。"

1919年3月21日，胡适给张丹斧复信："丹翁：你的来信，我应该遵命，但是此时忙，倘有工夫，我一定做点'小文'字送来。《小日报》出版时，请送我一份。"随后《小日报》出版时，张丹斧将胡适复信刊登于创刊号上，旨在利用名人效应，为小报开辟一个好的销路。

《小日报》一页

是年11月9日，张丹斧在《晶报》上发表一篇《为什么新诗都做得不好》，意在调侃胡适做不好旧诗，所以才提倡写新诗。胡适对此挑战，绝不沉默。七天后，胡适在同一份小报上发表了一篇题为《与丹翁说话》的短文应战。兹将胡适大文重刊以下。

你的《为什么新诗都做得不好》，实在是一篇骂人利害的文章。但是你的"成见"太深，故不免有冤枉新诗的地方和过誉旧诗的地方。即如"幽香雾，云鬟湿"两句，我老实闻不出什么香气。又如"书纵远"三字，究竟有什么了不得的好处？总之你既承认"那么首新诗却也不能说不好"，何必又说"新诗都做得不好"呢？这样一笔抹杀，便是你的成见作梗。我们做新诗的人，最共同的态度是"尝试"两个字。你是一个绝顶聪明人，我很盼望你能破除成见，用你对我的新诗的态度来细心研究别人的新诗，承认我们有大胆"尝试"的权利，以后你自然也会变换现在的见解了。忙得很，不能打笔墨官司。恕罪恕罪。适。

这封信，可以说是胡适维护新文化运动的胆略和气势，阐述新诗的出现是时代的需求，既合理也是正当的宣言书。

1921年7月20日，胡适在日记上写下"今天的《商报》有张丹斧和我开玩笑的一篇文章《胡老板登台记》"。这是由一位自称是北京大学学生许新白所作，此人借胡适应张元济之邀，出任上海商务印书馆编译所所长时，就其排场、待遇等夸大其词，甚至无中生有，以达到哗众取宠的目的。张丹斧还介绍许新白去实地调查，胡适接待了这位陌生的学生，用事实粉碎了谣传。胡适知道这场戏笑的后台是谁，他自巍然不动，只说了一句"今天（7月21日）去看张丹斧，他是一个顽皮的玩世家"，便宣告这个玩笑已经结束了。

1921年，这一年是胡适与上海一些小报的社长、主编接触最频繁的一年，因为这一年胡适在上海，近水楼台先得月，这些报人都想借助新文化运动名人的效应嘛！是年7月17日，胡适"晚间到《申报》馆看史量才，《时事新报》馆看张东荪，《商报》馆看Sokolsky（索克思），《时报》馆看狄楚青，《神州日报》馆看张丹斧，皆不遇"。一个晚间连访五个报馆，却连半个人影也未见到，够辛苦的了。21日，《时报》馆候可九君来访。张丹斧介绍许新白来访。21日，又"去看张丹斧"。为谁辛苦为谁忙？！

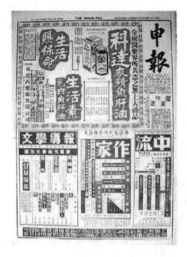

《申报》一页

《申报》经理史量才

多年以后，1929年间，张丹斧与毕倚虹（1892—1926，江苏仪征人，《上海画报》创始人）共同编辑《上海画报》时，张丹斧在画报上写了一首"剑指"胡适，名曰《捧圣》的打油诗。说什么："多年不捧圣人胡，老友宁真怪我无。大道微闻到东北，贤豪那个不欢呼。梅生见面常谈你，小曼开宴懒请吾。考据发明用科学，他们白白费功夫。"胡适看后，立即复了一首《和丹翁捧圣诗》。

庆祥老友多零落，只有丹翁大不同。唤作圣人成典故，收来干女画玲珑。颇皮文字人人三笑，惫赖声名日日红。多谢年年相捧意，老胡怎敢怪丹翁？

十八，三，一九

胡适给老友的打油诗，深入浅出，点破了他俩往日有痕的岁月，道出了他俩嬉笑人生的韵味与价值。也许这对张丹翁来说，如此玩笑，可收双倍的快乐。但对胡适来说，如此嬉耍，却是赔本的交易，除了穷于应对，则无乐趣可言。

张丹斧在《捧圣》中，提到"梅生见面常提你"一句，按此"梅生"系指《上海画报》摄影美术兼文字编辑黄梅生。胡适应黄梅生之请，曾为之书写一幅白话诗扇面。文曰："鲍老当筵笑郭郎，笑他舞袖太郎当。若教鲍老当筵舞，依旧郎当舞袖长。"胡适在诗后作跋："杨大年的文字，石首道目为三怪之一，然这一首却是很好的白话诗，殊不像西昆大师的作品。"此诗连同前一首诗，均刊于《上海画报》。幸亏张伟先生将后一首扇面公之于众，否则又多了一件深藏之宝了。

胡适与"报坛耆宿"钱芥尘

钱芥尘（1886—1969，浙江嘉兴人），是位饮誉于清末民国的"报坛耆宿"。他与胡适相识较早。清光绪末年，胡适由中国公学退学，组织新中国公学，时年十六岁的胡适，竟挑起初级英文教员的重担，令人刮目相看。同时他也引起钱芥尘的好奇与注意。

钱芥尘坠地十八天即丧父，赖母鞠养成人。曾考中清朝秀才。后因投稿结识蔡元培，1904年受邀赴沪，参加《警钟日报》的校对工作，从此开始了他的报人生活。辛亥革命后，蔡元培创《大共和日报》，章太炎为主编，钱芥尘继任总经理，张丹斧、张季鸾、胡政之、余大雄（谷民）等分任编务。为了报纸的出路，钱芥尘想到了虽年轻但才华已显山露水的胡适。于是用上海《大共和日报》馆用笺，向胡适发了一封带恭维性的征稿信。文曰：

适之先生：

十天重洋，暌隔痀想，为劳果辱□有问感荷之余，忻悉学日俱富，动□多绥，为祝为谢！每于德兄处获读手书，日思以旅美记者乞先生担任□，以学业时间有碍为虑，用是未敢陈请。今荷□远念故人，彰以弘著，当为国人饷威。何可□此，不独敬邦之幸，亦阅报者之本务。祈陆续赐稿，以关于□国者之译论最佳，谨当遵照　雅命，月以二十饩□为纸。致临颖盼切，不尽所云。即颂学社。

弟钱芥尘拜启　一月四日

未等得胡适的回音，钱芥尘已离开《大共和日报》，出任《神州日报》经理，彼乃邀张丹斧与余大雄出任编务。未几，钱芥尘将《神州日报》交与余大雄，自己出任上海《新申报》总主笔，同时又创办《新中国杂志》；旋在天津办《华北新闻》，在沈阳办《新民晚报》；待毕倚虹谢世后，又接了主理在上海早已声誉卓著的大型报刊《上海画报》的重任。

据郑逸梅说，1926年，钱芥尘在上海新闻界组织东北视察团，成员都是各报的总编辑及名记者，有戈公振、潘公展、严独鹤等。代表团抵达东北后，立即受到了张学良的亲自接待。张学良为了拉拢南方新闻媒体，后来给予各报资助，都委托早前结为金兰之交的钱芥尘进行分配。当时，贵为东北大学校长的张学良，特聘钱芥尘为高等顾问、东北文化委员会常务委员。张学良羡慕胡适的才气，知道钱芥尘与胡适存在着良好的朋友关系，因而委托钱芥尘邀请胡适与章太炎到东北大学讲学。钱芥尘遵命照办，结果得到的回答是："著一本书，几十万人看，讲学、听课者不过数百人，影响不大。"胡适就这么坦然地拒绝了。

《新申报》一页

胡适是个讲情义的人，他不想亏待人，但谁要向他提交硬任务，那往往会适得其反。1921年7月22日，胡适获悉钱芥尘已回到上海，于是忙里偷闲，当晚"五时半，到大东旅馆去看钱芥尘"。二人相见甚欢，钱芥尘当场代表《时报》再向胡适约稿，请看胡适在当天日记是怎样写下那段只供自己欣赏的话："芥尘是一个大滑头，他想替《时报》馆拉我，可谓笨伯。今天我肆口乱谈——《红楼梦》哪，《水浒传》哪，碑版哪——使他们不能开口。"胡适使用杂乱无章的舌簧战术击退追兵的妙计，再次谢绝了钱芥尘的约稿请求。

谨查胡适有关资料，再未见到他俩以后还有什么交往。

胡适与资深报人狄楚青

狄楚青（1873—1921）名葆贤，号平子。江苏溧阳人。清光绪朝举人。包天笑誉他为"世家子、才人、名士"。狄楚青拥护维新运动，变法失败后，避往日本。1900年，投入维新派发起之中国国会活动和自立军起义，事败，再避居日本。1904年，回上海创办《时报》，直到离世为止，都将全部心血注入新闻事业之中。为了《时报》的发展，不计委曲，三番五次向胡适征稿，尽管成功率很低，亦乐而为之。

兹据胡适日记，看他俩之间围绕《时报》是怎样开展活动的。1921年6月26日，胡适说："昨晚得上海《时报》狄葆贤先生的快信，说《时报》附出的七种周刊将停止，版改出一个'星期论坛'，前已由张培风君向我说过，已得我的允许，担任主任，他不日将登广告发表此事，并云'从此敝报仗先生法力，将由九渊而登九天矣！'——这事太突兀！张君来说过，我并没有答应他。我怕狄君真如此发表，故急托张君发电阻他，我也写了一封信给他。"

现将狄楚青致胡适的来信，全文抄录如下。

适之先生大鉴：

久仰高风，深以未得一观颜色。为恨！为怅！培风兄函来，述先生盛意，允为本报作文，感荷之至，不可言喻。但敝报定于七月一号起，将各种周刊停止，增一星期讲坛，惟为日甚促，务求 先生即赐一文（全稿能到则更佳），于本月底寄到（至迟初一二），因日内即拟登广告，声明周刊停止，改为星期讲坛，由 先生主任。敝报仗 先生法力，将由九渊而登九天矣。欣喜何极！一切详情，详致培风兄函中。□何之处，丐赐复音。不胜祷盼。专此。即请道安

弟 狄葆贤（楚青）

7月17日，胡适于"晚间到《时报》馆看狄楚青。《神州日报》馆看张丹斧。皆不遇"。22日，胡适当晚"五点半到大东旅馆看狄楚青、钱芥尘。狄先生来看我三次，皆未见，故去看他。此君亦是二十年前的新人物，但现在似不能振拔了。"23日，"狄楚青送来《三希堂法帖》《宋拓大观帖》《宋拓凉化阁帖》《石室秘宝》共四种，皆是他（自己的有正书局）影印的帖中的最大部"。24日，《时报》馆狄楚青托人写信来说，要我'担任撰述，月奉纂敬二百元，不拘体裁，不拘字数'。此君前托张煊来说过，

我没有答应他；此次他来看我三次，俱未见，故不得已会他一谈。今竟出重价来买我了。卖文本不妨，但此事须细查"。可是一周后——是月31日，胡适给狄楚青复了一封信，说思考了几日，答应狄楚青为《时报》的周刊作文。8月28日，"狄楚青邀（胡适）吃午饭"，这是人们以为他俩的最后一次欢聚，有著作遂将1921年定为狄楚青的谢世之年。但是，事实并非如此，因为两年多后即1923年10月10日，胡适在日记上写道："狄楚青来访，谈甚久。他是迷信佛教的人，说的话很奇怪，他说他夫人因儿子死后周年，念佛三日，三夜不断，忽然大'悟'，此后遂累显'神通'。他送我一册《汪定观室人行略》，中多记此类事。"胡适有所不知，事情是这样的：此时的狄楚青早将《时报》馆抛向脑后，在家沉迷于佛学，并为多事的家务所累，而不能自拔。盖狄夫人育有六个女儿，狄楚青念子心切，又娶心爱之妻妹如夫人，如夫人幸为他诞下一子。可惜好景不长，儿子与如夫人先后去世，打击甚重，以致狄楚青神情恍惚、迷信日重、语无伦次、近于痴呆，想必不多时日便离世了，留有遗著《平等阁笔记》《平等阁闲话》等。

胡适与"时髦主笔"陈景韩

陈景韩（1877—1965），江苏松江人，又名景寒、陈冷、冷血、无名、新中国之废物等。清朝秀才。1899年，留学日本。1901年参加同盟会。次年回国，在上海《大陆》月刊任编辑。1904年《时报》创刊，知音狄楚青邀任编辑。著名报人戈公振称赞"陈冷主笔独创体裁，不随流俗，如首立时评一栏，分版论断，扼其机枢"。冷血后应老资格的《申报》之请，出任总编辑，位居首座。其实胡适对冷血在《时报》创刊之初，即产生了好感。

1921年4月9日，胡适"回寓，恰值主人之子振时邀了陈景韩（冷血）、李松泉和两个葡萄牙人在家吃茶。他们邀我加入。我因张丹斧七月间曾做一篇《取而代之》的文，使我觉得很对不起陈冷血，故我不便即辞出。他们散后，我与冷血谈颇久。冷血于甲辰年（1904年）《时报》初出世时创出短评的体裁，确是报界一革命。日报上介绍新小说，并时时自着短篇小说，也是他提倡最有力的。当时的冷血很有精彩，现在他已成了一个世故极深、最不肯得罪人的时髦主笔了。我劝他做白话，因为他十年前做的白话小说并不坏。他说他现在每夜三点钟睡觉，每日十二点起来，已没有著作的时间了。他又说日报不当做先锋，当依多数看报人的趋向做去。其实上海的日报，每日有几十万字，改革确不易。但主笔的评论是很容易改革的。不过冷血先生此时的血很不容易再热了！"

胡适这篇回忆，反映了一个小报的办报人的艰辛和不易，反映了冷血因视胡适为知音，才坦诚地向他倾吐苦水。而胡适也回馈予善言，尽管对冷血多少存有失望的情绪，但那也是勉励之词啊。两年多后的1923年9月24日，"陈景韩（冷血）来游山，说狄楚青和他都想请我去主办《时报》，希望把《时报》变成一个全新的报纸。我婉辞谢却了他"。10月9日，胡适在与汪原放、章希吕同到上海"小有天"吃夜饭，"饭后去访狄楚青，遇；访史量才、陈景韩，皆遇"，胡适这么晚还匆匆访客，为了什么事未说，估计与陈景韩带话有关。这是已知的他俩最后的一次邂逅。1929年冬，陈景韩出任中兴煤矿公司董事长兼协理。抗战期间，陈景韩拒国民党之请，不回《时报》任职。

1942年1月20日，身为中国驻美国大使的胡适，是日从底特律演讲后，来到"明尼苏达州。今早，陈亦（冷血先生的儿子）与其妻董梅丽（显光兄之女）来接车。下午，陈亦来谈"。居住在美国的陈冷血的儿子与儿媳来迎接父亲的朋友胡大使，这使胡适很高兴；但是难得见到董梅丽，因为她是他的朋友——国民党政要董显光之女，这使胡适分外愉悦。

中华人民共和国成立后，陈景韩曾任上海市政协委员；晚年，中风不能行动，渐至神志不清，药石无效，遂告离世，享年八十有九。

胡适笑请《金钢钻》主笔纠正不实之词

胡适虽然一向大度，能忍自安，但是实在不可忍的，例如污蔑性的、歪曲事实的、故意贬低的等，不论发自何人，不管声响来于何地，胡适则采取零容忍，一定要与不善者弄个水落石出。不过在方式上有讲究，有时是板着面孔的，也有笑请翻篇的。1929年1月10日，有一个化名"英俊"的人，冷嘲热讽，给胡适凭空制造出一个大麻烦，弄得胡适不得不来一个回马枪，笑请《金钢钻》报社帮助公开澄清事实。

兹将胡适给《金钢钻》报社的信公示如下。

主笔先生：

今天承一位不署名的朋友寄赠我一份第569号的《金钢钻》，内中有一条"胡适之扫兴而回"的新闻，我读了忍不住要大笑。这位"英俊"先生很关切我的"今后生活"，我很感谢。可惜他不曾打听打听，文化基金会的委员全是名誉的，不支俸给，也不支公费。只有到会时可支旅费。所以我的辞职决不会每月损失"千金之巨"，千万请"英俊"先生不要替我担忧。至于他说我"历任委员"，也是错的。我做基金会董事，是民国十六年夏间开始的。惭愧得很，杭州的会还是我第一次到会哩！至于他说"本人亦系旧董事之一，遂亦联带辞职"，也是错的。我是旧董事，却也是十七年任命的新董事。新董事是我去年向大学院辞过几次而没有辞掉的。今年辞的是旧董事，这回到会便是为辞职去的。所以辞掉之后，只有高兴，绝不"懊丧"。

胡适注意保护自己的形象、爱惜自己的羽毛，这是人之常情，无可厚非的。

胡适与"蝴蝶鸳鸯派"小说主将包天笑

包天笑（1876—1973），名公毅，字朗孙，笔名钏影楼主等。江苏吴县人。清朝秀才。1900年至1912年，在多个编译所从事日文、英文译书工作，与陈冷血合编《小说月报》《妇女时报》，主编《苏州白话报》周刊。从1906年起至1919年包天笑效力《时报》长达十四年，是其人生旅途中的精彩驿站。包天笑又曾主编《立报》副刊，其后为"蝴蝶鸳鸯派"小说主将之一，曾加入"南社"，一度在上海商务印书馆编译所担任译书工作。抗日战争胜利后，短期居于台湾，后移居香港直到谢世。生平著译丰富，著有《钏影楼回忆录》《留芳记》《上海春秋》《新白蛇传》等，译有《天方夜谭》《迦茵小传》等创作电影剧本《好男儿》等。后病故于香港，享年九十八岁。

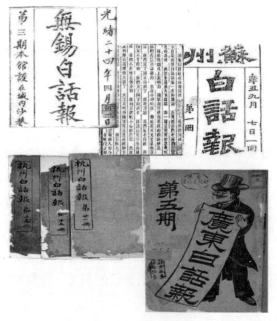

《杭州白话报》《苏州白话报》《无锡白话报》《广东白话报》一页

包天笑与胡适的相识与结缘，为时短暂。虽然包天笑与钱芥尘、狄楚青、陈冷血都是莫逆之交，也深知他们与胡适有交往，但自己与胡适则没有什么走动，有关胡适的文存和包天笑的著作都证明了这一事实。如果比之钱芥尘等对胡适颇多恭维，包天笑则相反，他对胡适有微言。尽管如此，胡包彼此心中皆有对方，那是毋庸置疑的。他俩的首次也许是最后的一次接触，是因二人共居上海一地，源于《留芳记》的"一书之缘"。

包天笑说："提倡白话文，在清光绪年间，颇已盛行。陈淑通、林琴南等诸君创办《杭州白话报》。在这之后，我又办起了《苏州白话报》，并不是苏州的土话，只是一种普通话而已。……比了胡适之等那时还早数十年呢。"包天笑提倡白话文确实很早，功不可没！不过胡适提倡白话文，其范围之广，受惠面积之大，影响力之深远，是无人能比的。包天笑的憋屈情绪似乎是多余的。

包天笑脱离《时报》后，为了写历史小说，去了北京。他受了张岱杉（清朝举人，民国北京政府某一时期的财政总长）的启发，得到在场的钱芥尘"拊掌称善"的支持，便决定为已誉满京华的名伶梅兰芳写一部历史小说体裁的传记，取名《留芳记》。包天笑早年在上海便已认识梅兰芳，此番在京，更是多次趋府拜晤，梅兰芳热情接待并予口授，另又对北京朋友进行了走访，终使他获得了许多素材。包天笑于是比对"别的译著小说，十分着意，下了一番功夫"，一再研磨了两年多的时间；采用了章回小说体，共写出了二十回，合计十万字。包天笑交代写此书的动机时，说："志不在于梅的美艺嘉誉，而很想阐发那时民国革命的史实"。最终在上海定下书稿。1924年3月至4月间，包天笑携稿赴京，首请林琴南（时年73岁，未料下半年便仙逝矣）审阅书稿，并请林琴南为《留芳记》作序。接着，包天笑将书稿请在北京的张岱杉、丁士源、杨荫孙诸位先生审阅。罗瘿公（广东顺德人）还为《留芳记》题了一首《调寄浣溪纱》的词，光其篇幅！

包天笑说："最后，我将这稿本给胡适之看过。我知道胡适之的为人，你若诚心请教他，他也诚心对待你，而且肯说实话。他看过了，便说：'我知道你写这小说很费力，我敢批评你五个字，吃力不讨好，恕我直言。'"包天笑听罢，大惊失色！暗呼"这仿佛对我兜头一瓢凉水，我正在兴高采烈时呢。但事后想想，确也是他的见到语。再一想想，人做'吃力不讨好'的书正多，写小说是其小焉者耳，因想胡适之的一生，就是'吃力不讨好'呢。那时我已回上海了，和胡适之见面，也是在上海。我就把这二十四回的《留芳记》急急想出版了"。最后《留芳记》由中华书局主动接纳出版。初版三千册，三个月内即销罄，后再版至三版，乃止于绝版。不忘初衷、谦虚亲和的包天笑，无论多少年后，都把《留芳记》当作是一本"未完成之作"。

《留芳记》作为唯一的媒介，证实了胡适与包天笑的一面之交和一书之缘是何等的金贵。

胡适与《礼拜六》主编周瘦鹃的译稿纠纷

当年上海滩上出现过一些抢夺眼球的小周刊，它和各种小报一样，也是抢手货。这当中就有逢周末发行的《礼拜六》一家，有一段时期它的主编是周瘦鹃（1895—1968）。周瘦鹃原名国贤，别署五九生、紫罗兰庵主等。江苏苏州人。早年在私塾读书，1912年，毕业于上海民立中学，因其出众，即留校任英语教员。次年入南社。1916年，应聘任中华书局编辑。1920年，先后任《申报》副刊"自由谈"和"春秋"编辑，业余从事外国名著的翻译。

1921年，一度主编《礼拜六》周刊，旋又为大东书局编《半月》《紫罗兰》《紫兰花片》《新家庭》等杂志。后在家乡专心致志翻译《世界名家短篇小说集》。

1920年，周瘦鹃曾将法国著名作家莫泊桑（Maupassant）的短篇小说《哈莉特小姐》译成中文寄给时任北京大学教授胡适审读，旨在为译稿寻找出版机会。是时——5月6日，胡适在日记中，说他："看莫泊桑的《生活》，至一时完。此书甚好。"由此可证，胡适与周瘦鹃是同好之友。1921年5月18日、19日，胡适在日记中又说："校周瘦鹃译的小说一篇。……作书给周瘦鹃"。可惜未说是哪位外国人的小说，复信也未见。不过，周瘦鹃知道胡适此时正是握有实权的商务印书馆的"世界译书委员"，故才有的放矢地将译稿寄给了胡委员，而胡适的回信对译稿的采用及期待是那么带有肯定。

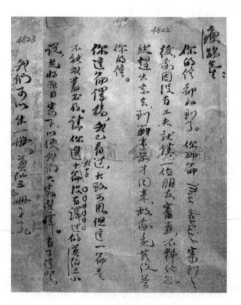

胡适亲复周瘦鹃之信

胡适收到来信及译稿后，1920年7月间，给译者回了信。

瘦鹃先生：

你的信都收到了。你那篇 *Miss Harrief*《哈莉特小姐》寄到之后，我因没有工夫，就请一位朋友审查，不料他忽然赶出京去，到战事前才回来，故我竟无从答你的信。你这篇译稿，我已看过，大致可用。但这一篇是不能成丛书的。请你选十或十五篇没有译过的莫泊桑小说，先收（将）原目寄下，以便我们大家选择。有了这些，我们可以出一册《莫泊桑》册子了。

胡适　1920年7月

胡适金口一开，周瘦鹃便真的忙了起来，十五篇或说是十六篇莫泊桑的小说译稿便迅速地到了胡适的案前。此后，译者可谓翘首盼望佳音。但是不知什么原因，后续之事总是难出，这令周瘦鹃困惑不解以至失望，据已知的译者从1920年9月30日、10月20日到1921年1月21日、5月9日，连续向胡适发出四封内容大同小异既表达焦急的心态又催问结果的亲笔信，最后显示：不仅依然归零，而且对胡适产生重大误解，以致要对其人品进行减分。兹将其最后一信展示如下：

适之先生足下：

拙稿《海丽爱女士》《莎摩丽女郎》搁置尊处，为日已久。屡函催索，概置不理，未悉何故。鹃虽善涵养，不敢以恶声相向，然迁延至今，几亦不能容忍矣。先生提倡新文化，力矫国人恶习，佩感无量，然似此待人，则窃为 先生不取也。见示祈将该二稿，即日寄还，万勿延误。

专肃 敬颂 大安

周瘦鹃敬上 五月九日 通讯处 上海南京路34号中美新闻社

中华人民共和国成立后，周瘦鹃长期定居于苏州，致力园艺，兼事创作；著有《消闲集》《倍美集》《碎琼集》《霏玉集》《忆语选》及《世界名家短篇小说集》；先后被选为中国人民政治协商会议第三届、第四届全国委员会委员，江苏省第二届、第三届人民代表，苏州市园林管理处副主任，江苏省文史馆馆员；1968年逝世，终年73岁。

胡适对香港《自由人》刊登武侠小说不屑一顾

据胡颂平说，1960年3月10日，胡适曾与之谈起香港《自由人》杂志刊登了武侠小说，对此，胡适不仅不屑一顾，且多微词。胡适去世后，当时《自由人》杂志的当事人——雷啸岑，于1964年8月19日著文，回忆起当年静听胡适对武侠小说的一段私下谈话。他说："创刊伊始，为着迁就现实环境，曾刊载了一篇武侠小说，等我到台湾晤及胡适之先生时，他以严肃的态度对我说道：'为什么你办的报，亦登载那种时代落伍的武侠小说呢？'答以旨在应付环境，希望报纸能打开销路而已。他又说：'你是为理想而办报呢？抑是为营利而办报？我相信你的目的是属于前者。那么以有限的宝贵篇幅，似不宜刊载与现代文化思想潮流相背驰的文艺作品吧！'我无词以对，马上把武侠小说停刊了。……我对适之先生的关怀指教，铭感殊深。"

胡适这番谈话，虽是私下交谈，未料却产生了那么大的影响力！虽说胡适不否认武侠小说也是文艺作品，但他对白话文的武侠小说的定性与定位，还是不正确的。

事实是，武侠小说也拥有成千上万的热心读者，甚至不乏对之爱不释手的铁杆读者。所以说，胡适的私话，显然是身居象牙塔的书生之言，似乎是一个脱离实际、不谙市场经济的妄论罢了。

《民国日报》"闲话"主编姚苏凤点赞胡适

上海《民国日报》（创刊于1916年，终结于1947年）是一份驰骋上海报界，与《新闻报》《申报》等大型日报齐名的老前辈之一。它的文艺副刊叫"闲话"，主编是20世纪30年代老报人、副刊编辑前辈姚苏凤（1905—1974）。他是江苏苏州人，毕业于苏州工业专科学校，但他一天也未从事专业相关工作，而是到上海投入新闻行业，先后在《晨报》《辛报》《民国日报》任副刊主编。抗战胜利后，由香港回上海，出任《世界晨报》总编辑。中华人民共和国成立后，曾任《新民晚报》副刊编辑，后获准退休。日常以书报自娱，暇时打牌取乐。但因脑血管破裂，导致神志昏迷，1974年8月在上海病故。

笔者从珍藏的1930年10月间所编发的外稿及他个人在该副刊上发表的短评、新诗、散文和译文来看，他是一位多才多艺的作家。从资料上判断，胡适与姚苏凤并不认识，也未查到胡适与该报有供稿关系。然而胡适的大名，在姚苏凤的耳中早已有"如雷"之音，尤其是当时共同生活在上海，胡适正是引人注目的上海公学校长。

1929年4月22日，姚苏凤先生在他主编的"闲话"栏目里，刊出了一篇有关胡适言论的报道，此文应是一则佚文，且应是胡适在上海公学时期的一则珍贵轶闻。兹将这篇报道，全文抄录如下：

贺蓉珠女士于归记　胡适之君有妙曼之致词　苏凤。

贺蓉珠女士以幽娴贞静著闻于艺术界中，绝不沾染时下女郎骄奢之结习，今以但懋辛、丁毂音二君之介，偶张云伏君。张君旧为《中央日报》之记者，今则任教职于中国公学等校；一昨，风日晴和，此一双佳侣，举行婚典于宁波同乡会，胡适之先生证婚，有妙曼之致词。

姚苏凤接着转录胡适的"妙曼之致词"：

谓（上略）张云伏先生方面大耳，一脸的福相，以他这样的学问经验，大可出去在政界或者军界中活动活动，那么：文，至少可以做个省政府主席；武，至少可以带领一师或者一军。然而一年以来，他却对于我们这一个穷而且小的学校很忠心很努力的，而且恋恋不舍的不忍离开，因此，我们都很怀疑以他这样可做省政府主席可做军长的人，而偏要刻苦地做一个教员，这真是一个很奇怪的事！但是后来我们大家研究起来，方始恍然大悟，原来他已走上了恋爱之路了！那时丁毂音先生介绍与贺蓉珠女士相见，回来之后，张先生便对丁先生说：'西厢上有一句说，风魔了张解元，起初不大明了，到了今天，我却身历其境了！'从此，他为了要期望着恋爱的成功，非留在这穷学校做教员不可！请看，今天的证婚人介绍人以及男女傧相，都是我们校里的人，这就是他所得的报酬了！我们已可以预料他们的美满前途、幸福，正无涯矣！而且，这一个月来，我知道新娘早已帮着新郎布置着新家庭，则此后的美满的生活，更得到了一个确切的证据了！（下略）。

胡适参加自己一位下属的婚典，奉上的是一件既带辛辣味但又热情坦诚的贺词。正如姚苏凤先生所言，"妙曼"之极！

柯灵、钟敬文礼赞胡适

胡适与左翼文人有些格格不入，这是他人生的短板。不过在实际接触中，他所采取的策略，要么持敷衍的态度，要么便抱持着并无恶意的疏离、低调，不过从没有到达一条路走到黑的地步。虽然左翼阵营包括同路人群对胡适多有不满以致发出微词的大有人在，然而胡适并未碰上冰冷的铁板，而是有幸地遇上如郁达夫、郭沫若、赵家璧、柯灵、钟敬文、王莹等名人，获得了肯定和好评，特别是胡适在早期的新文化运动中的领袖地位与先锋作用。

柯灵敬重胡适

柯灵（1909—2000），浙江绍兴人。15岁任乡村小学教师。1931年，赴上海，从此交了好运，先后在明星、联华、金星、文化影片公司担任秘书、主任、编剧。抗日战争期间，在《救亡日报》任编委，主编《民族呼声》。上海沦陷后，编辑《万象》杂志，两次被日本宪兵逮捕。抗战胜利后，出任《文汇报》主笔兼副刊主任，又兼编《新民晚报》副刊，旋参与组织中国民主促进会。1948年，避捕走香港，参与创办《文汇报》，任副总编辑；并任永华公司编剧。1949年4月回北平，出席第一届全国文代会。之后历任上海《文汇报》副社长兼副总编辑，中央文化部电影局上海剧本创作所所长，上海电影艺术研究所所长，《大众电影》主编等职。又曾是中国文联委员，中国作家协会理事，上海作家协会书记处书记，国际笔会上海中心主笔，全国政协第二、三、四、五届委员。著作等身，主编过《民国名刊精选》和《笔会文丛》，暮年，担任上海40年代文学作品系列——"纪实文学集"的名誉主编。可惜柯老已来不及为这个文学集写好"卷首语"便命归道山，最后由出版社根据柯灵生前的思考代笔了。

胡适年长柯灵十八岁，从严格意义上说，彼此是两代人的关系。笔者未发现他俩有交往，也未看到彼此的来往信函，但柯灵读过胡适的《尝试集》等著作，可以说他对胡适比较了解，评论胡适也是公允的，他在"笔会文丛"中的《燕居闲话》中肯定胡适在新文化运动中的作用。柯灵是这样说的："'五四'这一场思想原子弹爆炸，标志着中国现代化长征由此解缆起碇，治白话文学史，不能无胡适、陈独秀。"又说，"白话文运动发生在古神州大陆，酝酿期却延伸到大洋彼岸。当时留学美国的胡适揭竿而起，提出白话文学的主张，却遭到周围朋友的反对，感到很孤独，唯一表示同情的是一位女留学生，胡适称之为'最早的同志'，那就是陈衡哲。她第一篇白话文学试作《一日》，发表于1917年《欧美学生季报》第一期，比现代文学史公认的新文学短篇小说开山之作，鲁迅的《狂人日记》还早一年。"柯灵再发表高见，他说："'五四'新文学运动提倡白话文，反对文言文，是一种伟大的历史功绩。中国的古典文学中，明、清两代就有白话小说的传统，但'五四'的白话文学是全新的：新的内容、新的形式、新的文风。一切新事物的成熟有个过程。'五四'一代的白话文学，受到时代的挑战，是不可避免的事。但是幼稚走向成熟的必经阶段。胡适的《尝试集》，很少诗味，证明他不是个成功的诗人，但没有《尝试集》，就没有后来的新诗。这种历史功绩，不容抹煞。"柯灵之言，善哉！

柯灵说"上海有浩荡汹涌的人海，全国各地区各阶层各民族三教九流的汇合点。全世界的大小国家，几乎没有一国的人没到过上海。为上海芸芸众生造像：洋场才子、北里佳人、达官富商、买办洋奴、马路政客、市井无赖、纨绔子弟、豪门姬妾，一一现身，反映出这一畸形城市人情世态的变异。值得一提的是有大量小说出世，如《二十年目睹之怪现状》和

《官场现形记》等，猛烈抨击清廷黑暗、社会腐败"的现象。柯灵赞扬了"胡适在《官场现形记》考证中，特别提到这一点，称之为'偷来的言论自由"。柯灵哀叹"上海的故事说不完，就像去世不久的美国专栏作家哈理森·索尔兹伯里说的：'就是莎士比亚复生，也写不出这样的情节来。'"

柯灵还就"题材决定论"宣泄了心声。他支持胡适对于林琴南早期重要的译作《巴黎茶花女遗事》、鲁迅的《中国小说史略》等著作的肯定，认同"胡适对此类书的艺术上的成就表示赞赏，不无夸张地誉为'第一流的作者和吴语文学的第一部杰作'"，弦外之音在于赞美胡适不因人废言的大度情怀。

柯灵在主编《民国名刊精选》丛书时，对于具体编选人倪平的取向和评语表示支持。倪平在《豁蒙楼暮色——"新月"萃编》一书中，搜罗了胡适六篇散文：《庐山游记》《从拜神到无神》《在上海（1904—1910）（一）》《在上海（二）》《追悼志摩》《我怎样到外国去》。倪平在《前言》中说："胡适发表在《新月》上的散文，如《我的母亲的订婚》《在上海》等自叙传系列篇章，写得从容、庄重。行文不尚花俏，不求轻巧，是新月派散文的共同特色。"

关于办《新月》杂志的人是否是个派系？倪平在前言中，为胡适等人否认有什么"新月派"提供了申诉的平台。倪平说：《新月》创刊不久，人们称之为'新月派'之时，当事人1936年也都矢口否认他们有'派'，也不承认有什么组织。《新月》月刊创刊时，社长是胡适，徐志摩拟自认作主编，梁实秋等人提出异议，结果创刊号上的编辑者是三人：徐志摩、闻一多、饶孟侃。创刊号上登出《敬告读者》，严正声明只是几个志同道合的集合，不是什么团体，也非一个组织。胡适也不承认他们'结派'，他还指桑骂槐地说什么'狮子与虎永远独来独往，只有狐狸与狗才成群结队'；梁实秋更否认有什么'新月派'。"几十年后，梁实秋在《忆〈新月〉》中，引用胡适的"只有狐狸和狗才成群结伙"的那句名言后，说"办新月杂志的一伙人，不屑于变狐变狗"。可见火药味尚浓！

钟敬文追慕胡适

（左一起）钟敬文、周钢鸣、张瑞芳、郑小箴、曹禺、郑振铎等文友合影

钟敬文（1903—2002），广东海丰人。1922年毕业于海丰师范学校。嗣赴岭南大学中文系任文牍员，半工半读，续转为岭南大学附属中学国文教员。1927年，任中山大学中文系助教、讲师；次年转浙江大学任教。1928年发起成立中国民俗学会。1934年，赴日本留学，入东京早稻田大学文学部研究。1936年，毕业回国。在国立艺术学院任文艺导师。抗战兴起，参与组织抗日文艺团体。即应迁粤北的中山大学之聘，任副教授，后升教授、文科研究所指导教授。1947年，赴香港达德学院文学系任教授，并任中国文艺协会香港分会常务理事、方言文学研究会会长。中华人民共和国成立后，他与柯灵一样，应邀赴北平出席全国第一届文学工作者代表大会，被选为中国文联候补委员和文学工作者协会常务委员。先后任北京师范大学中文系教授、民间文学教研室主任以及北京大学、辅仁大学教授。1950年春，参与筹备中国民间文艺研究会，被选为副理事长。著有《近代民间文艺学史略》《钟敬文民间文学论集》（上下）等。

　　钟敬文曾在北京大学任过教，故而对北京大学前校长胡适其人其文其事应是有所耳闻。不过，胡适年长钟敬文十二岁，彼此无缘相见，纵览各方资料，也未见到他俩来往的信函。有幸的是，钟敬文先生在他1997年出版的大作《雪泥鸿爪——钟敬文自述》中，总算让我们见到了他对前辈名人胡适仰慕的资料，弥足珍贵！钟敬文在《生涯鸿爪录》中反复追念令他刻骨难忘的"五四"新文化运动。他在1992年，运用优美的散文，高度赞美"五四文化运动，是我国现代新文化伟大的缔造者和哺育者。她在破坏着陈旧的乃至于腐朽的传统文化的同时，大力传播新文化，积极哺育新的一代继承人"。1993年，他在《我与我们的时代·祖国》一文中，再说道："五四运动是我国现代史上一个具有划时代意义的政治及文化的大运动！它对中国社会和广大知识分子的影响是巨大的"。他直接表白了自己的心迹："我就是吮吸了这种时代新文化乳汁长大的。'五四'是我的文化奶娘，虽然我算不上她的有较大出息的儿子。在'五四'前，破蒙时，我上过私塾。稍后，又进过半新半旧的所谓洋学堂。我没有作过八股文、试帖诗。因为那时，清廷已经废弃了科举制度。但是，我读过《三字经》《幼学故事琼林》和《春秋左氏传》，也作过《刘项优劣论》《士先器识而后文艺》一类的'窗课'，还学作过讲究平平仄仄的'近体诗'，乃至于胡写过《玉梨魂》式的文言小说。'五四'打破了我原有的知识结构和学习进程，我开始阅览《新青年》杂志、《小说月报》，诵读《尝试集》《女神》及《沉沦》。我学写新体诗、白话散文，记录歌谣和民间故事。我的知识结构和学艺道路，跟过去差不多翻了个样。"

　　钟敬文改了宗，迷上了新文学，阅读胡适的《尝试集》《谈新诗》等诗作。他把自己的脱胎换骨、完完全全地归功于胡适等"五四"新文化运动奠基人对自己的影响。他感谢先辈们的"遗泽一直长流到现在。几年前，我在所写的纪念五四运动70周年的一篇短文里，把它称作'我的启蒙老师。这是再确当没有的。只要我还活着，就将虔诚地怀念这位教师'"！

　　钟敬文先生是民间文学领域方面的成功的拓荒者；他也是一位虔诚的学者，他知道胡适也热爱中国民间文学，当他在广州中山大学语言历史研究所时，曾将他的新作《民间文艺丛话》（1928年，上海北新书局出版）寄给胡适。他在书的扉页上写道："请适之先生教正，敬文，二八、七、十六，广州。"不久，钟敬文去浙江任教，他又将他的新作《种族起源神话》（孤陋寡闻小丛刊）寄给胡适。他照例在书的扉页上写了题记："适之先生教正　敬文谨赠"。接着，他又给胡适寄上《中国水灾传说及其他》（孤陋寡闻小丛刊），他未忘在封面上写下："适之先生赐正，敬文谨赠，二〇、三、七号，西湖。"胡适珍爱这些赠书，编号上架。除此之外，胡适还收藏有钟敬文的《鲁迅在广东》、《客音情歌集》（1927年上海北新书店出版），以及钟敬文与他人合译的《狼童情歌》等。难能可贵的是，胡适在其《白话文学史》著作中曾点赞："自从北京大学歌谣研究会发起收集歌谣以来，出版的歌谣至少在一万首以上，在这一方面钟敬文诸先生的努力最不可磨灭。"

赵家璧与胡适的亲与疏

赵家璧（1908—1997），江苏省松江县人，中国编辑出版家、作家、翻译家。胡适年长赵家璧十七岁，赵家璧早在读书时对胡适即有仰慕之心，因此他在给胡适的信中，谦称自己是"生"或"学生"，也含后生之意；对胡适则尊称为"先生"，甚至称"吾师"；写信时行文逢"先生"二字前必空一格，以示敬意。随后赵家璧为《良友》画报社的事业发展而逐渐推进了大动作，获得大成果，从而在当时的文学界、出版界显山露水，他逐渐令世人刮目相看，其中包括胡适。不过，彼此之间在社会舞台上构成的是一位著名学者和一位后起之秀的和谐画卷。可是当一代诗人、胡适挚友徐志摩（1896—1931）去世后，围绕着徐志摩的遗存作品整理出版的问题上，是谁说了算？是哪家出版社有幸接办？赵家璧与胡适交手了，结果落得个化亲为怨。

赵家璧赞扬胡适为《良友》画报社的贡献

1926年，赵家璧在上海中学生时代即曾主编过《晨曦季刊》。1928年夏，二十岁，他考入上海光华大学英国文学系一年级，这期间，他曾听过胡适讲授《中国哲学史》。1926年5月4日，胡适应邀在光华大学做《五四运动纪念》的演讲，赵家璧亦是听众之一，从此，他对前辈胡适先生产生崇拜之心；在校则师从诗人徐志摩（在校四年，因生学潮乃离校，胡适知情后奉函志摩"在上海生活不愉快，长久下去要颓废，劝他到北大教书"，徐志摩接信后心情好转，立即复信："你家比较宽舒，外加书香得可爱，就给我楼上那间吧"），1931年1月4日，徐志摩如鱼得水，即入北京大学执教。而赵家璧也就改投代课教师邵洵美（1908—1968）门下。因才华崭露，旋被《良友》画报创办人兼总经理伍联德看中，赵家璧遂以半工半读的身份参与《良友》图书公司工作，主要从事《中国学生》月刊的编辑工作，未料从此便让赵家璧交上了一生都道不尽的好运。

1932年，赵家璧大学毕业后，再回《良友》公司，任文学出版部编辑和编辑部主任。其出色成绩是主持出版《良友文学丛书》《中国新文学大系》（1917—1927），后者堪称新文学奠基期阶段性的总结性巨著，影响深远，从而轰动了文坛。1937年至1938年，他还兼职母校任副教授。又任上海《大美晚报》（英文版）编辑。"八一三"事变后，日寇入侵上海，以赵家璧为首的留沪职工，找到了新的投资者，通过曲折的法律手续，接管了良友公司的全部产业，赵家璧任副总经理兼总编辑，挽救并重组了《良友》公司，改名"良友复兴图书公司"。1939年2月1日，一份以"抗日"为主题的精美的《良友》画报，终又重新出现在上海人民的手中。

赵家璧接管良友公司的行为，受到非议，尽管问心无愧，但赵家璧仍然感到委屈，他要倾诉。1939年11月16日，他给在美国任大使的胡适写信。

适之先生：

战前在国际饭店一别，如今回忆，几乎有隔世之感，因为这短短的几年间，不但国家已经过了一次血火的洗礼，先生也已丢掉教鞭，远涉重洋，担负起中美两国间的外交重任了。至于我的遭遇呢，除了故乡沦入敌手以外，我服务的机关——良友公司，因为战事影响而于二十七年五月宣告破产。世事变幻，真如白云苍狗，我们在跑马厅畔的玻璃大厅里共进晨餐，听你讲述世界各种人吃芒果的一百种不同方法，还不是清楚如昨天的事。这一年来所可告慰于老师的是，因为我在《良友》已花了十数年心血，替它在中国文化界做过一两件小小的工作，所以看见它关掉，觉得实在可惜，因此由我纠合了几位同志，已把它在今年一月一日复兴起来，改名为良友复兴公司，根据以往十余年来的出版方针，预备在拓建的大□□里，继续为文化界服务。这一年间，除了继续出版已有十四年历史的《良友》画报外，还出版了不少单行本。……先生是《良友》的爱护者，过去曾在出版计划方面给我们许多宝贵的指示，而先生所编建设理论集的成功，使《新文学大系》跟了获得意外的好评。今后更希望先生不吝赐教，使《良友》的事业，将来能和商务、中华并驾齐驱。即颂安

学生　赵家璧　十一，十六

这封信虽是一份事后的备案，旨在争取同情和支持，但亦以一位总负责人的身份，对胡适一向给予《良友》画报的呵护与爱心表达了感激之情！

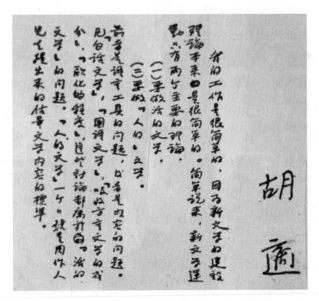

胡适亲笔所写《建设理论集》的"编选感想"

作为创始人的赵家璧在信中感谢胡适对《中国新文学大系》的编辑出版所做的贡献，此盛举值得回味。这个新文学大系的架构和具体编排，是赵家璧经与郑伯奇和郑振铎、茅盾等名家磋商后定下来的，划归在1917年

至1927年十年间，具体收纳范围：文学理论方面以及小说、散文、诗歌、戏剧类的部分代表性成果。鲁迅、胡适、茅盾等编选者们，从1935年5月到1936年2月，心往一处想、劲往一处使，终于向世人捧出蔚为大观的十册巨著。新文学大系框架缘起赵家璧、总序蔡元培撰写，除此之外，计有《建设理论集》（胡适选编）、《文学论争集》（郑振铎选编）、《小说一集》（茅盾选编）、《小说二集》（鲁迅选编）、《小说三集》（郑伯奇选编），《散文一集》（周作人选编）、《散文二集》（郁达夫选编）、《诗集》（朱自清选编）、《戏剧集》（洪深选编）、《史料·索引》（阿英选编）、大系样本含十位编选人的编选感想。

当时，赵家璧是一位青年编辑，尽管他为人谦和且富于创造力，但要在那个年代出版一套具有里程碑意义的巨著，谈何容易！最引人注目的是他周旋在这些"大人物"之间，要付出多少辛劳，以致卑恭，这是可以想象的啊！且就他对胡适从诚惶诚恐到应对自如的心态来看，亦是很感人的！赵家璧在最初即考虑请胡适做《建设理论集》的编选人，但他顾虑郑伯奇、阿英等会反对；再者，胡适贵为"北京大学校长，又是文化界的权威人士，……当时大多数人，总是把新文学运动与他联系起来，把他看作是一个有重要影响的人物"，怕遭拒绝，因而举棋不定。郑振铎看到此情景，当即表示愿赴京充当说客。赵家璧听罢是"又惊又喜，惊的是胡适已一步一步挤上高位，成为一位风云人物了；喜的是，如能找他来编选一集，对一般读者既有号召力，对审查会也许能起掩护作用"。

赵家璧又自语道："这样一套规模大、投资多的大系，完全找左翼作家编，不来一点平衡，肯定无法出版。"于是他又对郑振铎说："胡适远在北平，大名鼎鼎，高高在上，他的书和文章都是在商务、新月之类书店出版。良友最近专出进步文艺书，已被特务暴徒击破了大玻璃，而我又是一个无名的文学青年。他在光华大学教中国哲学史时，我听过他的课，但和他素无往来，如果徐志摩活着，我还可以通过他找胡适，我自己凭空写信去约他编选《建设理论集》，他肯定会置之不理。"意即自己人微言轻，摆出的是一副毫无信心的态势。"郑振铎考虑了一阵，站起身来对我说：'我回北平后，替你去找他吧，他看到这样一个不平凡的编辑计划，可能会感到兴趣的。'我心中真有说不尽的感激！……不久，通过郑振铎的介绍，胡适居然接受了我们的邀约，与我开始通信了。"

1935年6月8日，赵家璧"去北平期间，特去米粮库胡同第一次拜访他（按指胡适）。那时，茅盾编选的《小说一集》已出版，我送他一册样书，并敦促他早日把导言写出"。不久，他就把文稿交齐了，十月中出书。他最先交来的《编选感想》是这样写的："我的工作是很简单的，因为新文学的建设理论本来是很简单的。简单说来，新文学运动只有两个简单的理论：（一）要做'活的'文学；（二）要做'人的'文学。前者是语言工具的问题，后者是内容的问题。凡'白话文学''国语文学''吸收方言文学的成分''欧化的程度'，这些讨论都属于'活的文学'的问题。'人的文学'一个口号是周作人先生提出来的估量文学内容的标准。"看来赵家璧对这篇《编选感想》并不满意，他接着又说"这篇短文和周作人的《编选感想》放在一起看，说明他们俩人的文艺思想，同"大系"其他编选者相比，唱的是另一个调"。不仅如此，他对胡适两万余字的《导言》也心生怨愤，批评胡适"他不但在导论中自吹自擂，还在《逼上梁山》一文中，把五四运动的发生归结为他自己在国外时一次偶然的游戏"。对胡适在《导言》中说的："我是最欢迎这一部大结集的。《中国新文学大系》的主编者赵家璧先生要我担任《建设理论集》的编纂，我当然不能推辞。"赵家璧嘲讽这是胡适犯了"颇有舍我其谁之意"的忌讳之言。赵家璧似乎把胡适的好意抛到九霄云外去了。

不过，赵家璧在《中国新文学大系》的征订广告上，还是将胡适的《编选感想》亲笔原稿及签名全文公之于众；而且还在同一版面上刊出了《良友》出版公司的按语，指出"第一部《建设理论集》，由胡适先生编选。当时各方所提倡的'活的'文学和'人的'文学的建设理论的文章，全部包括在这部四十万字的集子里。胡适先生写二万余字的长序，叙述五四运动发生的经过，并叙述五四以后十年间，关于各种新文学建设理论发展的情形"。《良友》出版公司利用名人效应来推动这套《中国新文学大系》的市场销售量，也将胡适的观点公之于社会矣。

1945年4月9日，抗日战争胜利，与时俱进，赵家璧考虑《良友》书画出版事业即将迎来新局面，且为了纪念《良友》成立二十周年，预备出版纪念文集，特向胡适征稿。赵家璧在信中平实地抬举胡适"没有吾师的文章，是不能称为完满的"，同时赞扬胡适为《中国新文学大系》的领导力量。

适之老师：

抗战前在上海先面晤，您很早获就远去美国，我在上海住到太平洋战争发生，良友公司后离人封闭后，到一九四二年冬才单身逃到桂林公司，就从一九四三年二月起在桂林复业，一年半来规模粗具，几年湘桂战起使一次的全功尽弃，到十月底狼狈到渝。幸经各方友好的援助，公司已自一九四五年三月一日起在渝复业。

我便在公司中担任编辑，职务自一九四〇年起，公司业务改由学生主持。秋后继续出版新书，每月也有五六种。重庆印刷条件虽极困难，我还是把□事的出版当自己的终生事看，所以在任何条件下，我总□□□这个岗位上。

良友图书公司创立于一九二五年，到今年适循二十周年，我预备出本文集纪念他。现在奉上征文启事及条例各一份。我知吾师事情极忙，又适举行旧金山会议期间，但是这本纪念文集，没有吾师的文章，是不能称为完满的。而且过去在学业事业方面，欣曾获吾师的指示和帮助，尤其是《中国新文学大系》的出版，都是吾师领导之功。这次的小要求希望能得到吾师的俯允。本集的执笔者，□有二十位，都是国内文坛上热心的朋友，如冰心、茅盾、郭沫若、林语堂、顾一樵、曹禺、巴金等。吾师能否应我的要求，请您当即写封回信，以便等大作到后再付印，国内的文章大约五月底即可交齐了。吾师假如有其他的□作，公司也极愿为您发行。赐示请寄重庆民族路九十八号英年大楼良友复兴图书公司。翘盼

佳音　顺颂

大安　　　　　　　　　　　　　生　赵家璧　（一九四五年）四月九日

附件一：征稿信

启者 本公司创办于民国十四年，到今年是整整的二十年了。自抗战以来，由香港、而上海、而桂林、而重庆，遭敌人三次摧残，每次都几乎站不起来。但是我们一直以不屈不挠的精神，做再接再厉的奋斗，三月一日起在重庆复业。现在我们想趁这一纪念的一年里，出版一部《良友》创业二十年的纪念文集，内容为符合本公司的命名起见，略仿美国读者文摘中之特栏"我所最不能忘记的人物"，约请国内第一流作家二十余位，写他生平一个最不能忘怀而值得纪念的朋友，活着的好，死去的也好；真有其人的好，理想中的人物也好。作者可以把他写成一篇小说，或是传记，或是散文，体裁不拘，字数希望在一万字左右。篇名由作者自定。就是这整个集子，为了纪念敝公司创业二十周年纪念起见，书名用《我的良友》。征稿条例附往。

先生是国内文坛巨子，对敝公司素极爱护，这点小要求，谅不致见拒。大作请在六月底前赐交重庆民族路英年大楼。如蒙俯允，请先赐复。

此致
胡适先生

良友复兴图书印刷公司启

附件二：征稿条例

1.赐稿每篇字数约一万字左右。
2.每千字酬国币二千元。
3.该稿版权仍属作者所有，唯三年内请勿入作者其他文集。
4.出版后另赠最上等纸张印刷之精装特印本一册，以做纪念。
5.原稿排毕后，可代为保留退还。

因争《徐志摩全集》的出版而与胡适结怨

1931年11月19日，徐志摩不幸因所乘飞机失事而罹难，随之而来的是关于徐志摩的遗作即《徐志摩全集》的搜集整理出版的大问题。作为亡者的妻子，陆小曼（1903—1965，名眉。江苏武进人。1926年改嫁徐志摩。擅绘画、爱京剧）是最为关注这个大问题的人；同时该事引起亡者的挚友胡适与亡者的学生、《良友》图书出版公司编辑赵家璧的密切关注。于是围绕着《徐志摩全集》，三者，主要是胡适与赵家璧之间，展开了包含亲与疏的竞争。

赵家璧在其先师罹难后的次月即12月29日，在致胡适信中首次提及胡适与《徐志摩全集》出版之事。

适之先生：

容我先把自己介绍一下，我在上海光华大学念书，同时在良友图书公司编辑一角丛书。志摩先生在光华教书时，我是他的学生，这次他在济南遇难，隔天我到万国殡仪馆去，看到先生给（徐）新六、（潘）光旦诸先生的信，知道先生尝在梦中，看见志摩没带铺盖，我们计算先生所做梦的那天，志摩先生正熟睡在党家庄的田野里，饱受风宿的打击。当时（罗）隆基先生说："志摩的灵魂那晚一定奔到北平报信去了，否则没有这么灵验的事！"志摩的死从他生前的言语行动里，嘿嘿中都像有个"命运"在替他安排就好！否则又怎么会老是说想飞而终于飞了去的呢？先生给他同居在一处，这几天一定会感到异样地空虚吧。因为先生信上还提起替志摩出全集的事。洵美先生便和我商议，他知道我和志摩先生很接近，要我帮他出力，我便想起今夏在成和村，志摩曾诚恳地托我把他在北平时代编辑的晨报副刊上，他刚翻译的 iy awnwngio 的 dsak city 替他整理一下，新出个单行本。当时我口头上曾答应他，因为课务很忙，迄今没有动手。如今志摩既死，他生前托我的事，我必得为他尽力。因之洵美先生就把这件工作正式地托付我，我因为不知原稿刊在哪期，所以今天大胆地写信给先生，请先生替我查一查，并且旧的晨报，上海方面恐无人收集，先生与晨报馆相熟，可否代我向他们告借一份？事情虽很麻烦，然而志摩死得太可怜，他早年心血的结晶，我们绝不应任他埋在晨报堆里，我们要如发掘"先城"般，把他重新掘起，这是后者对于诗人的一点良心上的事。望先生抽些空间答复我！

志摩生前曾答应我为"一角丛书"写一本，《秋》早已交给我，另外一篇关于□□的，他曾答应我到北平去写。这次回南，我本想去问他要，可惜我去看他时，他已飞走了。现在我自己写了一篇纪念的文字和新篇《秋》刊在一起，下星期出版后，送给您指正。

这封信虽是同样写到北平米粮库，可是收信的不再是志摩，而是先生了。信中所请已是关于志摩遗作的事。时间是无穷尽地去，无穷尽地来，生命是随时都可能结束的啊！

赵家璧　廿九日

现在就让我们来回顾一下这个大问题的始末。

在此，还是应该先谈一下胡适和赵家璧与徐志摩的交往尺度关系，特别是感情与交谊的程度问题。赵家璧是徐志摩众多学生中的一员，除受教育产生的师生情谊外，生前还在"一角丛书"中为徐老师出版过一本名曰《秋》的散文集。但胡适与徐志摩则不同，从年龄上说，胡适年长徐四岁，二人是同代人；论学识，二人都是外国留洋中的佼佼者；论学术地位，皆是中国著名教授；论著作，也都是著作等身；论影响力，几乎无人不知、众皆仰慕。还有，胡适与徐志摩从1923年结识，到1931年遇难，双方除有著名的西湖泛舟谈诗之乐，还有徐志摩离开光华大学，听从胡适函召去北京大学任教，且点名要住在胡适家中闻书香。胡适还充红娘，无惧梁启超的指责，毅然主持徐志摩与陆小曼的再婚大喜；应徐志摩之请为陆小曼作画题词。徐志摩离世后，胡适亲赴志摩"房内检点遗物"，为编徐志摩《遗著略目》，向凌叔华追索两册志摩日记；还亲订了"志摩身后小曼给养办法"，等等。

徐志摩生前曾给胡适写过47封信，常在信首或信里，呼胡适为"好兄长""好哥哥""老阿哥""适哥""适老"等，胡适则呼其为"弟志摩""弟志摩小曼同候"等。正如赵家璧在其《徐志摩和"志摩全集"》一文中所云："胡适和徐志摩友情极深。"公平地说，这种极深的友情是赵家璧望尘莫及的。再说，徐志摩还属于一个耀眼的群体。就在徐志摩离世后次日，梁思成、林徽音夫妇，张奚若、陈雪屏、孙大雨、钱端升、张慰慈、陶孟和、傅斯年等齐聚于胡适家中，"皆相对凄惋"，"奚若恸哭失声"。胡适直赞亡友是"朋友之中，如志摩天才之高、性情之厚，真无第二人！无论是谁都不能抗拒他的吸力"。

笔者以为胡适与徐志摩的极深友情，对出版《徐志摩全集》必然产生影响，它应该是其思想和感情的基础。

赵家璧在其《编辑生涯自述》中为我们揭开了他用心良苦地与陆小曼合作催促《徐志摩全集》诞生前后的阵痛与"流产"的始末。徐志摩逝世后，赵家璧在陆小曼的全力支持下，产生编辑出版《徐志摩全集》八卷本的设想。1935年6月，赵家璧到北京期间，曾拜访名流，透露了要出版《徐志摩全集》的计划，当即得到谢冰心、郑振铎、沈从文的支持。当去米粮库四号拜访胡适时，提及要由良友公司编印《徐志摩全集》时，胡适"反应冷淡"。十月中，知道胡适要到上海来，赵家璧特在味雅斋酒楼设宴为之接风，并请陆小曼作陪。席间，小曼向胡适谈了她和赵家璧已把《志摩全集》初稿编订就绪，要求胡适提供志摩给他的信以及给北方名流的信，也谈到了志摩日记，最后还要求胡适为全集写序文。胡适在这个仿佛"鸿门宴"的宴席上，表现出一副"毫无兴趣"的样子，对请求采取了"不置可否"的态度，结果是不欢而散。谁知四天后，小曼突然约赵家璧面谈，见面后，她用非常婉转的口气，告诉他胡适认为"交良友出版不适当，他建议改交商务印书馆，王云五已表同意，并愿立即预支一大笔版税"。小曼哀求他，因为生活困难，她已接受了商务印书馆出版徐志摩图书的决定。赵家璧连呼"这简直是晴天霹雳，是做梦也没有想到的事"。

赵家璧不能理解，因此难于面对现实，他认为胡适对他"这个青年编辑施出这样一种手腕，令人气愤"，冲动已极的赵家璧，遂于次日到新亚饭店，找胡适评理。谁知早有准备的胡适，却笑眯眯且坦诚地对赵家璧说："志摩全集不在良友出，对你们并无什么损失，因为你们的工作还在集稿编辑阶段。现在事已至此，你也不必为此生气。我有一本书给良友出，就作为对你们的补偿罢！"赵家璧冷静下来，他知道"版权所有人既已同意交商务，而且从胡适那里，知道小曼已于前一天收下那笔钱，我怎么同他争论，也无济于事，他先下手为强嘛！……在胡适、王云五之流的'大人物'面前，我这个青年编辑只好败下阵来"。赵家璧接着再说，"隔了几天，我就把《徐志摩全集》的全部稿件送给陆小曼，她看到我，说了不知多少遍表示抱歉的话。我说：'只要商务印书馆真能把全集尽快印出来，大家都一样高兴的'。"花落人家，水到渠成，转危为安，这是好事。

笔者认为，关于全集出版之争，只是一场波浪未起的明争，并非汹涌澎湃的暗斗。其实也不是一次是与非、正与误、好与坏之争，而是合适与更合适的磋商结果，遗憾的是磋商之中忽略了良友出版公司这一方面的情况。胡适明知赵家璧有气，虽给了一本五万字的《南游杂忆》书稿作补偿（1936年8月出版），但不足以补偿赵家璧与陆小曼合作编成《徐志摩全集》的初步成果所付出之辛劳。胡适对良友出版公司和年轻编辑赵家璧均缺乏信任感。这种留下隐痛的做法是欠佳的，不怪赵家璧一直怨气难消，直到胡适死后近二十年的1981年方才释怀。

至于《徐志摩全集》，经过半个世纪的波折，直到1983年，香港商务印书馆决定以五大卷和赵家璧的一篇五千字长序的形式，首在香港印行。商务印书馆还为赵家璧送上一笔可观的稿酬。此时，赵家璧发自内心地说道："这对我来说，真是喜出望外，是我晚年生活中一件值得高兴的事！"这虽然是后话了，但它可以说《徐志摩全集》之争已画上句号了。

钦慕吐怒之交——胡适与郁达夫

胡适与郁达夫（1896—1945）本不是人生道路上的知音或者称之为同路人，但是他俩在20世纪20年代的上海，除有过一段短暂的交往史，彼此间亦有过三封信的有趣经历。这些信函承载着郁达夫对胡适的钦慕之心。但是，胡适不可避免地是他在视野中存在着"盲点"，因有误解而招致郁达夫对自己的吐怒，所幸大度的胡适主动破冰释嫌，终致彼此关系转暖。

郁达夫钦慕胡适

郁达夫名文，字达夫，浙江富阳人。1912年，入之江大学预科。1913年，留学日本，在东京帝国大学，习医学、法律、经济等科。1922年，回国与郭沫若（1892—1978）、成仿吾（1897—1984）等组织了一个新文学团体——创造社，主编《创造季刊》。1923年，先后在北京大学、武昌师范大学、广州中山大学任教。1928年，与鲁迅合编《奔流》和《大众文艺》杂志。1929年，加入中国左翼作家联盟。1933年，参加中国民权保障同盟。抗日战争兴起，郁达夫投入抗日洪流，任福建文化界救亡协会理事长，国民政府军事委员会第三厅设计委员。1938年冬，远赴南洋进行抗日救亡宣传工作，旋任新加坡《星洲日报》副刊主编多年。太平洋战争爆发后，被推选为新加坡华侨抗敌委员会执行委员，新加坡文化界战时工作团主席等职。1942年，新加坡沦陷，郁达夫遂流亡印度尼西亚苏门答腊，化名赵廉，定居乡间小镇，开设赵豫记酒厂。1945年9月，郁达夫惨遭日本宪兵秘密杀害。他生平熟悉日、英、德、法、马来西亚五国语言，作品有《达夫选集》《达夫小说集》《达夫散文集》和《达夫诗词抄》等。

郁达夫是中国现代著名作家、散文家、诗人。他以现代文学史上第一部白话短篇小说《沉沦》而享誉华夏，从而奠定了他在新文学运动中的重要地位。基于此因，出于共性，郁达夫与胡适不仅有了共同的语言，而且有了共同的使命。

1920年，时年29岁的胡适仍任北京大学教授，并兼任英文系教授会主任。胡适虽较年轻，但早已扬名华夏矣，知之者甚多，其中包括郁达夫（24岁）和成仿吾（23岁）。是年仍在日本求学的郁达夫，急于要结识这位走红的教授，他于10月13日，用英文名Yowen（郁文）给胡适写了生平的第一封信，旨在表白心迹。

胡先生：

我并不认识你，你当然是不认识我的。你们的那一番文艺复兴的运动，已经唤起了几千万的同志者。大约不认识你的青年学生，唐唐突突地写信给你的人，也一定不少的了……我也就是这些青年学生中的一个人。我此番想写这封信给你的动机，大约也是同另外的青年差不多。自己的心理解剖，同老式的钦慕的话头，我想不再说了。

我已经在国外住了多年了，此番回来，并非为求做官回来的，不过因为生在江南，长在外国，做了中国的百姓，还没有看见过祖国的首都，恐怕被人家询问起来，有回答不出的地方。所以才于前月初四决定回国来走一次，一则可以看看多年不见的祖母、母亲，二则可以广广知识。如今到了北京之后，已经有一礼拜了。想去看看的地方，同北京的社会的习俗趋势，大约已经观察了十之六七了。寒风吹起来的时候，晨霜降落来的时候，我又不得不同鸿雁一样地飞到外国去（因为我在大学还没有卒业），所以我在北京只有二礼拜好住了。……

我若说作起还乡记来，我也想这样地说，不过把Carlyle那些名字换几个现代的中国人名罢了。这几个中国人名的里边，有一个就是你的名字。

我的信的最后的目的，已经说出了，你许我不许我，我也不能预料。然而万一你不许我的时候，恐怕与我的尊严有些关系，所以我现在不能把我的名姓同我的学籍通知你。你若说肯写回信来，约我几时几日在何处相见，请你写下记的地址就对了。我也忙，你也忙，所以我也不敢多写了。这一张信稿的章句、言语、书写，都芜俗得很，我也不想再来抄一张过，我也更没有工夫来推敲了。失礼的地方，只能请你宽恕我罢。

本京西城锦什坊街巡捕厅胡同

门牌二十八号

James Daff Yowen

（民国九年）十月十三日夜十时书

回信最好请你用英文写。

郁达夫致胡适的信，是他在日本读书期间回国与孙荃女士结婚之时写的，是时，胡适即在北京大学，他本可与胡适面见，也许顾虑当时自己人微言轻，故奉函投石问路，当然，这也不失为明智之举。郁达夫在信中，虽无常人对名人的客套语和恭维话，但其措辞朴实无华，而发自内心的敬意和钦慕之情却已跃然纸上。

1925年9月29日，胡适应邀在湖北省武昌大学进行《新文学运动的意义》的公开演讲，当时在武昌师范大学任教的郁达夫就是热心的听众之一，他对胡适的这篇精彩演讲表示赞同。不久，胡适的这篇讲稿在《晨报》副刊上发表了。章士钊先生看了这篇讲词却不以为然，便在《甲寅周刊》上发表了他的《评新文学运动》一文，旨在与胡适唱对台戏。随后，郁达夫看到了章士钊的这篇文章，不由气上心头，他用"咒"这个近乎骂人的字眼，写了一篇力作《咒"甲寅"十四号的〈评新文学运动〉》，对之进行批驳。他引用胡适的讲话，说道："……当胡氏在武昌讲演的时候，我都在座旁听。他第一句话就说，真正的文学，本无所谓新旧，不过我们用以表示思想的工具有新旧而已。孤桐（章士钊的号）若能了解这句话，我想他那篇大文，可以不做。……"演讲会后，胡适非常愉快地说道："此次在武汉见着许多新知旧友，十分高兴。旧友中如郁达夫、杨金甫，兴致都不下于我，都是最可爱的。"

北平《晨报》

《甲寅周刊》后改月刊

1927年1月，郁达夫在上海喜识王映霞小姐，时年21岁，一见倾心，着力苦追，终在1928年抱得美人归。3月间，二人在上海举行了小规模的婚礼。婚后，王映霞多次与郁达夫出席胡适的酒楼请宴。在酒席上面晤过胡适、徐志摩、邵洵美等名人，这是他们夫妇俩开心的事。

据王映霞在自传中披露，她"在杭州女子师范读书时就知道胡适，原因之一，固然是因为他是中国新文化的早期传播者；原因之二，是他的表妹曹诚英与我同校，但比我高一班。曹诚英长得不好看，而且是小脚，但同学对她另眼看待，因为知道她是大名鼎鼎的胡适的表妹，胡适待这个表妹很好，关心她的学业"。

王映霞还透露，婚前，郁达夫"时常向胡适借一百、二百的。我不喜欢向别人借钱，更不肯借了钱不还，所以情愿自己清苦一点，也要把钱还掉。我们弄堂口有一家'当'店，家中实在没有钱用时，我就把母亲给我当陪嫁的金银首饰去一样一样地当掉"。郁达夫既已沦落到向胡适张开尊口借钱的地步，按说朋友间的交往已上升到了这一步，那关系应是非同一般。可王映霞仍然说："我也不清楚郁、胡的友谊究竟如何。"反之，她却锁定"对于达夫，他们后来虽然也成了'朋友'，但在我们第三者看来，也不像有过什么深切的友谊"。王映霞之言基本上符合事实，因为说"深切"，那不够；说"友谊"，那是存在的。

胡适与郁达夫等的一场瞬间消失的笔墨官司

郁达夫不是胡适的圈中人，但彼此亦有君子之交，既有矛盾也能缓解，之后仍被胡适纳入"旧友"的行列。但是，胡适与创造社负责人郁达夫、郭沫若，由于在"骂人"即口德问题的争辩中，不经意地失和了，这应是由于胡适在1922年9月间，在《努力周报》第二十期上发表的"这一周的重要言论——二，有'骂人'一条）中"，剑指"郁达夫批评余家菊（1898—1976）的《人生之意义与价值》一书翻译错误，但郁达夫的改译更是错误百出"。胡适接着又说："错误是可以原谅的……有话好说，何必破口骂人？"胡适的一个"错误百出"再加上一个"破口骂人"，言重了！太伤人了！胡适闯下了大祸。

且不说郁达夫，先来谈谈郁夫人王映霞在其自传中是怎么说这件事的："胡适之当时是中国公学的校长，郁生前与他的关系并不怎么样。"据郭沫若先生在《论郁达夫》中说："胡适攻击郁达夫的一次，使达夫最感沉痛，那是因为达夫指责了余家菊的误译，胡适帮忙误译者对于我们放了一次冷箭。当时我们对于胡适倒并没有什么恶感。我们是异军苍头突起，对于当时旧社会毫不妥协，而对于新起的不负责任的人们也不惜严厉的批评，我们万没有想到以'开路先锋'自命的胡适竟然出以最不公平的态度而向我们侧击。这事在胡适自己似乎也在后悔，他自认为轻易地树下了一批敌人……"

作为创造社三位创始人之一的成仿吾，他并没有置身于这场笔墨官司之外，他是献出《学者的态度——胡适之先生的"骂人"的批评》一文，投入到这场官司之中的。他在文中说道："胡先生是我们学界的名人，谁都知道；胡先生的英文好得很，是谁也知道的。"但是，成先生转头便就胡适批评郁达夫"骂人"的问题大做文章。他公开认为胡适所抱并非一个学者的态度，他气愤地说道："胡先生教人莫骂人，他自己骂人没有？郁达夫是骂人骂昏了头的，他的'蛆虫''肥胖得很'确是不对，谁也不能说他好。可是胡先生的'浅薄无聊的创作'，不也是跟着感情这头恶狗，走到斜路上去了吗？我对于胡先生素来是抱有极大之希望，如今这无辜的希望也破产了。我始终愿他莫丢掉了学者的态度，因为这是使学问有进步的关头，也是使学术有威严的要点。"

王映霞与郭沫若等人，从思想上将胡适进行了剖析。他们认为"胡适在启蒙时期有过些作用，我们并不否认。但因出名过早，而膺誉过隆，使得他生出了一种过分的自负心，这也是无可否认的实情。而他在文献的考证上下过一些功夫，但要说到文学创作上来，他始终是门外汉。然而他的门户之见却是很森严的，他对创造社从来不曾有过好感……"这番小论，尽管是阶段性的，但它坦诚而正确，明白无误地凸显出圈外人奉献给胡适的一片良言。

1923年5月间，胡适与郁达夫、郭沫若之间的这场瞬间便消失的笔墨官司终于拉开了帷幕。

为了说清楚这场笔墨官司即胡适口中的"小小风波"，还是让胡适与郁达夫之间的来往信函道出其始末和真相吧。

先说1923年5月15日，胡适致沫若、达夫的信。

沫若、达夫两位先生：

我这回南来，本想早日来看你们两位，不幸在南方三天，无一日不病，已有十天不曾出门一步了。病中读到《创造》二卷一号，使我不能不写这封信同你们谈谈我久想面谈的话。

我最注意的是达夫在一五三页上说的："因为我在杂志上发表了一篇旧作的文字，淘了许多无聊的闲气。更有些忌刻我的恶劣分子，就想以此来作我的赞歌，纷纷地攻击我起来。"

我很诚恳地希望达夫的第二句话里不含有与我有关的意义。我是最爱惜少年天才的人；对于新兴的少年同志，真如爱花的人望着鲜花怒放，心里只有欢欣，绝无丝毫"忌刻"之念。但因为我爱惜他们，我希望永远能做他们的诤友，而不至于仅做他们的盲徒。

至于我对你们两位文学上的成绩，虽然也常有不能完全表同情之点，却只有敬意，而毫无恶感。我是提倡大胆尝试的人，但我自知"提倡有心，而实行无力"的毛病，所以对于你们的尝试，只有乐观的欣喜，而无丝毫的恶意与忌刻。

至于我"骂人"的一条短评，如果读者平心读之，应该可以看出我在那一条里只有诤言，而无恶意。我的意思只是要说译书有错算不得大罪，而达夫骂人为粪蛆，则未免罚俘于罪。至于末段所谓"我们初出学堂门的人"，稍平心的读者应明白"我们"是包括我自己在内的，并不单指"你们"，尤其不是摆什么架子。后来达夫做了一篇短文，内中全不提起译文，而说我所以强出头，是因为原文有跟着外国学者跑来跑去的话，而我是曾跟杜威做翻译的，所以借题雪恨。这篇文章，他寄给北京《晨报》社，社中记者给我看了，我劝他不要登。他说，他因为要表示作者的人格堕落，所以主张注销。我说："正因为我爱惜作者的人格，所以不愿你注销"。后来他回信赞成我的态度，所以不登了。——然而此文终于在别处发表了——我追述这一段故事，只是要你们知道我对于你们，只有爱情，而无恶意。

后来你们和几位别人，做了许多文章，很有许多意气的话，但我始终不曾计较，因为有许多是"节外生枝"的话，徒伤感情与目力，没有什么益处，我还是退避为妙。

至于就译书一事的本题而论，我还要劝你们多存研究态度而少用意气。在英文方面，我费了几十年的苦功，至今只觉是难，不见其易。我很诚恳地希望你们宽恕我那句"不通英文"的话，只当是一个好意的诤友无意中说的太过火了。如果你们不爱听这种笨拙的话，我很愿意借这封信向你们道歉。——但我终希望你们万一能因这两句无礼的信的刺激而多读一点英文，我尤其希望你们要明白我当初批评达夫的话里，丝毫没有忌刻或仇视的恶意。

如果你们不见怪，我很诚恳地盼望你们对我个人的不满意，不要迁怒到"考据学"上去。你们做文学事业，也许有时候用得着考据的帮助。例如译Omar（莪默）的诗，多用几种本子做考据，也许可以帮助对本文的了解。考据是一种公开的学问，我们不妨指出某个人的某种考据的错误，而不必悬空指斥考据学的本身。

最后，我盼望那一点小小的笔墨官司不至于完全损害我们旧有的或新得的友谊。

胡适 （民国）十二、五、十五

胡适致郭沫若与郁达夫的信，体现了他给予友人足够的理解和包容的品德，发扬的是严以律己宽于待人的作风，但也不忘提要求，刻意把矛盾消灭在萌芽状态，追求让大事化小小事化了的友好目标。胡适在信最后的呼吁是那样直白而又感人。

郁达夫收到胡适的来信后，作为一个既聪慧而又有胆识的文人，自然受到了感动，于是做出了积极的反应。郁达夫在收信后，第二天便以空前的速度给胡适回复了一封有模有样的信，同样掷地有声、令人铭记。

适之先生：

五月十五日的来函接读了。我也想来看你，不过因为刚从浙江回来，还有种种事情没有干了，所以不能来奉访，是很抱歉的。

我在《创造》二卷一期152页上所说的话，你既辩明说你"并无恶意"，那我这话当然是指有恶意的人说的，与你终无关系。

《晨报》的记者说我回答你的那篇文字，是"作者的人格的堕落"，我简直不懂他说的是什么话。若要说人格，《晨报》记者的那种卑鄙的行为，才可说是堕落的极点呢！

我们讨论翻译，能主持公道，不用意气，不放暗箭，是我们素所主张的事情，你这句话是我们最所敬服的。

至于"节外生枝"，你我恐怕都不免有此毛病，我们既都是初出学堂门的学生，自然大家更要努力，自然大家更要多读一点英文。

说到攻击考据学的话，我们对你本来没有什么恶感，岂有因你而来攻击考据学之理？

沫若的莪默 Omar Khayyam 的译诗，原是失于检点，他在答闻一多的评论里已经认错了，这是他的虚己的态度，我们不得不表敬意的。

我的骂人作"粪蛆"，亦是我一时的意气，说话说得太过火了。你若肯用诚意来规劝我，我尽可能对世人谢罪的。

我们对你本来没有恶感，你若能诚恳地规劝我们，我们对你只有敬意，万无恶感发生的道理。

你若能在南方多住几天，我们很希望和你有面谈的机会。

郁达夫 敬复（民国十二年）五月十七日

雨过天晴，迎来艳阳。胡适在日记中为我们留下了他俩可喜的履痕！

1923年5月25日，即郁达夫敬复胡适一信后的第八天，胡适"出门，访郭沫若、郁达夫、成仿吾，结束了一场小小的笔墨官司"。两天后即27日，"下午，郭沫若、郁达夫、成仿吾来"胡寓进行集体回访，旨在巩固彼此间的友谊。事实上，随后彼此间确有间断性的学术聚会和宴请。是年10月，胡适在日记中记道："沫若来谈。前夜我作的诗，有两句，我觉得不好，志摩也觉得不好，今天沫若也觉得不好。此可见我们三个人对于诗的主张虽不同，然自有同处。沫若邀吃晚饭，有田汉、成仿吾、何公敢（1889—1977）、志摩、楼□□，共七人。沫若劝酒甚殷勤，我因为他们和我和解之后，这是第一次杯酒相见，故勉强破戒，喝酒不少，几乎醉了。是夜沫若、志摩、田汉都醉了，我说起我从前要评《女神》，曾取《女神》，读了五日。沫若大喜，竟抱住我，和我接吻。"可见胡适十分珍视已寻回的与郁达夫、郭沫若和成仿吾的友谊！

1927年5月14日，胡适经日本神户回国，月底前到达上海，住在沧洲饭店。此时郁达夫与胡适再次同在上海一个屋檐下，郁达夫的日记里便常出现胡适的身影。是月23日，郁达夫"在新新酒楼吃晚饭，遇见胡适之、王文伯、周鲠生（1889—1971）诸人"。此次系邂逅，未能交谈。27

日，郁达夫"午后去访适之，告诉他将往杭州去养病"，次日便乘火车去
了杭州。6月，胡适租住于极司菲尔路49号甲楼。是月28日，郁达夫"午
后有暇，当去访适之及他们的新月书店。新月书店，开在法界，是适之、
志摩等所创设。他们有钱（按：胡适入股一百元）并且有人，大约总能够
在出版界上占一个势力。午后三点多钟到他那里，他不在家，留了一个名
刺给他和惠（慰）慈。"30日，郁达夫再"出去看适之，和他谈了些关于浙
江教育的事情，大约大学院成立的时期总还很远，因为没有经费。"7月16
日，"晚上在南洋西菜馆吃晚饭，遇见适之，和他约定合请佐藤春夫吃饭。
他说除礼拜一、二外，每日都有空的"。18日，"约定二十日晚上，再招
待佐藤来吃晚饭，当请志摩、适之、（欧阳）予倩等来做陪客。"20日，晚
"八点钟到功德林去，适之、（陈）通伯、予倩、志摩等已先在那里了。喝
酒听歌，谈天说地，又闹到半夜"。21日，郁达夫忙到晚上"七点钟才上
新新公司去吃晚饭，是《现代评论》社请客，座上遇了适之，蘅青、（郭）
复初等许多人。"

　　此后，郁达夫离开了上海，他与胡适便失去了面晤的福地了。1930年
3月15日，郁达夫因患结核性痔漏，他素知胡适得过此病，情急之下，便
"发适之氏信，去问专医痔漏的医生住址"。其实这是祈求远水但救不了近
火之举。虽在病中，郁达夫还是关注着胡适发表的作品。4月13日，胡适
发表了一篇名曰《我们走那条路？》的长文，郁达夫在一个月后看到了这
篇大作，他在5月13日的日记中说："最近胡适之氏的一篇文章《我们的
出路》（按：郁氏记忆有误），大约是根于这一篇Essay的。"

　　1934年8月，郁达夫做故都北平之游。18日，他欣喜地见到了沈从
文、孙席珍、杨金甫等旧友。但他始终没有忘记一个在他人生旅程中非常
重要的人——胡适。他说："明日天晴，当去看适之。"可是从他18日后的
日记并没发现有关他俩相见的记载；在胡适当时的日记中也无蛛丝马迹。
因此可以说这是一次或是最后一次心想事未成的拜访。十分可惜！

　　从严格意义讲，1927年7月21日，他俩出席《现代评论》晚宴后便各
奔前程、各显辉煌，再也未见过面和通过信了。

乡情为大——胡适夸奖青年演员王莹

胡适是一位重才华重乡情的大学者，尤其提携、欣赏既有才华又年轻的安徽籍后辈。这当中，有一位在戏剧电影界崭露头角的安徽籍演员。此幸运儿便是他的皖南同乡芜湖人、左翼女演员王莹。

王莹的文艺生命史

王莹（1913—1974），原名喻志华。出生于安徽芜湖。自幼受母亲和叔父影响，酷爱音乐和戏剧。十一岁被后母卖为童养媳。一年后逃婚至长沙，依舅母王氏，改名王克勤，考入湘雅医学院护士学校。1928年到上海，改名王莹，任小学教师，参加共产党外围组织。1929年，加入上海艺术剧社，曾在《炭坑夫》中献艺，从而开启左翼演员新生活。1930年，王莹加入中国共产主义青年团、中国共产党。尝肄业于上海中国公学，复旦大学中文系。1931年起，参加中国左翼戏剧家联盟和明星影片公司，成为演员；随即献上其处女作——《女性的呐喊》等，获"文艺女星"称号。1934年，赴日本留学，攻读戏剧电影并参与演出。次年，因拒演"中日亲善"影片而回国。适时国民党掀起反共逆潮，王莹被捕，后获释放。1936年，在京、沪主演赛金花，名气大振，卖座历久不衰。抗日战争兴起，她公演抗日题材话剧，旋入内地，作为女主角，演出著名话剧《放下你的鞭子》，更是哄动华夏。1939年初，王莹升为新中国剧团副团长兼主要演员，曾率团赴中国广州、香港及南洋各地演出。特别值得一提的是，1940

年3月，王莹在新加坡华侨中学大礼堂再次主演《放下你的鞭子》，大受好评！徐悲鸿此时正在侨领黄曼士家中做客，闻讯，喜悦已极，特意为之绘出《放下你的鞭子》油画，为之评功摆好，并与之合影留念。

王莹（左二）与郁达夫（右二）等在新加坡

当时担任新加坡《星洲日报》副刊主编的著名左翼作家郁达夫也著文，为之欢呼；郁夫人王映霞特地登门看望，她连夸王莹是"那样的才智与丰神，永远都是那么一个热情、勇敢、真挚的自由神"。1940年3月，王映霞在与郁达夫做了12年的夫妻后终于分手。1942年4月，王映霞与钟贤道在重庆结婚，王莹得知佳讯，赶往参加婚礼，为表祝贺，她送上一个装满电灯的大"喜"字，王映霞非常高兴，连忙把这个彩灯挂在婚姻大礼堂的正中墙壁上。未料此次欢聚，却是二人的永别之时。

1941年12月，日本挑起太平洋战争后，王莹辗转去了重庆。次年，与男友谢和赓由重庆经印度飞往美国，代表中国出席"世界青年学生代表大会"；会后至美国各地演讲、介绍中国抗战情形，呼吁美国人民支持中国抗战；同时求学深造，先入贝满学院，再进耶鲁大学文学系，专攻戏剧，再入邓肯舞蹈学校学习舞蹈；课余则致力于翻译和写作，撰有70万字的半自传体小说《石榴花开的时候》（后改名《宝姑》）。在美国女作家赛珍珠帮助下，王莹组成中国剧团，任团长，即在美国各大城市、大学、工厂演出抗日题材的戏剧，特别是用英语演出感人至深的《放下你的鞭子》，最获好评。

拜访胡适，在白宫演出大受胡适的赞美

1942年7月中旬，王莹与谢和赓到达纽约。是时，胡适仍在中国驻美大使任上，8月13日，蒋介石发出免去胡适大使职务的电报，宣布将由魏道明继任驻美国大使。9月8日，胡适交卸大使职务。18日，迁居纽约，继续从事学术研究工作。

王莹与谢和赓此次赴美，是作为政府选派的留学生出国的。但是二人身份特殊。于是二人决定利用谢和赓曾是白崇禧将军的机要秘书，行前拜晤了白崇禧，并请他开具了致外交部长宋子文、中国驻美国大使馆顾问胡适、中国驻美国大使魏道明和著名学者林语堂的四封私人密封介绍信。

王莹与谢和赓到美国后，按外交惯例，先到总领事馆报到，他俩受到了于俊吉总领事的欢迎。之后，他俩持白崇禧的介绍信，首先拜访了胡适，这是王莹生平第一次见到这位如雷贯耳的大学者；而胡适对王莹则未必会有像王莹那样的激情。但是当他听到王莹介绍自己之后，知道她既是自己的皖南同乡，还又曾经是上海中国公学的学生，这两层关系，对于素来重乡情讲旧情的胡适来说，足使他兴奋不已。于是胡适对王莹二人既很客气，也很亲切！胡适尤其关心王莹的就读问题，主动提出要不要经济上的帮助。王莹礼貌地谢绝了。

在这之后，王莹去拜访了林语堂，又专访了美国著名女作家赛珍珠。这位女作家把王莹的身世和经历记录稿打印了几十份，分送给胡适、林语堂、冀朝鼎夫妇和拉铁摩尔夫妇等人，这让胡适等人对王莹有了深度与广度的了解，特别是其戏剧生涯的成就。

1943年春，在美国东西方文化协会安排下，应美国政府的邀请，王莹到总统府所在地白宫演出街头剧《放下你的鞭子》，并演唱中国抗战歌曲

《卢沟桥》《游击队之歌》《到敌人后方去》和《义勇军进行曲》等。演出主持人是赛珍珠，最难能可贵的是观众中有尊贵的贵宾：美国总统罗斯福伉俪及其子女、副总统华莱士夫妇以及政府高官、外国驻美国使节等，其阵容不可不谓齐全，其规格不容不谓高。

说到演出节目中的重头戏——《放下你的鞭子》，这是由著名剧作家陈鲤亭在1931年创作的一部独幕剧。这个剧是在街头广场公演的，所以它的场景非常简易：一个老父强迫自己的女儿在街头卖唱谋生，因为是被迫，女儿不乐意，于是老父便扬起了鞭子，女儿见状哭了，这时一位青年工人从观众中走上前来，大喊："住手！放下你的鞭子！"老父的脸上瞬间流下了羞愧的泪水，于是老父声嘶力竭地解释道，他们是在东北沦陷后逃到关内来的难民，没有别的办法谋生，才出此下策。青年工人听罢转向人群，喊道："穷朋友，咱们'不打不相识'。现在既然在这儿碰头了，咱们就得一伙儿去向压迫我们、剥削我们的人算账去——这才有我们的活路。"此时，观众因为受到感动，便纷纷加入到演员们的行列中来，并且一起高呼："打倒日本帝国主义！打倒汉奸！"

在这个独幕剧中，王莹出演女主角，她的精湛演技赢得了美国贵宾的热烈支持与点赞！除了这个独幕剧外，王莹还演唱了一系列抗日题材的歌曲，同样也获得了经久不息的掌声！演毕，罗斯福总统夫人特意走上舞台与王莹合影，并对王莹亲切地说道："总统因下肢瘫痪，不能上台与你合影留念，由我做代表了。"王莹紧握住总统夫人的手，表示衷心的谢意！接着，总统夫人引领政府众位贵宾将王莹等送往白宫门外。

白宫的演出，轰动了美国。美国报刊都在显著位置刊登了王莹演出的长篇报道和演唱剧照，以及与罗斯福总统夫人的合影照片。这一场轰动的演出，很自然地引动起胡适的激情，他专门打电话向王莹表示祝贺！盛赞白宫的成功演出"为国争光"，是"中国青年、中国戏剧界的光荣"！后来，王莹将她与罗斯福总统夫人的合影等照片寄给了胡适。胡适异常兴奋，他不由忆昔思今从内心夸奖道："好啊！王莹小姐！过去梅兰芳博士在美国的声望比任何中国戏剧界的演员（地位）都高，但他却没有被邀请到白宫演出。现在，你的成绩与梅兰芳可称伯仲，而声望也各有千秋，但对时局的影响，我看梅博士是不如你的哟！"

1944年，王莹在耶鲁大学继续深造。平时，她与谢和赓凡遇哥伦比亚大学有胡适、顾维钧等学者和外交官演讲时，总要想办法去听讲，并做详细笔记。有一次，他俩还应林语堂之邀出席他的家宴。令胡适与王莹都兴奋的是：他们意外地重逢了！胡适又满怀希望颇有信心地说道："我真高兴有你这样的好学生、好同乡啊！咱们安徽人，历史上就名人辈出，像管仲、范增、张良、华佗、曾氏三父子、包拯、朱元璋、石涛、方苞、戴名世、吴敬梓、戴震、姚鼐等，都是咱们安徽人。王莹，你为咱家乡，也增了大光啦！"

1945年，王莹在赛珍珠的帮助下，再度登台演出，她曾将其编的《原配》，演得十分到位。胡适在纽约仍然称赞"王莹小姐是一个有天赋而优秀的青年演员，一个勤学有文才的文学工作者。她是我的学生、我的同乡，我感到自豪"！虽然王莹并不是也未能真正成为胡适的学生，然而王莹对胡适也总是以师礼相待，并且对胡适给自己的多场合多次性的赞美，也是铭刻于心的，尽管胡适到死兴许也不知道王莹的政治身份。就算知晓王莹是一位资深的共产党员，我以为此事也不会成为他们之间的障碍，因为胡适对李大钊、陈独秀的宽容、礼待和敬重，不就是历史的最好见证吗？

余音绕梁　风骨永存

王莹与胡适的精彩交往，只限于美国一隅，为时也很短暂。胡适卸大使官职后，潜心于学术研究，硕果累累！王莹致力于学业外，则醉心于戏剧演出和文学创作及翻译工作，成就斐然！此后她与胡适有无交往，则不见于文献记载。

胡适的后续生涯，人所共知，兹不赘述。但是王莹的命运哩，首先，她与谢和赓在美国喜结良缘。她一直为华人报刊写稿为生。1954年冬，王莹夫妇被控违反移民法，王莹不幸从白宫贵宾一下被打入地狱，二人同时被捕，后被判出境。至此，夫妇俩便结束了居美十三年的生活，离美返回祖国，她受到了热烈欢迎，董必武副主席为之设宴洗尘。后来，王莹以被逐出境为题材，写成27万字的长篇小说《两种美国人》，让读者了解这就是美国。

1956年起，王莹在北京电影制片厂当编剧。可是"反右派运动"兴起，王莹被错划为"右派分子"，其后，夫妇二人被押往"北大荒"劳改。1960年秋，第三次全国文学艺术界代表大会在北京召开，周恩来总理未发现王莹，经问方知已落难，急令调回与会。1966年6月，王莹夫妇在"文革"中入狱。1974年3月3日，终因病在狱中含冤去世，卒年62岁。1979年7月6日，获得平反昭雪。之后，《中国电影家列传》《中国艺术家辞典》等均有王莹小传。

特别值得一提的是"李润新同志，在教学之余，搜集了较丰富的资料，经过六年的努力，撰写了《洁白的明星——王莹》一书，较生动地记述了王莹的一生"（阳翰笙语）。该书最终以《王莹》二字为书名（可惜不如作者的原名为好），于1987年由中国青年出版社出版。笔者拜读了李润新先生的杰作，很高兴地为作者说几句好话。作者是在对王莹丈夫谢和赓进行了采访，从而获得大量的第一手素材；同时又从王莹的小姑谢振群，以及再从夏衍、阳翰笙、赵清阁等名人口中喜得王莹夫妇多角度多方面的资料，特别是关于胡适与王莹暨与王莹夫妇之间的亲切交往的生动、细化的描绘，竟是那么诱人而又感人啊！作者填补了胡适生平历史中的一个精彩的空白。

胡适与《学衡》守旧派的唇枪舌剑

　　作为"五四"新文化运动的倡导者的胡适与陈独秀，他们利用《新青年》杂志这个阵地，大声疾呼要推行白话文，实行西式标点符号，并抨击以儒家思想为代表的中国传统文化，势如劲风，在社会上产生了深远的影响。然而这些进步的主张并未得到所有人的拥护和认同，还冒出一个维持甚久的对立面，它就是应运而出的《学衡》杂志及其衍生的《学衡》杂志守旧派。这个小山头拥有驰名的三干将——至死对立的是《学衡》创始人吴宓，最早向胡适发难的是梅光迪，火力很猛的是胡先骕等人。但是胡适对这三位中国著名学者抱有不同的认知、对策与期待，对梅光迪是小打大拉、嬉戏相处，属喜欢型的；对胡先骕是打打拉拉、不放在心上，属争取型的。对固执的主角吴宓的剑指，有来必往，且回以外加嘲讽的口诛笔伐，并奉陪到底，是属放弃型的对象。这三位守旧派与他们的《学衡》杂志的兴亡，不仅给胡适的人生留下了难忘的记忆，再者对胡适力推新文学运动的发展也不失有益。

吴宓创办《学衡》杂志　新旧文化擦出火花

　　吴宓（1894—1978），字雨僧，笔名余生。陕西泾县人。早年就读于清华大学。1917年，赴美国留学，后获哈佛大学文学硕士学位，旋再赴英国牛津大学深造。1921年回国，先在国立东南大学任西洋文学教授，后在国立东北大学任英文教授。1925年，改任清华大学国学研究室主任；清华大学外国文学系教授。1936年，到北京大学任英文系讲师。可以说，他与胡适曾是一度的同事。但他对胡适始终抱着势不两立的态度，为什么会这样？这就得从1922年1月，吴宓先在北京创办、9月迁南京并任主编的一本与新文化运动对着干的《学衡》杂志谈起。《学衡》创办伊始，矛头剑指胡适，举起复古旧文化的旗帜，欲置新文化运动于死地。不甘受辱的胡适、鲁迅、茅盾等奋起反驳，吴宓则在与胡适的口诛笔伐战中因恼羞成怒而一度升格到谩骂、诋毁的地步。即便到1933年7月，《学衡》杂志寿终正寝，吴宓依然对胡适的怒气难消。当然，这对胡适算不了什么。不过，胡适对吴宓的强硬态度却延续到他后来的台湾时代，他对吴宓的厌恶情绪犹有余波。这是很遗憾的事！当然胡适对失和也要负一部分责任。

对吴宓来说，这场较量是一幕难于谢幕的悲剧！

在《学衡》创刊前，1921年春，吴宓在上海《留美学生季报》上发表了一篇《论新文学运动》，惊呼新文化运动使"一国之人，皆醉心于大同之幻梦，不更为保国保种之计"，势必造成"国粹丧失""国将不国"之颓废。他责备"今新文化运动之流，乃专取外国吐弃之余屑"（1922年《学衡》第四期转载此文），此论当即遭到茅盾、郑振铎等人的反驳。吴宓首战即受挫。他不知当他从海外迟迟归来，中国新文学运动浪潮已经形成主流；而作为新文学运动主将之一的胡适的权威地位也已是不可动摇的事实了。吴宓还要逆历史潮流而动，大力提倡保留国粹，竭力捍卫道德至上者的威严，那是注定要退出历史舞台的了。

1922年1月《学衡》诞生了，主编吴宓在"弁言"中说该刊的主旨是"一，诵述中西先哲之精言以翼学。二，解析世界名著之共性以邮思。三，籀绎之作必趋雅音以崇文。四，平心而言不事谩骂以培俗"。同时在"简章"中，进一步阐明该刊发行的宗旨："论讲学术，阐求真理，昌明国粹，融化新知，以中正之眼光，行批评之职事，无偏无党，不激不随。"

"弁言"和"简章"，可谓冠冕堂皇！但是吴宓是按"弁言"和"简章"行事的吗？事实证明：非也。吴宓指望这一本薄薄的《学衡》杂志就能扭转了乾坤？！当然那是妄想。

吴宓在日记中诋毁新文学是什么"乱国之文学"，甚至咒骂为"土匪文学"，云云。彼又用文言文大贬"今之盛倡白话文学者，其流毒甚大，其实不值通人一笑，明眼一见，即切其谬鄙，无待喋喋辞辞，而中国举世风靡。哀哉！吾民之无学也"。曾放言"只要有吴宓在，文言文就不会废除"。

1920年5月1日，吴宓满怀忌愤地写道："目今，沧海横流，豺狼当道。胡适、陈独秀之流，盘踞京都，势焰熏天。专以推锄异己为能事。宓将来至京，未知能否容身？"用词极为不当，攻击胡适真可谓不遗余力。

纵览吴宓的一生，他与胡适的交往面晤极少，书信可见只有吴宓致胡适一封而已。

1929年2月某日的一次宴会上，胡适巧与吴宓同席。吴宓酸酸地说："胡适居首座，议论风生，足见其素讲应酬交际之术。"两人初次见面，倒也挺客气。胡适的一生，有一个可谓穷己力、海内外购书的良好习惯。也许是胡适考虑到《学衡》杂志，因为涉及自己和新文学运动，是一份具有可存可用之档案，此时此地巧遇这份杂志的主编，机会实在难得，便向吴宓购买一整套《学衡》杂志，计吴宓寄往上海的住处。除外，胡适还当面邀请吴宓参加即将由自己主持的翻译英国名著一百种丛书。不能否认这是胡适释放给吴宓的一个公私两利的积极信号。怎奈吴宓因为成见太深，故在以后的请宴上如知有胡适参加，便以"多有不便"而关上了与胡适重逢之门。

吴宓对于胡适之托，是认真兑现的。这就是吴宓复致胡适的唯一的一封信的由来。吴宓的信既有公事公办的内容，也有美好的感人的回忆。更值得一提的是，吴宓对胡适的谈话和自己的处事，使用敬词"聆教""惠款"，并空一格。对"敝友"和自己称"弟"，字体略小于正文等。

适之先生：

在平　聆教，甚畅。驾想已抵沪。《学衡》整部六十册，已分五包由邮挂号寄上。抬按照社中发售章程，六十册连邮寄费总价大洋拾贰圆整。如蒙　惠款，不必汇下，请派仆人就近送交上海敝友黄华律师收。缘弟欠黄君小款，正可以此抵补，彼此均省事也。附名片一，请照此片送去。前在东兴楼席上，谈辜鸿铭君轶事，彼用于挽张勋联语"荷尽已无擎雨盖，菊残犹有傲霜枝"，此二句乃苏轼诗，彼借用之确甚妙也。

专上即颂

文安

弟　吴宓（私章）泐

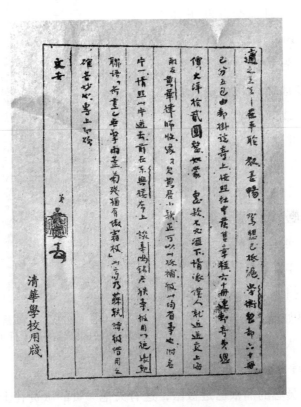

1929 年 2 月，吴宓答应卖《学衡》杂志给胡适，图为复函

吴宓寄出此信时，胡适正担任上海公学校长。1 月 19 日胡适由上海只身去北京，此时适逢梁启超先生仙逝。胡适在北京住了 36 天——在任叔永家住了三星期，在丁文江家住了两星期。2 月 25 日，胡适回沪，旋去中国公学岗位，并了结购买《学衡》杂志事。

胡适与吴宓虽有过这一段值得回顾的正常健康的接触，但未能从根本上取得突破性的进展，双方在思想上依然秋风一片。往后，吴宓不仅与胡适再打笔战，而是耿耿于怀，甚至进行人身攻击。吴宓放不下思想包袱，不能回归于平淡。既不愿"服软"，唯有自我折腾，只好与胡适保持距离到底，终因恨而远之，最后乐得自求多福了。

至于胡适，胸有大度、勇于释怀；既能提得起，也会放得下，但不绝对，有时也会耿耿于怀，伺机释怨。1933年12月30日——即《学衡》杂志刚刚退出历史舞台才五个多月时，胡适失去常态地在日记中破口大骂吴宓，说什么："今天听说《大公报》已把《文学副刊》停办了，此是吴宓主持，办了三百一十二期。此是《学衡》一班人的余孽。其实不成个东西，甚至于登载吴宓自己的烂诗，叫人作恶心！"胡适骂人，实在是斯文扫地，即便是旧体诗，也不至于要如此。1954年，在台湾胡适对在大陆的吴宓还给予嘲讽。这种态度，很是不应该。

吴宓和学生萧公权的《赋答公权二首》，词文与墨迹堪称上品

胡适对吴宓的痛恨已近极限，这有失他一贯的敬贤礼士的风度，而吴宓到凄凉谢世也不原谅胡适，双方合成死结。处于上风的胡适，按理应负一部分责任。胡适焉知吴宓在大陆，不仅其诗集已再版问世，且有其爱徒为之缮写回忆录，更有追随者为之铸造全身塑像，意在永远活在他们的心中。

望梅光迪化茧成蝶　岂料反成《学衡》干将

梅光迪（1890—1945），字迪生，又字觐庄。安徽宣城人。十二岁应童子试。十八岁，肄业于安徽省高等学堂。1911年，考取清华官费，赴美国威斯康辛大学学习，1913年，转往芝加哥西北大学文理学院，继入哈佛大学研究院深造。1920年归国，任天津南开大学英语系主任。1921年，抵南京，任东南大学西洋文学系主任。1922年，参与创办《学衡》杂志。1924年回美国，任哈佛大学中国文学系主任。1927年，再回国，出任南京中央大学文学院代理院长。旋再度赴美国，以汉学副教授身份在哈佛大学讲学。1936年，再次回国，在浙江大学任文理学院副院长，兼外国文学系主任。抗日战争时期，随浙江大学迁往贵州省遵义市，1939年，任浙江大学文学院院长。1938年至1945年，任第一届、第二届、第三届国民参政会参政员。1945年春，赴重庆养病，年底在贵阳病逝，终年55岁。著有《梅光迪文录》等。

胡适在美国读书期间，由于地处美国反腐倡变之社会，学的是西洋的实验主义哲学，推崇的是西方文化价值观。对比之下，他回顾中国的旧传统文化，深感难于适应，必须反省，以致萌生对中国传统文化进行改革的思念。于是他大声疾呼，反对旧文化基本内容中的旧文学，提倡开展新文学运动，旨在创造中国文学转型新的篇章。

当然举凡一个新兴的革命风生水起时，因为剑指旧势力，必然会招致旧势力的反扑与回击，这是社会发展的规律。1916年，胡适还在美国读书时，曾与同学任鸿隽、梅光迪、杨铨、唐钺等在绮色佳（今伊萨卡）度假泛舟，共同讨论中国文学问题，胡适首将文言文贬成是“死文学”，他说他大力提倡白话文，将其称为“活文学”，这番观点当场遭到梅光迪的反对。未料二人越辩越烈，梅氏终于辩成一位顽固的守旧人，而胡适则变成一位越辩越起劲的激进者，双方几陷于失和的边缘。

临别前，信心十足的胡适，特作一首诗——《送梅觐庄往哈佛大学》，企图"挽救"这位同乡加同学。诗写道："凡此群策岂不伟？有人所志不在此。即如我友宣城梅，自言'但愿作文士'。……梅君少年好文史，近更撂拾及欧美。新来为文颇谐诡，能令公怒令公喜。又能虚心不自是，一稿十易犹未已。梅生梅生毋自鄙，神州文学久枯馁，百年未有健者起。新潮之来不可止，文学革命其时矣。吾辈势不容坐视，且复号召二三子。革命军前杖马口，鞭笞驱除一车鬼，再拜迎入新世纪。以此报国未云菲，缩地戡天差可拟。梅生梅生毋自鄙，作歌今送梅生行。"

1916年1月29日，胡适、任鸿隽、叔永、梅光迪四友兴致勃勃地合了一张影，叔永题了一首诗，胡适未忘梅光迪，特作诗以和之，写道："种花喜种梅，初不以其傲，欲其蕴积久，晚发绝众妙。"

胡适、任鸿隽、叔永、梅光迪合影

这是一张珍贵的尘封照。叔永在照片的题记中夸奖胡适在四人中"淹博"。

2月3日，胡适接到梅光迪来信，论起"文之文字"与"诗之文字"截然为两途的问题。胡适立即回函，说："今日文学大病，在于徒有形式而无精神，徒有文而无质，徒有铿锵之韵貌似之辞而已。今欲救之，宜从一，言之有物；二，讲文法；三，用'文之文字'。"7月13日，胡适

"过绮色佳时，觐庄亦在，遂谈及'造新文学'事，觐庄大攻我'活文学'之说。细析其议论，乃全无真知灼见，似仍是前此少年使气之梅觐庄耳"。17日，胡适收到梅光迪来信，怒责胡适"所自矜为'文学革命'真谛者，不外乎用'活字'以入文，于叔永诗中稍古之字，皆所不取，以为非'二十世纪之活字'。此种论调，固足下所恃为哓哓以提倡'新文学'者，迪亦闻之素矣"，云云。胡适不仅不同意梅光迪的非难，还认为有误解。22日，胡适还以颜色，奉上一份有5节106句的《答梅觐庄——白话诗》的厚礼，可见胡适乐与这位同乡同学共度戏笑的人生。24日，胡适便很快地收到梅氏的来信，胡适惊呼"前作答觐庄之白话诗，竟闯下了一场大祸，开下了一场战争"。梅氏在信中说："读大作如儿时听'莲花落'，真所谓革尽古今中外诗人之命者！足下诚豪健哉！"除外，便是旧话重提，喋喋不休耶。时隔多日，不知疲劳的梅光迪，于10月23日，再给胡适"长书来挑战"。胡适已厌烦了，他"以病（之）故，未即答之。觐庄闻吾病，曰：'莫不气病了？'叔永以告，余因以此戏之"。胡适遂作诗求和。

> 居然梅觐庄，要气死胡适。
> 譬如小宝玉，想打碎顽石。
> 未免不自量，惹祸不可测。
> 不如早罢休，迟了悔不及。

觐庄得此诗，答曰："读之甚喜。谢谢"。吾读之大笑不可仰。盖吾本欲用"鸡蛋壳"，后乃改用"小宝玉"。若用"鸡蛋壳"，觐庄定不喜，亦必不吾谢矣。

胡适本以为梅光迪挑战活文学之事画上句号了，未料1917年4月11日，梅光迪"与擘黄来游纽约，吾（胡适）与觐庄日日辩论文学改良问题。觐庄别后似仍不曾有何进益，其固执守旧之态仍不稍改"。胡适长叹一声："夫朋友讨论，本期收观摩之益也，若固执而不肯细察他人之观点，则又何必辩也？"6月1日，胡适获哲学博士学位，从而结束其七年的留学生活。"将归国，叔永作诗赠别，有'君归何人劝我诗'之句。因念吾数年来之文学的兴趣多出于吾友之助。若无叔永、杏佛，定无《去国集》。若无叔永、觐庄，定无《尝试集》。"最后饱含激情作诗感谢，并向叔永、杨杏佛和梅光迪告别。

梅光迪比胡适晚三年——1920年才归国。梅光迪抵南京后，即在东南大学任教，恰巧与吴宓成了同事，志趣相投，梅光迪便成了《学衡》杂志的主编之一。

实际上，《学衡》杂志问世后，胡适就一直注意着它的动向。他发现新闻媒体出现了正负两种报道，上海《中华时报》上有赞成的论调，而《时事新报》则是谩骂声一片。胡适气得说了一声："多无价值。"但他看到《学衡》第一期上竟注销了"老梅"的《评提倡新文化者》，含沙射影地攻击胡适、陈独秀是"诡辩家""模仿家""功名之士"和"政客"等，这使胡适大吃一惊！但是接踵而来的是，梅光迪又抛出了一张他自认为的"王牌"。

《中华时报》一页　　　　　　　　《时事新报》一页

1922年2月4日，胡适当即作诗反击，他在日记上写道：

二月四日有《题学衡》诗：

老梅说："《学衡》出来了，老胡怕不怕？"

老胡没有看见什么《学衡》，

只看见一本《学骂》！

胡适一语道破，妙哉！

就在胡适奉赠梅光迪一首打油诗后的四个月——6月4日，胡适突然收到了梅光迪的一封信。他以为这是一件"怪事"。请看这是一封什么样的信。

适之吾兄足下：

《努力周报》（第五期）所刊政治主张及其他言论，多合弟意。兄谈政治不趋极端，不涉妄想，大可有功社会；较之谈白话文与实验主义，胜万万矣。久不通讯，故特致数语，以见"老梅"宽大公允，毫无成见，毫无偏私也。专此，即颂

撰安

弟　光迪启

一九二二年五月三十一日

胡适为什么对这封信有"怪"的感觉？他在收到此信的十二天后说出了答案，"梅先生是向来不赞成我谈思想文学的，现在却极赞成我谈政治"，他感到愉悦而欣慰！

梅光迪主动给胡适写此信，那是有感而发的，是因为拜读了胡适《政论家与政党》的大作之后，主观意识上是想鼓动胡兄弃文从政，当然这要动摇根本，胡适是不会接受的。

"老梅"主动来信，从另一视角说，这是一封充满兄弟情谊的休战书，字里行间流露出兄弟间即将回归和谐。

胡先骕与胡适的笔墨硬战

胡先骕（1894—1968），字步曾，号忏盦。江西新建人。1905年考入京师大学堂预科。1912年，赴美留学，入加利福尼亚大学，学农学和植物学。1916年，毕业，获植物学学士。回国后，任江西省庐山森林局副局长。1918年，任东南大学农科植物系主任兼教授。后再赴美，入哈佛大学就植物分类学深造，1925年，获科学博士学位。回国后，曾任东南大学、北京大学、北京师范大学教授。1928年至1940年，历任各地农学与植物学学会长等领导职务。1948年，当选为中央研究院院士。中华人民共和国成立后，为中国科学院植物研究所研究员。著有《植物分类学简编》《中国树木新种小志》等。

胡先骕教授是一位地道的植物学专家。怎的又会与胡适推动的新文化运动挂上钩，并且还是一位火力很猛的射手。这也许也是一种非常的缘分。论原因，应当归咎于1922年1月出版的一本由吴宓、胡先骕、梅光迪主编，以胡适为靶心，专攻新文学、鼓吹旧文学的刊物——《学衡》杂志，而《学衡》杂志却成为一些守旧复古卫士们发表文章的乐园。

胡先骕一马当先，在1922年1月《学衡》第一、第二期上发表《评〈尝试集〉》一文，对新文学史上第一部白话诗集进行贬斥，认为《尝试集》"无论以古今中外何种之眼光观之，其形式精神，皆无可取……以其为今日一般所谓新诗体者所取法故"，又云"文学之死活，以其自身之价值而定，而不以其所用之文字之今古为死活"为标准，从而武断"胡君之《尝试集》死文学也，必死必朽也"。接着又扩大化，诅咒"胡君辈之诗之鲁莽灭裂趋于极端，正其必死之征耳"。胡适看罢，反唇相讥地说："这句话实在未免过誉了。至于'必死必朽'的一层，倒也不在我的心上"。是年3月10日，胡适在"《尝试集》四版自序"中自豪地给胡先骕教授等重重一击。胡适坦诚欣慰地回答学衡派：《尝试集》是民国九年三月出版的。……我自己对于社会，只要求他们许我尝试的自由。社会对于我，也很大度地承认我的诗是一种开风气的尝试。这点大度的承认遂使我的《尝试集》，在两年之中销售到一万部。这是我很感谢的。"

胡适还预见到"《学衡》的议论，大概是反对文学革命的尾声了。我可以大胆地说，文学革命已过了讨论的时期，反对党已破产了。从此以后，完全是新文学的创造时期"。

有署名"仲密"（按：即周作人）君者，在4月24日的北平《晨报》副刊上发表了《思想界的倾向》一文，指出："梅（光迪）、胡（先骕）诸君的《学衡》也是如此。知道胡、梅的人，都知道他们仍然是七八年前的胡、梅。他们代表的倾向，并不是现在与将来的倾向，其实只是七八年前的倾向。不幸《学衡》在冰桶里搁置了好几年，迟至1922年才出来。我们不能叫梅、胡不办《学衡》，也不能禁止章太炎先生的讲学。我们固然希望新种子的传播，却也不必希望胡椒变甜、甘草变苦。即使还有震天的大响，一点回波果然能变成大浪，那也不必使我们忧虑。文学革命的健儿们努力！前进！文学革命若禁不起一个或十个百个章太炎的讲学，那还成个革命军吗？"

胡适一向敬重胡先骕，因为他知道胡先骕是自然科学领域内的专家，而自己则是社会科学领域内的人，互相之间本无交流。胡先骕对自己的新文学运动及自己的白话文著作有非议，胡适必须做出的，但对其人则不放在心上，也就是不存成见，胡先骕对此心知肚明，权把对胡适著作的意见当成不同学术观点的切磋来看待。双方心平气和，因此才有他俩着中式礼服的合影流传至今。

1923年6月，胡先骕又在《学衡》上发表《评"胡适五十年来中国之文学"》，是年11月即遭到年轻学者杨鸿烈的批驳。他说："近阅《学衡》杂志，不胜为义化运动前途惧，如梅光迪之偏狭、嫉恶，固不足论。若胡先骕先生之评文字，亦应有详密、公正之讨究。俾白话诗得无本身动摇之患。"

1924年7月，胡先骕又在《学衡》上刊出《文学之标准》，妄指胡适等"文体解放者""食古不化，惟新是从……"等等，均被批得体无完肤。

这些事情，胡适皆知，他不认同其观点，但不上升到个人。因为他敬重胡先骕与自己乃隔行的著名学者，故对异议，不仅不放在心上，而且在适当场合还委以重任。胡先骕对此情分，也是心知肚明的。

1930年12月间，以胡适为主任委员的中华教育文化基金董事会的下属编译委员会成立。胡适并不避嫌，聘请胡先骕先生与赵元任、陈寅恪、傅斯年、闻一多等名流同任编译委员，并委以重任。

1933年7月，《学衡》在出版到第79期即最后一期后，便停刊了。是年12月27日，胡适在中华教育文化基金会上，提议做一个全国科学状况的调查，所以邀请了全国一些生物学家来座谈，胡先骕教授、林可胜教授等均名列其中，旨在用人之长焉。

1935年，也即是《学衡》杂志结束后的第二年，胡先骕在为胡适办了一件事后，回复了胡适一封信（这是一封新发现的短信，诸君所编之书信集，均未收录过）。

适之先生惠鉴：

林语堂君大作已读毕，其文字极佳，惜所见不少浅陋之处，而批评每每过火。然较之一般西人著作，自远胜也。原书今卖价奉还，余不一一。

即颂

刻安

弟 骕顿启（1935）七日

按：信中所说林语堂之大作，乃 *My Country My People*（《吾国吾民》）也。1935年，纽约出版。

是年，胡先骕教授还将自己新出版的 *Lcones Filicum Sinicarum* 寄给胡适。作者在扉页上写道：适之吾兄惠存，弟胡先骕敬赠。

1936年，胡先骕又将自己新出版的 *The Bird Of Hopei Province* 奉赠胡适，作者作题记：适之吾兄惠存，弟胡先骕敬赠。

　　1937年，这年已是抗日烽火遍燃中华大地之际，胡先骕照旧将自己的新著作 *Lcones Filicum Sinicarum Fascicle* 寄往北京大学，作者仍作题记：适之吾兄惠存，弟胡先骕敬赠。

　　抗日战争胜利后，1946年，多产学者胡先骕又将自己的著作《政治之改造》（中国兴业出版公司1946年出版）赠送给胡适。他在新书的扉页上，亲笔恭正地题写：适之吾兄指正，胡先骕敬赠。

　　比赠书更隆重、更耀眼的，1948年3月27日，胡先骕教授（生物组）与胡适博士（人文组）同时被选为中央研究院第一届院士，同时授聘任评议员。

君子之交——陈纪滢与胡适

　　陈纪滢（1908—1997）是一位从大陆撤往台湾的中国著名的记者和散文作家，著作等身。他是河北省安国县人。1922年，就读于保定中学。1926年，随父至哈尔滨，先后入北平民国大学和哈尔滨法政大学夜间部。毕业后入吉黑邮政局，后继任邮政储汇局北平分局副经理。继后是郑州、沈阳、桂林分局经理，这是他在大陆时期的正式的、长时期的职业。至于文学创作，则是他业余的终生事业。

　　陈纪滢，为人平和，广交文友。1928年，他与孔罗荪、关吉罡、赵惜梦、于浣非、王语今、张铁弦、塞克等组织"蓓蕾文艺社"，积极进行散文创作。同时，他被聘加入当地的《国际协报》，任记者并主持《蓓蕾》文艺周刊。1931年起，他自诩是一位"客卿"记者，在《大公报》工作十五年，先后担任记者、编辑和特派员。1933年，赴东北，秘密采访伪满洲国新闻。抗日战争兴起，陈纪滢从武汉到陪都重庆，他与各派文化精英——巴金、田汉、老舍、胡风、胡绳、楼适夷、徐悲鸿、谢冰心、郁达夫、孔罗荪、关吉罡、曾虚白等著名作家、画家、剧作家等交往，加入进步的中华全国文艺界抗敌协会。陈纪滢既是会员还兼任理事，彼此齐心协力，共同运用自己的笔杆子进行抗日的斗争。陈纪滢又与孔罗荪、于浣非合办一份《大光报》，坚持抗日斗争。直至重庆，陈纪滢始终为《大公报》效力，主持"战线"文艺副刊工作，共同对敌。

　　陈纪滢终成新闻界达人和一名散文作家。

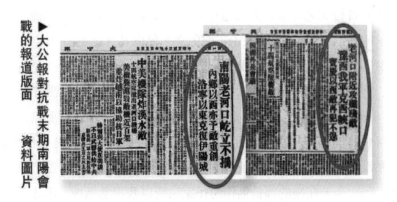

《大公报》对抗战末期南阳会战的报道

　　至于陈纪滢与胡适在大陆期间的关系，经查阅他俩的有关日记、书信等资料，未见彼此有过什么交往。不过，身为一名异常活跃的新闻记者，陈纪滢安能对鼎鼎大名的胡适博士有不知之理。《大公报》有两个深得胡适支持并发表文稿的栏目——"星期论文"和"文史周刊"，这就是一扇近在咫尺的窗。1945年，陈纪滢与胡适、傅斯年等皆是被选的国民参政会第四届参政员，彼此便已熟识。1948年，陈纪滢当选为立法委员。1949年，大陆全境解放，陈纪滢去了台湾。1950年5月，陈纪滢与张道藩等在台北成立了"中国文艺协会"。至此，他与胡适便有了面晤的机会。退休前，陈纪滢还一度担任过"中央日报"社的董事长；同时继续担任立法委员，竟达28年之久；又是国民党中央评议委员。陈纪滢够得上是一位国民党官方及新闻界的公众人物。不过，难能可贵的是他坚持文学创作，硕果累累。在台湾，他称得上是一位著名作家。

　　陈纪滢虽非胡适的圈中友，但他仍尊胡适为国学权威。对自己则卑称"后学"，赠书则请"赐正"；而禀性惜才的胡适对于这一位文学界新闻界崭露头角的人物，也称呼为"先生"。毋庸置疑，他俩维系着一种君子之交的情谊。

　　陈纪滢与张道藩成立的"中国文艺协会"得到胡适的支持。1952年12月8日，胡适应陈纪滢等之邀，出席并在该会做《提倡白话文的起因》的演讲，他在开场白中对"各位文艺协会会员，我很感谢有这样的一个机会在此地同各位文艺作家，尤其是青年文艺作家们相见"，他自谦"我不是学文学的人"，于是他便就三十年前的文艺界以及自己提倡白话文的起因，做了深入浅出的生动演说，受到了热烈的欢迎。随后，该会又举行了有陈纪滢、何容、王蓝、赵友培、李辰冬参加的座谈会。陈纪滢首先提出问题："胡先生当年提倡文学革命，提出了八项要点。这八项要点，今天有没有可修正和补充的？"胡适答"我很惭愧，我算是新文艺创作的逃兵，我从来没有参加过创作，除了从前尝试了一点白话诗以外，没有敢挑起创作的工作，今天在座的都是创作的作家，所以我很觉惭愧。刚才陈先生问到民国五年至六年间，我们最初为文学改革所提出的八项，现在隔了很多时候，连八项细目都记不清了，不过我记得那时很胆小很和平的建议，当时我只说文学改良，还没有敢说文学革命，所提出的八项是对当时文艺状况而言的，其中有几项，恐怕现在可以不用说了。八项中最重要的是'用白话'，有了这一项，另一项的'不用典'，便不成问题，能用地道的白话，便用不着用'典'。还有一项'无病呻吟'，这在旧文艺新文艺，恐怕都是不容易做具体的批评。后来我在第二次发表文章时，便把八项归纳成一项或二项了，即'历史的文学见解'。简单地说，就是一个时代有一个时代的文学，这一点是可以存在的。后来又归纳成十个字：'国语的文学，文学的国语'。消极方面，我们要提倡白话，因为现在是新的时代，是活的时代，在新时代活时代中用死文字不能产生活的文学。我们举例证明，我们所提倡的在原则上是不错的，就是在历史上有许多人用白话作诗填词，尤其是小说，因为历史上给我们许多好的例子，使我们的说法，觉得还有道理。积极方面，就是十个字：'国语的文学，文学的国语'——这就是必须以白话做文学。所谓国语，不是以教育部，也不是以国音筹备会所规定的做标准，而是要文学作家放胆用国语做文学，有了国语的文学，自然有文学的国语。后来的文艺都是朝这个方向走的"。胡适这番独白，似嫌冗长，还夹杂几分费解，不知作家们能领会几何？！当然这是一位大学问家的即席措词，况且又是旧瓶装了新酒，故而仍不失掷地而有声啊！

平心而论，此时的胡适，已是多病且年过甲子之老人，然而慕名求其演讲者比比皆是，胡适不得不赶场，疲于奔命之累，令胡适不寒而栗，但这位老学者实在是尽力了。

1958年4月10日，胡适由美国回台湾，就任中央研究院院长。陈纪滢一方面为之高兴，同时，他向香港的《自由人》杂志投了一篇《寄望于胡适之先生者》的长文（刊于1958年4月19—23日），胡适是能看到这份《自由人》杂志的，不过他对这份杂志没有什么好印象。至于胡适是否已看到陈纪滢的这篇文章，纵览各种资料均未见提及。今蒙台北胡适纪念馆提供此文，故在本文文尾刊出，以飨读者。

1958年5月4日下午3时，胡适应中国文艺协会之邀，再次出席了文艺协会第八届年会。胡适在会上做了《中国文艺复兴运动》的演讲，同前一样，深受欢迎。该会出版的《中国文艺协会会务通讯》，收录了胡适的演讲全文。

1958年11月，陈纪滢由台北"中华文化出版事业委员会"出版了一本人物传记——《施耐庵》，他给胡适寄了一册。陈纪滢在书的扉页上，亲笔写上"适之先生赐正"。

1958年11月7日，陈纪滢赠《施耐庵》给胡适。图为在扉页上的题字

12月28日，胡适在日记中说，是日"陈纪滢来访"，谈什么未见记

载。常言道无事不登三宝殿，待到下一年——1959年1月5日，陈纪滢给胡适写了一封信，邀请他出席该协会主办的座谈会，并担任主讲。接信后，胡适很为难，不过随即在7日便复了信。

纪滢先生：

中国文艺协会的公文和你本月5日的来信，都已收到。亚盟、文协、青协合作举办的"自由日"文化界座谈会，要我在一月二十日下午担任主讲。我因早已答应朋友的邀约，到各地去旅行，一月二十日还没有回台北，故不能担任座谈会主讲的事。千万请原谅。并请代向中国文艺协会致谢。匆复　敬请

大安

胡适敬上　一九五九年一月七日

按：此信是胡适与陈纪滢来往信函中仅见的一件，原件现藏北京中国社会科学院近代史研究所档案室。

陈纪滢接信后的失望心情是可想而知的，但他对胡适依旧春风无限。1959年5月1日、1961年3月5日，陈纪滢两次去医院探望病中的胡适，只因探者众多，陈纪滢便在签名簿上留下姓名，以表祝福！事后胡适翻阅签名簿，他对包括陈纪滢在内的所有签名者，表示感激！

1959年12月27日，陈纪滢又给胡适寄上力作《荻村传》，他在扉页上写着："适之先生存正，后学陈纪滢拜赠（一九五九年十二月二十七日）"。

1960年，陈纪滢又由台北"中央日报"社出版了他的新作——《欧游剪影》。他把书寄给胡适时，在扉页上亲笔题写着"适之先生存正，后学陈纪滢敬赠"。

这时，文艺协会正在评奖，陈纪滢是竞选者之一。胡适、梁实秋、苏雪林都是知情人。1960年11月18日，梁实秋在致胡适的信中，提及"我今天在苏雪林先生为陈纪滢先生所作推荐书上也没有签名"。23日，胡

适在致姚从吾的信中，又说道："我也知道文艺协会有推荐纪滢的书的运动"。在这个推荐运动中，局外人名作家苏雪林是支持者，但未闻胡适抱有什么态度。由于陈纪滢创造了台湾的小说之最，作品高达60余部，其中小说《荻村传》，是一部有影响力的作品，并有英文、法文和日文版。另一部最长的小说《华夏八年》，曾获国民党政府教育部文艺奖。陈纪滢从1959年起到1975年，曾远赴美洲的美国，欧洲的德国、瑞士、瑞典、西班牙、英国、爱尔兰、荷兰、意大利、比利时，亚洲的日本、菲律宾、韩国、越南、新加坡、泰国、以色列等国家和地区等，其中四次旅欧、五次访美，归后著《研究美国文化丛书》《欧游剪影》《西德小驻》《了解琉球》和《寂寞的旅程》等佳作，读之令人爱不释手。

1962年2月24日，胡适在中国台北猝然仙逝。3月间，陈纪滢正在胡适曾任过馆长的美国普林斯顿大学葛思德东方图书馆进行初步考察，但闻噩耗，心甚悲恸！彼时彼刻，陈纪滢置身馆内，他不由缅怀起胡适大师为建设这个图书馆所做出的卓越贡献。于是他在馆内由其助手童世纲临时搭建的一个小祭堂和小规模展览，向胡适行礼。他看到了胡适的文稿、著作和许多在图书馆内活动的照片，他不由感叹"令我看了，如见其人"。1975年7月，陈纪滢在台北《传记文学》上发表一篇长文——《胡适、童世纲与葛思德东方图书馆》，他深服"胡先生是国学权威，知道的当然很多，而且他发现有极贵重的版本与书籍""胡先生认为这不是一个普通的中国书籍图书馆，为了保存及发扬中国文化，一定要使它具有特性，让它在众多图书馆中放异彩，既成为研究中国医学、药学仅有的特殊地方，也成为传播中国一般文化的大众场所"。陈纪滢在想到葛思德东方图书馆的收藏究竟有什么价值？他说胡适曾经是这么说的："我不愿意讨论'一个收藏家的图书馆'对于研究学问的实际价值，但举实际例证说明，只有在这种图书馆里，藉善本书与可靠的档案和书籍，有时可能解决一部分研究中所遇见的困难问题。……对于葛思德收藏一再被人认为'实际超过一个收藏家的图书馆'的说法，既无需辩护，也无需有什么歉意。"

陈纪滢称赞胡适在这座图书馆里，如何运用智慧、采取细心加耐心的态度，在充分利用中破解难关从而有所斩获。他说："胡先生曾写过一篇五万字的序文，考证一部伟大的小说《醒世姻缘传》的作者的出处。但是他寻过了多少地方，找不到它的初版本短篇小说集。《聊斋志异》在蒲松龄去世五十年后（1766年）才能出版。因此，这个初版本能在葛思德收藏中发现，完全出乎胡氏的意外。"陈纪滢又举一例，他说："一九四三年，当胡氏进行一件著名的历史案件的重要工作，这案件牵涉到十八世纪三个伟人。这一工作使胡氏花费了近五年时间（1943—1948）才完成。其中一个争论之点，需要检查赵一清（1709—1764）的一本著作的手抄本。这需要从四库全书内寻找。那时候，胡氏正在美国，当他知道能够从普林斯顿葛思德图书馆借到赵氏的全部著作时，胡氏大感愉快与惊奇。胡氏曾被允许长时间使用这套二十册的著作，并做详细的比较。因而，所争辩的一项问题，获得圆满解决。"

陈纪滢又说："胡氏要找出乾隆皇帝赞美《水经注》著者戴震（1724—1777）所写一首诗的日期。但是在全美找不到乾隆完整的诗集——除去葛思德图书馆。胡氏向前期该馆负责人请求代查，后来查到了：是一七七五年三月二十七日或二十八日。这个日期，竟致出乎胡氏的大胆假设，因为他料到它约在一七七五年或一七七四年的晚期。胡氏断定乾隆的诗并不是称赞戴震的，而是另一个人。（因为）戴震于一七七三年九月，还没有到达北京，他不可能于一七七四年三月以前，把一部约有345000字的巨著整编完竣，并且还加注解。若干年后，胡氏服务于葛思德东方图书馆，胡氏把乾隆诗集找出，重新查看这首诗与短序，使他大为惊讶！胡氏对义理寿曾表示由衷的敬意，他有这样见识收藏一位皇帝的全集，这位皇帝在他长寿（1711—1799）与久掌朝政（1736—1796）时代，曾写过42000多首诗。"

陈纪滢先生这番忆文，溢于言表地反映了他对"国学权威"胡适严谨的治学态度和"不苟且"的文风及其深厚的考证功力的钦佩。

还有一件相关联的趣事，陈纪滢又给后人留下一段佳话。那是在胡适驾鹤西去的第三年——1965年，出于对前辈大作的钟爱和对胡适的缅怀，陈纪滢曾将胡适1954年的英文作品《普林斯顿大学盖斯特东方收藏》一文译成中文，1965年11月，由台北重光文艺出版社出版单行本。陈纪滢为该书作序："我在翻译胡先生这篇文章时，曾受到许多撞击。他对于中国印刷历史的熟习与出版物的了解，已提供我们相当丰富的知识。然而胡先生并不是图书馆专家，由于他的好学不倦与广泛的求知兴趣，使他对图书馆的了解是如此之深。他对图书馆的知识，可能超过一般专家。我把他的英文原著译成中文，又单独印成这本小册子，不仅是向胡氏丰富的知识致敬，更愿藉此促请全国知识界，群起具备这项知识，以有助于台湾省文化的发展"。

勇于求索——小亡友龚羡章与胡适

胡适毕生有许多年轻的朋友，著名的有章洛声、章希吕、章衣萍、罗尔纲、胡传楷、王重民、王崇武、陈之藩等；还有一些介乎师友之间，著名的有傅斯年、顾颉刚等；还有一些名不见经传、见过面或不曾谋面的青少年文友，诸如小亡友龚羡章女士等。

"小说迷"求教"大明星" 全为旧小说展新颜

龚羡章曾从上海给在北京的胡适写过8封信，它们是：民国十四年（1925年）第一封，3月22日，一函7页；第二封，3月23日，一函4页；第三封，4月3日，一函15页；第四封，4月28日，一函7页；第五封，4月29日，一函2页；第六封，5月14日，一函4页；第七封，5月25日，一函5页；第八封，6月12日，一函5页，共计49页。以上原函，现仍存于北京中国社会科学院近代史研究所档案馆。

胡适在收到陌生人龚羡章前两封来信后，应邀复过龚羡章两封信并赠著作两册。龚羡章去世后，信函行踪有三：其一，藏于其未婚夫处；其二，藏于其姑母或表姊处；再有，流失。

龚羡章的信是用毛笔竖写在八行纸上的，笔锋挥洒自如，楷草相间，字体飘逸；注意段落分行，运用不同的标点符号。特后者在那个时代显得难能可贵。龚女士的身世经历不详，只知道她是江西省赣南人，随未婚夫来到上海。从她给胡适的信来看，她是一位聆受家教、饱尝庭训、酷爱民间文学的饱学才女；按她自己的说法，是一位"小说迷"。胡适是她崇拜的偶像，按她自己说的，是她心中的"大明星"。

龚羡章在短暂的一生中，不厌其烦地给胡适写信，还不客气且焦急地催促胡适快快复信。她所写之信，主旋律是就《三侠五义》《七侠五义》和《老残游记》等民间小说问题，要与胡适商榷，旨在进行交流，但也热望胡适改正。她向胡适提出建议，包括与胡适无直接关系的人和单位，虽屡苛求，甚至颇有咄咄逼人之锋芒。胡适一向爱护青年，对龚羡章虽是素昧生平，但对这位小才女的不凡气度、超群胆识抱有好奇，且颇为赞赏，全无冒犯之感。胡适除了应她的请求复过两封信外，也想有机会见见这位小才女。1925年11月，胡适有事到上海后，写了一封信给龚羡章。未料应约的来客竟是龚羡章的未婚夫，至此，胡适方知龚羡章女士已于7月8日病故。胡适不由为小才女的英年早逝而暗伤不已！

胡适在上海期间，11月7日，他为亚东图书馆即将出版《老残游记》作序时，在序文的"尾声"一节，用一种沉重而又惋惜的心情，向世人通告了他与这位已远离不归的小亡友短暂的学术交往史。

今年我作《三侠五义》序的时候，前半篇已付排了，后半篇还未脱稿。上海有一位女士，从她的未婚夫那边看见前半篇的排样，写信来和我讨论《三侠五义》的标点。她提出许多关于标点及考证的问题；她的热诚和细心，都使我十分敬仰。她的未婚夫——一位有志气的少年——投身在印刷局里做校对，所以她有机会先读"亚东"标点本的各种小说的校样。她给我做了许多校勘表。我们通了好几次的信。6月以后，她忽然没有信来了。我这回到了上海，就写信给她，问她什么时候我可以去看她和她的未婚夫？过了几天，她的未婚夫来看我，我才知道她已于7月8日病死了。这个消息使我好几天不愉快。我现在写这篇《老残游记》序，心里常常想到这篇序作成时，那一位最热诚的读者早已不在人间了！所以我很诚敬地把这篇序贡献给这位不曾见过的死友——贡献给龚羡章女士！

频发信函表心声　追向胡适索续篇

　　龚羡章在1925年的4、5、6三个月之内，先后给胡适寄达八封信。因地址不详，她担心胡适收不到信，聪明的龚羡章用了一般人想不到的办法——用欠资给胡适寄信，她还天真地说，事后再给胡适赔偿——此法虽属无奈，但却有效。因为邮局必须从收信人手中收回欠资，如此来信便平安地送到了北京大学胡适的案前了。

　　胡适已习惯等待龚羡章第九封、第十封信的自然到来。可是第九封信再也没有出现过，他纳闷了！由于龚羡章在她的八封信中，展示给胡适的是一团情绪化、夹杂几分嬉戏的味道，既表达了敬意又满载着期待，甚至还有点要与胡适平起平坐的苗头，这让胡适好奇、惊讶、兴奋、不解。

　　第一封信全文如下。

　　胡适之先生：

　　我虽然没见过你，但是我很崇拜你的。今天我写这封信给你，是有一个小小的事和你讨论讨论。费了你宝贵的光阴，我先和你道歉！

　　你平常很喜欢考据，国内的人们也因为你的考据和批评来得真有价值、有趣味，从此得了不少的教训。我咧！要欢迎你的各种新式标点的小说"引论""序""考证"。这回"亚东"排的《三侠五义》，还没出版——现在印刷——我侥幸由我的一个关系人手里，看见了五校付印的样子，和你的"序"——或者是"引论"。因为不能使我有长时间观览，所以没记得。——我深以为无上的荣幸，因为我在许多盼望的人们中，做了个第一者啊！

　　只是这书——《三侠五义》——校对或许还有些错误。例如那"第八十回"（真的不记得了）有"竞竞业业"四个字，或者怕是"兢兢业业"罢？这种地方很多，大约还有两三处——记不清了。你可以函嘱"亚东局"校正么？——又如你的"引论"或"序"里写的"陈琳"，但是书里却都写的"陈林"，这也是一个好不解的地方。还有一个最大的——我心里说是最大的——问题，就是你从前所作的小说"引论""序""考证"等，都是把本□——各种本书——的精髓和读者的心思、意见直抉出来，就是书的起源和变迁，也说一个有据有证，怎么这回你只说了一部分和那俞曲园"向异者同"的话咧？岂不要使许多盼望的人们失望么？

我把我的心里揣度到那些人们的心里，敢大胆代表（他们）向你诚诚敬敬地要求。恳求你把个《三侠五义》的作者给勾注销来。书的变迁也挟了出来。那么，我更代表许多人们恭恭敬敬地给你道了谢（因为我是先读者，所以敢说代表）。便是那著者九泉之下，也要起一阵阴风来向你拜两□啦。

《三侠五义》也有不少的好的地方，例如"智化资珠冠""艾佛告状""计口降君山"等大段都也不错。"张老叟得女"的一段，描写更慰帖。不知道你以为如何？可恨我没你的学问，更没有你那些可供考证的书，心里有，口里说不出。真是苦咧！《三侠五义》的著者如果不受[包]《龙图公案》的束缚，做胆创造，不一定硬嵌入那些奇案；似乎著出来，还要高明点。所以我说后半部比前半部好得多，不知你以为然呢？胡先生！请你不要把那精神用在那决无成绩，一定□乱，的对□善后会议上，糟蹋了你的名誉、精神。你还是赐点眼福给许多的人们啊！（我有五种《七侠五义》，都是坊间本子。那"君山"等段，是完全不同。可是真没有"亚东"的好，所以求你给它一个批评。）

听说"亚东"还要排《儿女英雄传》，我希望你促它快点，盼得我实在眼穿了！还有许多中国没有版子的小说，听得我丈夫说，你存得不少（更有他人不知名字的）。我听了真是"喜而不寐"咧！我要我丈夫要求你，□爱拿来翻印。他说："不认得你，不好要求得。"我又失望了，现在一发的求求你罢。《金瓶梅》这部书，我没见过。我丈夫说："曾见过一部日本版的，同时还见有中国没版的《禅宗外史》和木版的《绿野仙踪》，都是极妙极好的小说。"你有么？请你翻印吧！什么禁不禁，是专制的余毒，大概不在你心上的。我也不细说了。

我拉拉杂杂说了一大篇，原是随我心里写的，没有□段，请你不要笑我。说了半天，你还不知道我是谁啦？我把我的通讯处和姓名写在下边罢：上海蒲柏路161洪宅交龚羡章女士。这是我姑母家里。龚羡章是我的名字。我是赣南人，后同我丈夫到上海的。

适之先生：祝你无恙；望你回信！

龚羡章　一四·三·二二

我对不起：这封信因为没有确实地址，邮局不肯挂号。我想欠资，一定得到。你的损失，候回信到，有了地址，我赔偿你。《三侠五义》快出书了，所以我急啊！

龚羡章焦急地等待胡适的回信，可是当她发现自己的焦急实属多余时，她带着歉意，连忙在次日给胡适"大明星"发出了第二封欠资信。

胡适之先生：

我错了，我太性急了，我前回寄给你的欠资信，所说的话，很对不起你，我给你道歉。我深悔我的孟浪，请你恕我年轻，并原谅我欢迎热烈过甚，才发生的这种孟浪的主动。我刚才看见你的《三侠五义》序后一段，"三，《三侠五义》和《七侠五义》"直欢喜得我跳将起来。胡先生！您真是中国文学界里的一个大明星，"小说迷"的唯一救主。我感谢你的盛赐，我并代表许多的"小说迷"谢你的盛赐。只是在这个欣慰中，我又有一种缺望，就是我从看见《三侠五义》以后，我便希望有一种较好的续集，如著者——石玉昆——在他的著作——《三侠五义》——尾上所说的一般的书发现，和《水浒续集》一样，可以安慰许多的读者（《小五义》和《续小五义》，是梅启照的儿子穿时捏的，我和他有些亲戚关系，我所以知道，那是绝无价值，胡说乱道的。——梅启照做过河督——）。想您是现在的藏书家，必定有那石玉昆原作品的续集。不料读了您的《三侠五义》序的全篇，使我失望！听说梁启超有，不知的确么？我希望你搜求搜求，必定可以达到大家——多数读者——的盼望的目的。我常听得我的关系人说，他是江西第一家藏书家，可惜都抄家抄掉了。——他不许我把他的姓名告您，我只好遵守。——《西洋记》是中国唯一的神话小说，虽不及《西游记》含理深，却远出《封神》□倍以上。这让他在文学上也发表过，他是见过的。现在这部完全本子，简直没有了。您屡次谈到它，您一定是有的。您何不要'亚东'翻印啦？你的秘本古小说很多，求你牺牲那守财奴守钱式的保存精神，全个儿给它一个迅速的流传。天下人都要感激您，许多死了的著者也要感激您啊！'亚东'的书出得太慢了，使人等得急死了（听说它没有印刷所）。我以为不如同时将几部书，分做几个排字的公司去排（听说它的特约印刷所有好几处），不是同时可以出若干部书——单指翻印的旧小说——么？譬如我去年得了它的《三侠五义》《儿女英雄传》《老残游记》三种出版的预告，我便盼望起，费尽九牛二虎之力，才先见了一部——《三侠五义》——那两部还是没有见着，实在使人嫌它太不使劲，将一年了，还没弄好么？胡先生！您劝劝它，一定灵的。《三侠五义》今天还没出版（今日是三月二十二日），够多么慢啊？真正难等呀！您的《三侠五义》序（原稿第五十九页）有一面黏在后面的，腾了几行，似乎是评'阴错阳差'一段的描写技术的。您为什么弃了不用啦！俞平伯的标点和汪原放比较，似乎好一点。您说怎样？（恕不举例）因为有失脱''的地方啊！我这封信又是欠资，是求它必到的意思。您把公馆地名告我，免得以后再受损失罢。

龚羡章　沪蒲柏路美畎里一六一　洪宅　一四、三、二三

通信有益　展示彼此的人生精彩片断

胡适与全世界各方名人和平凡之辈保持着频繁的通信，虽然这是一件件的小事，然而日积月累，这些小事却成为他事业一个重要组成部分。

是年4月3日，龚羡章给胡适寄出八封信中最长的一封信，洋洋洒洒15页，其中既有激动的感谢词，又有回敬胡适"急要知道"的疑问答卷，

还坦诚地向胡适亮出了自己的身世、婚姻与家事秘辛。

她在信的开头激动地说："胡适之先生：两封信（笔者按：从北京东城区钟鼓寺14号住宅发出）都收到了，我诚恳地谢你第一封信里给我的知识，第二封信里给我的好消息（搜求《续三侠五义》）。"接着回答了关于梅启照父子的问题，但在信中又谦虚地说："可恨我是个女子，交际狭窄，不能帮助你，只好仰仗现在国内唯一的考据家——不是古文派的——胡先生了。"又说，"我抛弃文言，学白话，是得了你的指导啦！我在这里谢谢你。你著的书我有好几种，天天在读着，但是你在各杂志或报章发表的文章，你在《文存》以外的选刊齐了么？我深感读不全。"

她的"不许公开姓名的"丈夫，在亚东图书馆工作，不过是位"笔墨劳工"，她在信中始终用"他"来称呼。她希望"他"能左右该馆负责人汪原放（1897—1980），早点将《经史子集》出版，"他"以自己人微言轻，婉拒之，龚羡章于是转求胡适。由于心急，她要胡适不要像"孙中山一样没成功便死了，岂不令全国读者'抱恨终天'么？"话说出去了，她深感不妥，于是在函中向胡适"求饶"："胡先生你是个'新人'，我小孩儿口没遮拦，你不要怪我说不吉利的话。"

龚羡章掉转话头，忽向胡适谈起了"私事，求指教、望慈悲"。她说："我的父亲是个维新党。我母亲是个20世纪的道德人（不大识字）。我有一个哥哥不肯读书，我父亲不喜欢他，只将书教我，可怜在我孩童时，我父亲因为不得志郁死，留遗嘱教我读书。我族人顽固，不许我进学校。我母亲没法，只得送我到我一个姑母跟前读书（这个姑母便是'他'的母亲，我的姑母）。我这姑母是个文学家——她著有《南口真解》《正声词谱》《经集辨》三书。我那姑夫，更是一个'京省驰名'一时的文坛健将，20世纪中国文学界上有数的人物。我到她家读书时，姑夫已死了。虽然她家因戊戌抄过家，可是藏书还有十分之二三。姑母教我读《子书》和《王阳明集》《新民丛报》等书刊。好在姑母是中国第一个实行女权□官的人，所以我没受那《女孝经》的毒害。姑母有三个儿子，第三个便是我的丈夫（笔者按：实为近亲关系的未婚夫）——学陆军，十多岁时和我见了一面，便受他母亲的奖励，去干革命生涯去了。……我真无法子，眼睁睁看着'他'跳火，没这道理，若要挽住，又无能力。胡先生！你是个学者，你能教我一个较稳妥和平的社会运动方法，待我拿来劝'他'，救救'他'！？……'他'平常论人物，总说："实行政治革命的，只有一个孙文；实行文化革命的，只有一个胡适，其余的都是半瓶醋。所以我更希望你会到'他'时，提醒'他'的迷沉，'他'一定信的，因为'他'很佩服你的。"结果如何？不言而喻，可想而知。

龚羡章最后在函中告知胡适："上海的环境浊秽得很，并且满眼亡国色彩，我不想久住，和这些醉生梦死的奶奶、小姐打混，我饮恨去了。……胡先生！对不起。费了你的光阴。我给你祝福。龚羡章（民国）一四、四、三。"

龚羡章离沪去了苏州，虽与表姐相处甚欢，但她的牵挂之心还是留在上海了。4月28日，她的上海代理人替她收到受胡适之托由亚东图书馆寄来的《三侠五义》和《胡适文存》第二集后，她用苏州的"剑胆琴心馆用笺"给胡适写信，说："我感谢你允许我的要求，格外给我的愉快——《三侠五义》，就是没得到你的回信，我心里盼望得很啊！……《儿女英雄传》序，做好了么？我天天想读啊！"接着又问，"《老残游记》（的序）排了么？……胡先生我希望你再给我一个回信，我永远感激你！"

为了能及时收到胡适的宝贵来信，龚羡章急忙返回上海。4月29日，她按捺不住地又给胡适写信，告知"因为失眠，便拿《三侠五义》来排遣"。为了不负重托，她告诉胡适，她已"托表姊在苏州搜求旧本小说，她是老苏州，总可以找着"。

5月24日，龚羡章因久接不到胡适来信，心急如焚，便给胡适"寄了一封长信并《三侠五义》校勘质疑第三表，大概收到了？"她哪知，是月胡适6岁女儿素斐夭折，胡适很伤心！再说公事繁忙，确也难于兼顾。

半个多月后即6月12日，龚羡章仍未收到胡适来信，她慌张了！她在致胡适的信中焦急地写着，她的信"都是寄到钟鼓寺的——不知道你收到了么？因为老没看到你的回信，我总疑心这些信都失掉了，这些信里还附有《三侠五义》校勘表第三、四两张，如失掉了，这就费事了。……信里还要两部书，你觉得我太放肆了，所以没回信么？我要请你原谅！因为我不知亚东出版物的版数中，（故）要求你要（他们）把最近（的版本）收寄我的，并不是我贪便宜呵！"龚小姐想多了！这纯属自我折腾，因为胡适是一位非常大度的君子。龚小姐随转头高兴地说："《老残游记》我得到一种排样，不知是不是'亚东'的？——形式很像——那错处却多了。我没见原稿，并且也不胜枚举。如果是□□案的，等将来出版再校过寄来请教吧。"

龚羡章在八封信中的话锋，几乎都要触及胡适为《三侠五义》所作之序文。按胡适"在是年3月15日即已将《三侠五义》序脱稿。这篇长序分三部分：1.包公的传说。2.李宸妃的故事。3.《三侠五义》与《七侠五义》，《三侠五义》原名《忠烈侠义传》，是从《包龙图案》变出来的。据说是石玉昆作的（不可信）。此书一八七九年始出版，十年后，俞曲园重行改订一次，改书名《三侠五义》为《七侠五义》，盛行于南方。……石玉昆'翻旧出新'，把一篇志怪之书变成了一部写侠义行为的传奇，而近百回的大文章里竟没有一点神话的踪迹，这真可算是完全的'人话化'。这也是很值得表彰的一点了。"（见《胡适文存》三集五卷）

1958年，胡适在美国作口述自传（唐德刚翻译）时，曾总结："中国的传统小说有两种体裁：第一种是由历史逐渐演变出来的小说，例如《三国演义》《西游记》《封神榜》《水浒传》等。第二种是创造的小说，例如《红楼梦》。……中国传统小说，是中国文学史的一部门，它们已畅销好几百年。由于它们用活文字（白话）来替代文言，对近代中国文学革命运动的贡献至大。"又说，"从1920到1936年之间，我就花了很多时间去研究这些传统小说名著，同时我也督促我们的出版商之一的亚东图书馆在这方面多出点力。亚东是一家小出版商，它们简直没有什么资本，最后我说服了他们出版一些有系统的整理出来的本子，包括：一，文中一定要用标点符号；二，正文一定要分节分段；三，正文之前一定要有导言。"关于

"导言"，实际上多称之为"序"。

胡适的努力没有白费，他还不避嫌地举了一个例子。那是民国九年（1920年），胡适的一位留美同学在上海宴请胡适、聂云台、王正廷、尹仕先、张贻志和梅光迪等20余人。梅氏在宴会上指责白话文的"坏处"，尤其不赞成用新式标点。胡适当场表示不同意，他说："自己不同意便算了，不必鼓动旁人也来反对。"为了证明白话文的好处，胡适举出他太太的例子。他说："我太太原来不大会写信，自我给她看了一部新式标点的《三国演义》以后，她居然时常能写千余字的长信给我。"这实在是一个生动的例子。

再说1925年11月7日、12月，胡适先后完成了《老残游记》和《儿女英雄传》的序文，它们都是龚羡章日夜企盼的大作，可惜晚了一步，因为此时龚羡章已辞世四五个月了。

上海著名的"补白大王"郑逸梅（1895—1992）在其《艺林散叶》中说《三侠五义》说部，俞曲园重加修订，改称《七侠五义》。民初，上海亚东图书馆主持人请曲园曾孙俞平伯重新标点印问世。"按龚羡章的说法，俞平伯的标点功力远比"亚东"主持人汪原放深。

不歇的尾声

龚羡章虽然英年早逝，但胡适没有忘记她。1925年12月，龚羡章在6月12日最后一封信中所惦念的由胡适作序的《老残游记》（汪原放句读），终由上海亚东图书馆出版了。胡适特在为该书所作序文的"尾声"部分，郑重且饱含深情地写下了："我很诚敬地把这篇序贡献给这位不曾见过的死友——贡献给龚羡章女士！"我想龚羡章女士在天有灵的话，对此，一定会感到无限欣慰的！

笔者有幸收藏有一册1925年12月，上海亚东图书馆出版的《老残游记》。令笔者高兴的是，它为我提供了一位"小说迷"与一位"大明星"之间充满趣味发人深思的故事。因为当笔者在少年时代——大约12岁渴求知识的重要时刻，邻居年长者家藏的《七侠五义》《隋唐演义》《薛仁贵征东》《杨家将》《水浒传》《三国演义》，以及《老残游记》等章回小说、绣像小说，首先闯入笔者的视域。笔者对这些小说十分着迷，它们成了笔者爱不释手的启蒙读物。从此，笔者便有了要做一个作家的梦想。今日，笔者热爱这册年长笔者四岁，距今已有93年寿命的《老残游记》文物；笔者龚羡章执着追求的精神；同时更禁不住要感谢中国传统小说的赐福！

邹韬奋与胡适及龚钺

人们不禁要问，邹韬奋与胡适怎么会扯上关系？他们彼此并不属一个思想领域，且没有什么交往。人所共知，邹韬奋是20世纪三四十年代著名的新闻出版家。资料显示，邹韬奋与胡适之间既没有出版大事，也未见有直接的供稿关系，但是邹韬奋却对胡适有所恳求。这是什么事，其结果又是怎样的呢？这层关系还是值得分析的。

社会名流对邹韬奋的评价

邹韬奋（1895—1944），原名恩润，也称逊庵，江西余江人，是公认的进步新闻出版家。

他的挚友沈钧儒先生说："韬奋先生不是一个普通的文化人，也不是一个有任何党派关系的人，并且不能把他看作只是一个新闻记者。他一直并永远站在中国人民大众的立场，而对着现实，有知识更求，有阻碍便解决，有黑暗便揭发，只问人民大众的需要和公意，不知自己一身的利害。就因为这样，牺牲一切，挥洒他的热泪，倾注他的精诚，努力创办和支持他的二十年文化事业；就因为这样，决心参加救国行动，努力于民主运动；就因为这样，卒至不恤奔驰颠沛以迄于死。"

他的挚友茅盾先生说"不计利害，不计成败，只知是与否、正与邪，有这样操守的人，固不独韬奋一人，然而像韬奋那样一以天真出之，尚未见有第二人。对于畏首畏尾的朋友，他有时会当面不客气地批评，这是他的天真。办一件事，有时会显得过于操切，这也是他的天真。为了忘记疲劳，会在噱头主义的歌舞影片之前消磨数十分钟而尽情大笑，这同样也是他的天真！这正是他可爱之处。要他在一个恶浊的社会中装聋作哑，会比要了他的生命还难过。他需要自由空气，要痛快地笑，痛快地哭，痛快地做事，痛快地说话。他这样做了，直到躺下，像马革裹尸的战士。"

胡愈之先生说："韬奋不是一个思想家，也不能算是一个不朽的作家。就是文章方面、学术方面，韬奋的成就是有限度的，但是谁都得承认，他的言论的影响是非常广大而普遍的。"

1927年，邹韬奋求助胡适

邹韬奋与胡适并不相识，也无缘面晤，但是在各自的心中对对方都有深刻的印象。至于胡适，邹韬奋感到对自己有影响力。邹韬奋实实在在认同胡适比自己更有社会知名度，其著述又宏富，因此对胡适更怀有敬仰之心。

作为《生活》周刊的主编，对来稿中涉及的胡适著作，邹韬奋未敢擅专。邹韬奋一如既往地严肃对待来稿，为了解决著名人物研究中的疑难问题，曾给当时住在北平的胡适写过三封信（第一封信未见，现只知其中的后两封信），向胡适请教，求助解决。

第二封信用的是上海艺学社的信笺。

适之先生：

上年十二月下旬，由□挂号寄上□译《民治与教育》第一章，被世界丛书社采译。两月之久，未得该社复示，未知收到否？甚以为念。特此奉询，尚乞　示及为感。此请著安

邹恩润上　二月廿八日

按此函系用私人名义发出的公函。邹恩润亲用毛笔直书，并注标点。

"示"字前空一格，以示敬意。文中"□"，是笔者难以辨识的代用号。此时大约是1927年，胡适正在从美国回国途中。

《生活星期刊》封面

第三封信用的是上海时事新报合记有限公司的信笺。

适之先生：

久切心仪，无缘识荆，致以为怅。为着生活周刊的事情，我很想和先生做几分钟的谈话。因知先生事忙，未敢冒昧，倘蒙允许，请告诉我一个时间。《生活》周刊的读者，好几次引起精神物质之争，我们要去找大著。《我们对于西洋近代文明的态度》一文，在《生活》周刊转载一下，以飨读者。未知能蒙允许否。

祝你健康

邹恩润上　十六，十一，十

如蒙回信寄时事新报馆或中华职业教育社均可

按此函亦系邹韬奋用毛笔直书,并注标点。此信的中心思想,首先说明自己对胡适仰慕已久;其次,想就胡适的大著面聆请教;再者,为了解决《生活》周刊和读者对释文疑难的争论。邹韬奋此举是想一举三得。信的措辞,凸显其态度:敬重、坦诚;表达的目的:为刊物、为读者。此时胡适已住在上海,他俩同在一地,未料却是近在咫尺,胜似天涯!笔者翻阅了胡适的日记、书信和谈话录,以及胡颂平编著的《胡适之先生年谱长编初稿》(增补版),既未发现二人相见的记载,也未收集到胡适的回函,邹韬奋的美好愿望看来是落空了。

邹韬奋力荐龚钺出版专著

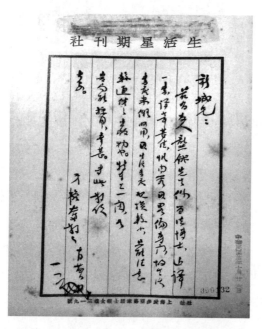

1936 年 10 月 24 日,邹韬奋致舒新城函

龚钺(1902—1997),福建福州人。青年时期肄业于上海圣约翰大学。后考入北京大学,毕业于国学系。听过胡适授课,对胡适创作的诗词情有独钟。1934年去法国留学,获法学博士学位。抗日战争前,曾任中国驻巴

黎副领事、领事和代总领事。在法国期间，出版有法文著作《西耶士的宪法理论》《欧美各国现行宪法析要》等专著，饮誉海外。邹韬奋被放逐巴黎时，与老同学龚钺邂逅于异乡，交谈甚欢。回国后，龚钺有一本中文专著，想请生活书店出版。邹韬奋接到老同学的书稿（书名未说）后，感到自己的"庙小，装不下大菩萨"，于是便奉函中华书局舒新城总编辑，力荐其接受出版。

新城兄：

　　兹有友人龚钺先生系留法博士，近译一书，译笔甚佳，惟内容因略偏专门，故生活书店未拟收用，因生活书店规模较小，只能注意较通俗之出版物也。特奉上一阅，如　贵局能采用，幸甚。专此敬颂
大安

弟　韬奋敬上
十月二十四日　一九三六年

1936年苏雪林向胡适数落邹韬奋

　　苏雪林（1897—1999），祖籍安徽太平县，生于浙江瑞安县。1919年考入北平女子高等师范学校。1921年赴法国留学，先后肄业于中法学院、里昂国立艺术学院。1925年回国，先执教于东吴大学、沪江大学、安徽大学和国立武汉大学，凡18年。1949年去台湾，后任教于师范大学、成功大学；一度在新加坡南洋大学任教。1973年退休。她少时聪慧，13岁习作绝律诗，进而写五七古体。1928年出版第一本著作，嗣后从事散文、小说写作及学术研究。几十年来，拥有文艺类著作40余部，是台湾著名的散文家。

　　苏雪林自叹自己成长在胡适兴起的新文化运动与日益壮大的左派作家势力之间，她最终选择站在胡适一边。她在不倦地熟读《独立评论》后，就铁了心地追随胡适到底。1936年11月18日，她用"受业"的身份，给胡适呈上生平第一封信。在信中除满满地赞誉胡适外，也透露了她曾向《生活》周刊投过稿，并是它非常热心的读者这样一个事实。但是她在这

封长信中却用了一些篇幅，将邹韬奋也划为"左倾"作家而数落了一番。

苏雪林与胡适的第一次见面，是在武汉珞珈山即武汉大学任教期内。1934年，胡适来沪，她"曾专程拜谒过"。别后她未曾给胡适写过信。且看她在这第一封信中是怎么说的："前几年左派文化界所出刊物，多如雨后春笋，谈外交的有《世界知识》，谈内政的有《生活星期刊》，两者均受民众欢迎。前者我尚未注意，后者则差不多期期寓目。《生活星期刊》主编者是先生所认识的邹韬奋。从前他在上海办《生活》反对社会一切不良现象，见识虽不甚高明，倒也算比较纯正的民众读物。'九一八'之后，他或者为了过于愤激政府之无用，或者被左派所麻醉，态度一变，舍社会问题而谈国家问题，致被政府将他所办之刊物封闭。韬奋出洋，友人办《大众生活》，继续韬奋政见，不久夭折。韬奋回国后，在香港办《生活星期刊》。大约为了出洋一趟，呼吸了一点新鲜空气，又同左派朋友隔离，我觉得那个时期里他的头脑比较清醒，所发议论也就不像从前偏宕。譬如他提倡'救亡联合战线'，希望政府与人民站在一条战线上对付当前的最大敌人。近来韬奋因香港航运不便，刊物普及为难，将刊物搬回文化中心的上海出版。这一来就坏了，他被左派所包围，思想又趋反动了。韬奋这位大少爷正如严又陵之所批梁任公者：'于道德徒见一偏而出言甚易，其笔又有魔力足以动人。'他以过去历史关系，拥有群众数十万。左倾之后（他尚自命为超然派，其实被左派包围，已不能自主），又吸收了无数青年，其一举一动，俨然成为一种势力。"

苏雪林发出此信时，胡适尚在美国。12月1日，胡适回到上海，10日，返抵北京，11日晚"检出细读"。看完来信，大为感触！次日12日，胡适急忙提笔复信。现摘录信中涉及邹韬奋及《生活星期刊》有关部分，以飨读者。

雪林女士：

谢谢你十一（月）十八日的长信。关于左派控制新文化一点，我的看法稍与你不同。青年思想左倾，并不足忧虑。青年不左倾，谁当左倾？只要政府能够维持秩序，左倾的思想文学并不足为害。青年作家的努力，也曾产生一些好文字。……我总觉得你和别位忧时朋友都不免过于张大左派文学的势力，例如韬奋，他有什么势力！你说他'有众群数十万'，未免被他们的广告品欺骗了。（《生活》当日极盛时，不过两万份，邵洵美如此说）"胡适又对苏雪林说，"凡论一人，总须持平。爱而知其恶，恶而知其美，方是持平。"

平心而论，胡适对邹韬奋就没有做到一分为二的分析。且不说邹韬奋给胡适写的信，是那样诚信而有礼，胡适错怪人了，对邹韬奋有失公允。由此看来，胡适是夹带着怒气，还有点要兴师问罪的架势，特别是说什么左倾思想文学作品有"害"和读者被邹韬奋的"广告品欺骗了"云云。这显然与事实不符，也是不能成立的。

1936年邹韬奋与胡适的小论战

邹韬奋在他的《患难余生记》第一章里，说他差不多出了学校就踏上编辑之路，最开始是主持《教育与职业》月刊。1926年10月，邹韬奋出任《生活》周刊主编，这份周刊的初衷是宣扬职业指导和职业修养，但由于时代的需要渐渐与社会问题及政治问题挂上了钩，特别是"九一八事变"后，对于民族解放的倡导及不抵抗主义的严厉攻击尤不遗余力，超出了初创时的宗旨。就这样，《生活》周刊风行海内外，每期可销售15万份。不仅在交通比较便利的城市可以随处买到，而且在内地乡村及异国他乡也随处可以见到。可见《生活》周刊蓬勃发展、声誉日隆之势。邹韬奋说："当时有女作家苏雪林女士把这个事实向胡适之先生提及，胡先生不信，说据出版界邵某说，《生活》每期不过2万份而已，认为无足重视。其实事实胜于雄辩，不值得争辩，事实上当时因纸张贴本太重，一部分要靠广告收入补贴，为增强广告户的信任，我们曾将邮局立卷寄递的证件及报贩收据制版印出证明。《生活》周刊共办了8年，当时的政府如与胡适之先生有着同样的意见，它的生命也许还可以长些，不幸《生活》却被他们重视起来，《生活》出到第六年的时候，就被下令禁止邮递了。"

为了挽救《生活》的生命，邹韬奋等随即邀请名流蔡孑民、黄炎培等向国民政府解释，结果是疏而不通，刊物终不免被逼上寿终正寝之绝路。

1932年7月，生活书店在上海诞生，邹韬奋任总经理。生活书店一支强有力的进步文化的生力军。次年，为免受迫害，邹韬奋乃出国到美国采访考察；1935年8月回国后，邹韬奋接手在上海创办《大众生活》周刊，任主编兼发行人。他说该刊是份"代表时代性的刊物，它的内容和当前时代的进步主潮息息相关"。《大众生活》一时风行全国，销售数最高时一期几达20万份，打破了中国期刊界发行量的纪录。而它的正确主张吸引着许多知名的作家来投稿，知名女作家苏雪林便是其中的一分子。

苏雪林明知《生活》周刊是一份左派文学刊物，但她还是投了一篇文章。这篇文章是介绍就胡适翻译美国哈特的小说《朱柯儿》的。因受感动，苏雪林利用《生活》周刊这块平台，鼓励作家们多翻译这一类健全的鼓舞人生向上的文学作品。1930年2月3日，胡适译完美国哈特的小说《扑克坦赶出的人》，他在该文的自序中，就此事说道："我上次译了（美）哈特的小说《朱柯儿》，苏雪林女士在《生活》周刊上曾作文介绍，说我们应该多翻译这一类健全的鼓舞人生向上的文学作品。苏女士这个意思，我完全赞同，所以我这回译这一篇我生平最爱读的小说。"

苏雪林对《生活》周刊拥有20万读者，对邹韬奋及其刊物所产生的强大的生命力，感到欣喜、惊讶、震撼并莫名地恐慌！未料苏雪林这种复杂的感慨，竟感染得胡适也生了大气！事实上《生活》周刊——这份左派作家们创办的进步的刊物，自它诞生之日起，连同它的创办人邹韬奋，就被当局视为眼中钉，最终华丽地退出了历史舞台！

丰子恺心仪胡适

丰子恺（1898—1975）与胡适是同时代的名人，但胡适年长丰子恺七岁。不过由于二人不在一个学术领域内相谋，也即是道不同、法不一、成果各显辉煌。他俩的著述中没有面晤的记载，丰子恺却有一封致胡适的信函，信中对胡适推崇备至！除此之外，丰子恺还在其自述中，提及他为了美术创作，寻找素材，曾详细地阅读过胡适给日本国民的文章和给日本学者的信件，借以宣泄对日本侵略我国的愤恨。弥足珍贵！

丰子恺其人其事

丰子恺，浙江省崇德县石门湾（今嘉兴桐乡县）人。其父曾是清朝举人。10岁入私塾，13岁上小学。17岁入浙江省立第一师范学校，课外师从李叔同先生（即弘一法师）专修绘画和音乐。毕业后赴沪，旋入友人创办的上海艺术专科学校，因略长一技，遂为之助教。1921年春，借钱自赴东京游玩，看歌剧、看画展、游名胜，大长见识；但沿途不荒废时光，旅行中自修英文、日语，皆粗通。争分夺秒，兼学西洋画和小提琴，越一年，钱罄，遂购书（西洋文学书、艺术书）百册而返。此行不虚，满载而归。1922年，25岁，任上海春晖中学教师，教授画和乐。再受同事、原第一师范时期的业师夏丏尊（1886—1946，浙江上虞人）教诲，课余埋头读书，因得略知世界艺术之概况；同时陆续发表漫画作品。27岁，与友人朱光潜等创办上海立达学园，同时任教于上海大学、复旦大学、澄衷中学，教授图画、音乐或艺术理论课。1928年，出版《护生画集》，是年恰逢30岁诞辰，乐皈依弘一法师，遂信佛教，法名婴行。复为上海开明书店编著各艺术书籍。曾与夏丏尊、章锡深、顾钧正主编《中学生杂志》。1931年，丧母，因著作版税渐多，乃辞去一切职务，在乡筑"缘缘堂"，率妻及子女六人，蛰居于宅，写作为生。同时在杭州辟屋，戏称"行宫"，潜心于斯，著书作画，成果累累，名扬华夏。

不幸的1937年来了，日本侵略者向我国发起了"七七事变"，不久，寇侵石门湾，丰子恺不及携带书物，急率家人及亲戚老幼十余人，迤逦西行，开始了艰苦的逃亡生活。1938年3月，丰子恺在武汉，曾割须抗敌。他与友人傅彬然说："我虽没能真正地投笔从戎，但我相信以笔代枪，凭我五寸不烂之笔，努力从事文艺宣传，也可使民众加深对暴寇的痛恨。军民一心，同仇敌忾，抗战必定胜利。"是的，他说得很对。1945年8月，伟大的抗日战争胜利后，丰子恺感慨万千，他不由叹息"全家东归，良可庆幸，唯见'昔年亲友半凋零'"。

中华人民共和国成立后，丰子恺曾任上海画院院长、中国美术家协会上海分会会长、上海市义学艺术界联合会副主席等职，同时荣任第一至五届人民代表大会代表、第三至四届全国政治协商会议委员。作为中国著名的漫画家，丰子恺在十年浩劫中，也无法幸免地受到冲击，可是这位乐天派的老艺术家，善自珍摄，终得无恙！

丰子恺著作等身，除了《护生画集》这部旷世巨著外，他从1925年肇始到1975年驾鹤西去，从未停下他那支神笔，特别是他出版了脍炙人口的《丰子恺漫画集》《缘缘堂随笔》。他还不遗余力地编译了大量的音乐理论著作和歌曲集，其中有《音乐入门》《生活与音乐》《近世十大音乐家》《西洋画派十二讲》《生活与艺术》等，共39种。此外，他还翻译了《初恋》《猎人日记》《夏目漱石选集》和《源氏物语》等。

丰子恺因慕名向胡适征稿

丰子恺对教育界名人胡适是早有所闻的，况且彼此曾一度共处于上海，惜无相识之机遇罢了。但丰子恺对胡适是仰慕的，这份情感已凝结在丰子恺等致胡适的一封亲笔联名征稿信的载体之中了。兹将此信按原格式抄录如下。

适之先生鉴　启者同人因有感于现今中学青年界，无良好课外读物。爰不揣谫陋从事于中学生杂志之编辑，已将创刊号
　　寄呈，想蒙
　　鉴及。
先生为全国教育界柱石，博学长才，海内崇仰，必有伟论，
足为青年矜或者如不可以同人为不可教。致请
予以赞助，
惠赐宏文，以光本志，而惠青年。不胜翘企之至。专布。敬颂
教安
中学生杂志社　丰子恺
　　　夏丏尊
　　　章锡琛
　　　顾钧正
谨启
十，十一月二十八日

附件《中学生》创刊辞。

《中学生》杂志封面

中等教育为高等教育的预备，同时又为初等教育的延长，本身原已够复杂的了。自学制改革以后，中学含义更广，于是遂愈增加复杂性。合数十万年龄悬殊趋向各异的男女青年于含混的"中学生"一名词之下，而除学校本身以外，未闻有人从旁关心于其近况与前途，一任其彷徨于分叉的歧路、饥渴于寥廓的荒野，这不可谓非国内的一件怪事和憾事了。

我们是有感于此而奋起的。愿借本志对全国数十万的中学生诸君，有所贡献。本志的使命是：替中学生诸君补校课的不足，供给多方的趣味与知识，指导前途，解答疑问，且做便利的发表机关。啼声初试，头角何如？今当诞生之辰，敢望大家乐于养护，给以祝福！

（创刊辞是夏丏尊于1930年1月作）

名征稿信的其余三人——夏丏尊、章锡琛和顾钧正，均是20世纪二三十年代教育界、出版界的名人。夏丏尊（1886—1946）是著名文学家、语文学家和翻译家，章锡琛（1889—1969）是资深编辑、出版家，开明书店创办人。

丰子恺等致胡适的征稿信，注意格式、看重尊称，对胡适有关称谓及请求诸项——"先生""寄呈""鉴及""惠赐"等，均抬头写；而对四位"同人"编辑则低写半格，既示贵微，亦表诚意。尤其是高抬胡适为"全国教育界柱石，博学长才，海内崇仰"，足见用心良苦！另外，这封征稿信，它之所以如此讲究，恐怕还有一个深层原因，那就是领头人丰子恺感觉联合名人力量大。此信被胡适阅过，后保存在北京东厂胡同一号胡适住宅，即今中国社会科学院近代史研究所内。

至于胡适是否看过了丰子恺等的征稿信？经阅胡适日记和来往书信等未见有回示，也许是因为自己与中学的关系远不如与大学的关系那样紧密而知情，但也不是一点不了解。是年7月20日，胡适被邀旁听上海商务印书馆编译所的一个编译会议，当讨论到中学教科书的问题和《国文读本》时，胡适忍不住"劝他们设法多编一些'中学国文参考丛书'，例如《诗经新注》《词选》《名家文》《中国古诗考》等书"，又说，"中学学生决不能从《中学国文读本》里学得国文，我们不能不设法引（导）他们多看书，而现在实无中学生可看的中文书。我对于《中学国文读本》的编制，略有一个计划：'依时代为纲领，倒推上去；以学术文与艺术文'（包括韵文）为内容大概"。笔者以为此番"伟论"，当可充胡适对丰子恺诸位先生最好隔空回答。

喜用胡适大作推动自己的抗日画作

1936年，丰子恺为了绘制一套抗日漫画，刻意选了胡适的一篇文章和一封信做素材。这篇文章是《敬告日本国民》，信是一位日本学者室伏高信写给胡适的信。丰子恺请他的一位朋友寄来了近几期的《独立评论》，他认真地看了这些杂志，颇有受益之感。

《独立评论》封面

1936年1月9日，丰子恺在林语堂主编的一份文艺期刊《宇宙风》上发表了一篇文章。他谈到了："胡适之先生《敬告日本国民》中有云：'日本国民在过去60年中的伟大成绩，是日本民族的光荣，无疑地也是人类史上的一桩'灵迹'。任何人读日本国维新以来60年的光荣历史，无不感觉惊叹兴奋的。"

丰子恺缘何引用胡适这一段话？表面上看起来，似乎可以解释为，"我想，这个'灵迹'，大约是我在东京某音乐研究会中所见的医科老学生，及向愚先生所述的帝大学生萎靡不振"，因此由感而有发的。

实际上，丰子恺是认真地看完了胡适《敬告日本国民》的大作，也琢磨过室伏高信与胡适通信的内容，但丰子恺没有就当时的中日紧张关系做过专门的研究。

胡适在1935年10月3日写就《敬告日本国民》并发表在《独立评论》第178期上，文中阐述了当时的中日关系并不失时机地向日本国民发出了忠告，这在政治上具有深层的因素的。胡适并非致函日本政府和军方，而是公开提醒并《敬告日本国民》。这封信函因有剑指日本政府和军方的势头，按说是犯忌的，可是出乎胡适的意料，东京的《日本评论》杂志却将《敬告日本国民》全文刊登出来了。胡适感到编辑有"雅量"，表示"敬佩"。胡适在这篇文章中用四句话表达了四个中心意思。

第一句话："诚挚地恳求日本国民不要再谈'中日亲善'这四个字了。"他说："我在四年之中，每次听到日本国民谈这四个字，我真感觉十分难受，同听日本军人谈'王道'一样地难受。老实说：明明是霸道之极，偏说是王道；明明是播种仇恨，偏说是提携亲善！岂能在这种异常状态下高谈'中日亲善'，这是完全没有意义的。"胡适接着揭露，"本年（按：指1935年）六月间，日本的军人逼迫中国政府下一道'睦邻令'，禁止一切反日的言论和行动……在那'带甲的拳头'之下，只有越结越深的仇恨，高谈'亲善'，是在伤害之上加侮辱"云云。

第二句话："请日本国民不要轻视一个四亿人口的民族的仇恨心理"。他希望"日本国民必须觉悟，仇恨到不能容忍的时候，必有冲决暴发之患（抗），中国化为焦土又岂是日本之福吗"。

第三句话："日本国民不可不珍重爱惜自己国家的过去的伟大成绩和未来的伟大前途"。胡适试图从历史角度，即从明治维新运动的成功来唤醒日本人民。他说道："日本国民在过去六十年中的伟大成绩，不但是日本民族的光荣，无疑地也是人类史上的一桩'灵迹'。任何人读日本国维新以来六十年的光荣历史，无不感觉惊叹兴奋的。"胡适这段引述被丰子恺活学活用到自己身上，也显示了开卷有益嘛！胡适不厌其烦地又说道："我是一个最赞叹日本国民以往成绩的人。我曾想象日本的前途，她的万世一系的天皇，她的勤俭爱国的人民，她的爱美风气的普遍，她的好学不厌的精神，可以说是兼有英吉利与德意志两个民族的优点，应该可以和平发展成 个东亚的最可令人爱羡的国家。但我观察近几年日本政治的趋向，很使我替日本担忧。"他呼吁日本"悬崖勒马""苦海无边，回头是岸。不回头的危险是不能想象的"。实际上，这深刻地毫不掩饰地反映了胡适对日本黩武的军国主义的反感！

第四句话实与第三句话相同，只是再次强调"我因为不相信日本的毁坏是中国之福或世界之福，所以不忍不向日本国民说这最后的忠言"。

《敬告日本国民》发表后，日本学者室伏高信随即在《日本评论》上发表了一篇《答胡适之书》，胡适看到了此文，他忍耐不住，于11月30日，给室伏高信发去《答室伏高信先生》一函，与这位日本学者就侵华战争等问题再展开讨论。胡适在信的开头便对室伏高信的复文持肯定态度，但对一些问题则表示"惊讶"，并对"对我们发出警告"进行反驳。

鉴于大敌当前，胡适异常感慨而又斩钉截铁地对室伏说："今日我们应该清醒了，我们不妄想寻得一个'以平等待我之民族'。我们只能这样想：凡对于我们最少侵略的野心，凡不妨害我们国家的生存与发展的，都可以做我们的朋友。凡侵略我们的，凡阻害我们国家的生存与发展的，都是我们的敌人。"又强调说，"一个强国乘人之危、攻人之危，不但种下了仇恨，还要继续播种下你所说的'第二仇恨'，'第三第四而至于永久的仇恨'——在这样迅速播种之下，敝国即有聪明神智的'指导者'，恐怕也就无法劝导国民对那个国家'发生真正的友情'了吧？"胡适又从日本人的角度出发，他说："如日本帝国一旦改涂易辙，变成了中国的好朋友，我（们）当然可以忘记过去的许多怨恨，这样'不念旧恶'，不也是很容易的事吗？"胡适又说，"反过来说，'带甲的拳头'是善忘病的最灵治疗剂。今天开一炮，明天开十架轰炸飞机来，后天开十列车的军队来，先生，你想，我们的'善忘病'应该不应该被吓跑了呢？"胡适金言产生在八十多年前，未料至今尚有一定的现实意义！

胡适的"担忧"和"忠言"，对当时的日本国民心理上，兴许能产生一些影响。但当时的事实告诉中国和日本国民，日本是不会选择"回头是岸"的。此时日本侵略军早已窃踞了我国整个东北的大片土地，豺狼们正虎视眈眈地要毁灭掉我们伟大的祖国哩！1937年，日军终于挥起屠刀，制造了七七事变，开始了向中国发动全面的罪恶的侵华战争。

澳大利亚历史学家白杰明（Geremie Randoll Barmel）说，丰子恺"乘船去杭州途中，丰子恺再次精简行李，拣出几本英文原著和一本英日字典。为了家人的安全，躲避日军的搜查和不必要的麻烦，他将随身携带的《日本帝国主义侵略中国史》，以及在深得并掌握此书的精髓而创作的《漫画日本侵华史》草稿投入河中"。这实在是可惜！

　　胡适的言论为丰子恺抗战题材的漫画创作提供了一定的素材。丰子恺从胡适著作中汲取了能源，是不争的事实。

沈从文对胡适的最后告白

沈从文（1902—1988），湖南凤凰人。1917年，高小毕业；1918年，入伍当兵，升上士文书；1921年起，曾任私立慈幼院编辑；北京大学图书馆编目。沈从文虽非科班出身，然而聪慧过人，1926年便开始发表作品。1928年，在上海与丁玲和胡也频主编《红与黑》和《红黑杂志》。曾参加新月社。后在《中央日报》编文艺副刊。旋应胡适之聘到中国公学中国文学系任教；1930年9月起，历任国立武汉大学、山东省立青岛大学教授等。

沈从文与胡适相识于1928年的上海公学时期，当时胡适是校长，沈从文则是由胡适破格提携的大学部讲师，主教小说创作，教授过的学生有罗尔纲、黎昔非、胡传楷、张兆和等。由于胡适的无私帮助，沈从文解决了就业大问题，因此他打心里对胡校长感激。胡适不安心于上海公学，一心要去北京大学任教。终于在是年5月辞职。此时，沈从文业余创作多多，名气渐盛。沈从文应国立武汉大学文学院长陈通伯之约请，任该系教授。翌年，杨振声出任国立青岛大学校长，又邀沈从文任教于该校中国文学系，他欣然应允，从此与胡适再没有做过同事，但仍与胡适保持着紧密的关系。1933年起，沈从文主编《大公报》文艺副刊。抗日战争爆发，沈从文偕夫人避难入滇，再执教鞭于西南联合大学。抗日战争胜利后，沈从文改任国立北京大学教授，兼主编天津《益世报》文艺副刊。1948年底，胡适被蒋介石派飞机接往南京，前往台湾，而沈从文仍留在北京，从此他俩被台湾海峡分隔两岸，再无联系，直到胡适去世，音讯全无。（按：沈从文与胡适从1928年5月起到1949年春北京解放前为止，除了上海公学这一段时间的相处外，他俩在这21年间一直保持着通信联系，可谓心同彼此，友谊常在。）

从《沈从文全集》、胡适日记、《胡适藏书目录》及台湾的《传记文学》等书刊资料中，笔者看到他俩有10封互通之信件——沈从文致胡适8封信，胡适致沈从文2封信——1930年1封，1934年4封，1935年1封，1936年1封，1937年1封，1944年长信1封，1947年1封。

关于信的内容，现择其主要方面说一下。

1.沈从文转请胡适帮罗尔纲介绍工作。

2.胡适荐他人稿件，代替自己的约稿。

3.胡适请沈从文为何家槐向社会说公道话。

4.称赞胡适"为新文学运动提倡者"，建议其利用董事身份，提请基金会取出一小部分费用，给中国新文学事业发展支配。

5.沈从文邀胡适出席《文艺》特刊座谈会，为徐志摩逝世三周年著文并提供意见，告知出席嘉宾有朱自清、俞平伯、闻一多、郑振铎、李健吾等。又说怕吃酒，可戴戒指来。

6.沈从文告诉胡适"《北平晨报》一再以我私事为题材，无中生有，傅会成篇，说了又说，近于毁谤，自贬报纸价值，给人齿冷"，请求胡适"作一文章，质之社会"，以摆脱自己的困境。

7.沈从文主张从中美庚款委员会中"弄出一笔小数作为给中国新文学作家奖金，有5000元左右就足够了"，说"委员会方面别的委员不注意这件事，那不出奇"。随即既高抬但又不甚客气地对胡适说："你是新文学运动领导者，却一定知道它对中国的意义"，大有只能成功不许失败的味道。

8.沈从文致函胡适代学生黎昔非呼吁，请主编让黎昔非放下《独立评论》的杂务工作，像吴晗、罗尔纲一样作学问，否则无从得到进步，等等。

9.沈从文写给胡适一封2000字的长信，此信是与胡适失联七年后的一封信，因此要说的话不免多了一些。信的重要价值在于反映了他对胡适的敬仰、怀念、感恩及期望，当然也未忘与挚友分享自己的文学创作及生活方面的喜和忧。沈从文对胡适卸任驻华大使表示祝福，也为之庆幸。除外，便伤感地谈到了五四运动，"算算时间，二十年中死的死去，变的变质，能守住本来立场的，老将中竟只剩先生一人，还近于半放逐流落国外，真不免使人感慨！"说到自己的创作，他又倒出了苦水："我的作品经整理印了三十个集子，已印出八本，不凑巧有个检审制度，旧的常被'不合战时需要'删扣了好些，出不了版。新的涉及战事的，又因另外原故，有几个出不了版，只好等待到真正天下太平时再看去了。"又说："最近（西南）联大一个英籍教师白英先生，与同学金堤先生，同译了我二十个短篇作英文，预备在英、美分别出版。这本书能和读者见面，得力于志摩、通伯、西林、金甫、徽因、淑华、宰平诸先生鼓励甚多，关系更大的还是先生。……要国外读者相信这也是中国的事情，最好的介绍者、说明者也只有先生。所以希望先生能高兴为写个短短英文序言放在书上，让这本书因您的序文，给英、美读者一个较新也较正确的印象。……我希望这信寄到美国不久后，可得到先生一个回音。"

10.代毛彦文传话，请胡适为其亡夫熊希龄逝世十周年写篇纪念文章，《大公报》将予发表。

除了以上二人往来之信函外，沈从文还给胡适寄过自己的著作，主要有以下作品：

1.《都市一妇人》，上海，新中国书店。作者有题记："适之先生惠存，从文，廿一年十二月"。

2.《记丁玲》，上海，良友图书印刷公司。作者有题记："适之先生惠存，沈从文，廿三年九月"。

3.《从文小说习作选》，上海，良友图书印刷公司，1936年。作者有扉页题记："适之先生惠存，从文，廿五年五月"。该书末尾尚有作者题记："还有几个人，特别值得记忆：徐志摩先生、胡适之先生……这十年来没有他们对我种种的帮助与鼓励，这集子里的作品不会产生，不会存在。（胡适之）赞赏过我的工作态度，支持鼓励过我的工作进展，帮助过我的生活稳定、工作发展"。

4.《湘行散记》，上海，商务印书馆，1936年。无作者题记。

5.《神巫之爱》，上海，光华书局，1940年。无作者题记。

沈从文的书信与赠书活动，给世人传递出一个信号：和谐而友善是主旋律。不过由于在几个稿件处理问题上，主编胡适秉公处理，惹得沈从文不悦，二人的交往也出现一些波折。

试举三例为证。

1.1933年6月1日，沈从文写的一篇《丁玲女士被捕》刊在《独立评论》第52—53期上，谁知此文引得当时的上海市长吴铁城的注意，他给主编胡适发来一电，指出"报载丁玲女士被捕，并无其事"。胡适遂据吴电，在沈从文的文章之后加了"编者附记"，宣布"此电使我们很放心，故附此最近消息，以代更正"。

2.1935年4月29日，沈从文应《大公报》文艺副刊之请，写好一篇《纪念"五四"》大作，但胡适觉得够不上"文艺"，即不符合文艺题材的要求，便失约改放在《独立评论》上刊登了。

3.1937年7月初，《独立评论》（238期）登出一封讨论"看不懂的新文艺"的通信，未料立即引出了知堂（即周作人）和沈从文的两篇"很有趣味的通信"。胡适说："他们都是最富于同情心的文人，对于这个问题的意见是值得平心考虑的。从文先生很盼望听听我的意见。……如果我说的'表现能力太差，根本就没有叫人看得懂的本领'一句话使从文先生感觉不平，我可以说，有表现能力而终于做叫人看不懂的文字，这也未免是贤智之过罢！"胡适不禁凄然再言，他说："从文先生的通信里说起'嘲笑明白易懂为平凡'的风气，这正是我说的'贤智之过'。愚见觉得'明白易懂'是文字表现的最基本的条件。作家必须做到了这个'平凡'的基本条件，才配做'不平凡'的努力。"胡适知道他的这位七年前的同事真的是生气了，也许是误会了自己的意思。他不忍心让好友耿耿于怀，于是采取低姿态，隔空释善，远途递语："对于从文先生大学应该注意中国现代文学的提议，我当然同情。从文先生大概还记得我是十年前就请他到一个私立大学去教中国现代文艺的，现代文学不须顾虑大学校不注意，只须顾虑本身有无做大学研究对象的价值。"

事实证明，胡适的心中始终有沈从文的位置，胡适对沈从文的请求并未置之不理。如他在繁忙中曾接受沈从文代毛彦文女士的邀约，在1947年12月28日，写就《追念熊秉三先生》一文，旋刊于1948年1月7日的上海《大公报》上。胡适在文中夸奖熊秉三（希龄）在北京香山创办慈幼院的"事业办得很好，目的使许多贫家儿童养成利用文明和帮助造文明的能力"。特别赞扬熊希龄在伟大的抗日战争期间，"在他的生命最后一年里，还用最大的努力，组织战地救护队、伤兵医院、难民收容所。从炮火底下救出了二十多万人来。他的精力衰竭了，他的心受伤了，（1937年12月底）在上海、南京相继沦陷后死了，还不满六十八岁"。胡适总结了熊希龄的一生："实在是个有办事才干的人，真爱国、真爱人。还是一位痛恨战争的哲人。"

最后的告白

1948年12月15日，时年57岁的胡适被蒋介石派来的专机从北平接往南京。17日，胡适在南京主持北京大学校庆纪念会，当他发表演讲时，泣不成声，他说："我是一个逃兵，实在没有面子再在这里说话。"1949年春，北平解放了，胡适挚友高语罕、周鲠生等都留在北平，迎接新生，其中也包括沈从文先生。

解放初期，沈从文被说成是"黄色作家"，因而丢掉了北京大学的岗位，偶然转行到了历史博物馆，投入到虽然陌生但绝不平凡的新事业之中去了。

时至1983年，沈从文回忆抗美援朝等往事，他对胡适做了"要完全断绝一切联系"即要划清界限，誓不与之为伍的最后告白。至此，他消除了对胡适的好感，改变了对胡适的学术著作和文学作品的看法，虽未使之归零，但已淡化得几乎面目全非——贬低到不及格的地步，但也说了"私谊甚久"的可贵的大实话。

沈从文说："一九二七至二八（年）熟胡（适），私谊好，过从不多。因（他）所搞政治和哲学，我兴趣不高。我写的小说，他也不大看。我后来搞的工艺美术，他更不明白。但私谊甚久。解放前，国共和谈未破裂，尚寄望于马歇尔做和事佬时，个人尚以为胡还爱国家，或可为国家内部和平有贡献。后为蒋请美援，即近于为虎作伥。但直其逃美，个人尚以为可劝其不要再受蒋利用，将来可为国家做点事。为中美关系好转时，帮人民做点有益于中国新社会的事情，向人民自赎。到美帝侵略朝鲜，仁川登陆，并表示用舰队封锁中国海上交通，侵占台湾时，对于凡在美国住下受敌利用，深觉厌恶。和胡适也完全要断绝一切联系。"

沈从文接着给胡适减分："胡适的哲学思想并不觉得如何高明，政治活动也不怎么知道，所提倡的全盘西化崇美思想，我更少同感。但是以为二十年来私人有情谊，在工作上曾给过我鼓励，而且当胡也频、丁玲前后被捕时，还到处为写介绍信营救，总还是个够得上叫作自由主义者的知识分子，至少比一些贪污狼藉反复无常的职业官僚政客正派一些。所以当蒋介石假意让他当组阁时，我还以为是中国政治上一大转机。直到解放，当我情绪陷于绝望孤立中时，还以为他是我的一个朋友。"

在评议胡适过程中，沈从文明白了要有一个尺度，他没忘记将自己也摆进批判之中。他说："解放以来，我发现我搞的全错了。"笔者以为沈从文与胡适是处在不同的环境之中，沈从文置身于一个特殊的历史时期，因而给胡适降级减分；不过，沈从文也客观地评价了胡适。胡适不是神而是人，可以表扬也可以批评，这是不以人们的意志为转移的客观规律。

胡适的江苏履痕

胡适在忙忙碌碌的一生中，履痕遍及大半个中国。常驻城市，位列首位的当然是北京，其次是上海，再其次该轮到江苏省了。为什么会是这样？这与江苏省会南京市是中华民国首都有关。南京是国民政府及其教育部、中央研究院、伪国民大会等机构所在地，这些机构又实实在在地与胡适的职务和事业存在着密切的关系。再从地域及交通来看，在那交通工具十分落后的时代，北京离南京虽远些，但有津浦线火车可搭；从上海到长江上游的安徽老家、到武汉等城市，则有轮船可乘；从上海到苏州，真可谓近在咫尺；至于到南京，亦有火车开路。而他的"朋友圈"多活跃在文化发达、交通方便的大城市中。

胡适与江苏省中的南京、苏州、江阴、常熟等市县及名人有缘。有史可查，胡适从1919年到1948年间，曾频率不等地这些地方留下了履痕。不过时光为他留下的，却令他感到五味俱陈。这些皆遗存在他自己的日记、书信、谈话录之中，以及他的挚友、同事、部下、同乡与学生的陈述之中。

1919年至1921年

下面我们就以时间为顺序，记录胡适的多彩人生。

1919年，章衣萍（1901—1947）说"我十七岁到南京读书，在南京读了一年后（按：即1919年），胡适之先生到南京讲学，我去看他"。

1920年7月底，"过南京时天气正热，开车后稍好"。

胡适有藏书的爱好，每到一处，忙里偷闲，都要购书，而且不分古今，只要中意的都会购买。8月23日，胡适在南京购得清朝范寅辑《越谚》上卷，一函三册。

1921年3月2日，胡适托亦师亦友的顾颉刚在苏州代买清朝薛熙著《明文在》，清光绪十五年江苏书局刻本，一函十册。另又托顾颉刚代购到元朝苏天爵编《元文类》，二函十册。

7月16日，"下午2时半到浦口，过南京未停。前日得陶知行来电，要我'过宁留两天'，我不能留了，已有快信复他，说我到上海稍有头绪后，仍可来南京演讲。去年比这一次热多了"。27日，苏州"第一师范校长王饮鹤（朝阳）先生与汪仲周（北大毕业生）来（上海）看我，坚邀往苏州演讲。我因杜威先生曾说第一师范为中国一个最好的学校，故也想去参观，并想见颉刚等，故答应了他"。29日，"由上海乘火车于3点13分到苏州，颉刚、绍虞、介泉、仲周及一师职员施□□等在车站迎接。我们同去游留园"。胡适兴奋地告诉陪同人员，他已有"十五年不曾来此地了"。随后同到铁道饭店吃饭，饭后坐马车到胥门外，坐轿进城。胡适看到"苏州城内街道极坏，故不能通车，听说，8月1日起，城内可用人力车"。30日，"早8时，讲演《小学教师的修养》。9时半，讲演《实验主义》。与一师附属小学教员江卓群等谈小学国语文教材的问题。他们编有一部新的小学国语文的教本，已将脱稿付印——他们要我作序，我答应了。饭后，参观一师附属小学的夏期实施示教班。参观后，与颉刚同去看江苏第二图书馆，藏书颇多。又到江苏书局，此地刻书甚少，远不如浙江。走了几家旧书店，多系小书摊，只有三四家略大。苏州的旧书店近来都闭歇了，旧书多到上海去了。洗浴后，回到旅馆，与常熟人季融五、赵欲仁、孙绍伯等谈。又接见吴江议员张仲仁（一麟）先生"。

7月31日"7点半到南京，汪乃刚在车站接我。同到知行家中，吃了一碗粥，即去演讲。今年暑期学校亦有千人。今日因大雨故不能用席棚的大会场而用大礼堂，故人甚拥挤。我说了一点十五分，题为《研究国故的方法》，约分四段：1.历史的观念；2.疑古；3.系统的研究；4.整理。演讲后，有去年暑期学校学生缪凤林君等围住我谈话，缪君给我看某君做的一篇驳我'诸子不出于王官说'的文字，某君是信太炎的，他的立脚点已错，故不能有讨论的余地。回到知行家，知行邀了刘伯明、王伯秋、孙洪芬、梅迪生、张子高——诸君同吃饭。绩溪洪范伍新自美国学图书馆事业回国，亦在知行家住。知行大病，不能与我同行，范伍允与我同行。饭后小睡1点半钟，即到鸡鸣寺赴安徽同乡学生的欢迎会，我说了三四十分钟的话。鸡鸣寺为我最爱的地方，后湖荷叶招人欲往，惜不能去。散会后，老友天长张锦城同去北极阁座谈。——知叔永、莎菲新得一女，作一诗贺他们。诗曰'重上湖楼看晚霞，湖山依旧正繁华。去年湖上人都健，添得新枝姐妹花'"。

8月7日，胡适由安庆乘船，"10时半，船到南京。上岸，到东站，赶上快车，下午7时半抵上海"。

1928年至1929年

1928年4月3日，高梦旦发起庐山游，邀请胡适加入，胡适欣然同意。晚9时，带长子祖望从上海乘"吴淞"号前往寻乐。"船近江阴时，忽见江北岸上桃花盛开，弥漫不绝，似不止有十里之长，极烂漫之致。我们三个人都惊叹欢喜，都说生平所见桃花无有能及此地之盛者。然此地桃花之盛从来不见于文人的记述，我们今日的发现全出于偶然。大概此地交通不大（方）便，故游人甚少；科举废后，江阴久已不成文士奔走之地，故桃花也就被湮没了。7日，船到九江。"13日，船到南京。未料出了一个小小的事故。原来船到南京后，胡适"送梦旦上岸；回码头时，船已开了。我望见祖望在船上望我，怕他着急，雇船赶到浦口，轮船却停在江心，遂又回到江心，回到船上。祖望正伸头在窗上探望。他见到我时，强作欢笑，但我知道他已哭过一场了。此轮船因开过江装货，不算离埠，故开船不打钟放气。我离船不过十几分钟，船就开了，使祖望着急一场！"18日，为了出席全国教育会议大会，胡适于晨7时到达南京。进城后即到平仓巷王雪艇家，见到周鲠生、燕召亭。"会场上大半是熟人，张奚若扶杖出席，比我兴致高多了。饭后，与钱端升到成贤街58号，他们要我住在这里。19日，下午去看佩声，两年多不见她了。到中央大学去看刚复。赴国民政府的宴会，我们到时，快吃完了。原来他们都是站着吃的，每人只有一盘菜、一盘面包、一杯饮料，故吃得很快。不幸经农促狭，我只好演讲了，大意是说这回有四百件案子，大半是为国家谋建设的方案。但要有三个条件：一，要有钱；二，要和平环境；三，给我们一点自由。后来各报都将'一点点'删掉。"国民政府委员宋渊源发言，令胡适更气，大骂此人是"丢丑的浑人"。随后，胡适赶到蔡元培夫妇设在秦淮河船上的家宴，大吃大喝，出了一口气。次日，与蔡元培等游览林场和农场。午刻到灵谷寺吃饭。下午游紫霞洞，"大家都各求一签，独有我的签奇怪之至，'下平：安贫守正之象。恶食粗衣且任真，逢桥下马莫辞频，流行坎坷平常事，何必区区诌鬼神'"。胡适怨恼此次南京行真是一场"诌鬼神"之旅。

6月15日，早上6时半，胡适又来南京。与梦麟等同到东方饭店。早餐后，去大学院，讨论中央大学与北京大学之事。蔡元培提议北京大学改名"中华大学，由李石曾任校长"，胡适起立表示反对，认为"北京大学之名不宜废掉，石曾先生的派别观念太深，不很适宜，最好仍请蔡先生自兼"校长。讨论中，易培基发言："我们都觉得李先生为第一适宜，胡（适）先生为第二适宜。"胡适生平第一次被学界耆老推荐可以担任北京大学校长。不过胡适一直没有担任这一职务，直到18年后——1946年9月，登上北京大学校长的宝座。

12月3日，为了中华文化基金会之事，胡适冒着大雪来到南京。下火车后，他坐上了汽车，比平时多花一元钱才进了城，他发现雪里的南京比平日洁净多了。在中央研究院开会时，胡适建议自由选举董事，他愿意让贤。他观察南京政局，认为"似一时没有大变动。现政府虽不高明，没有反对派，故可幸存。蒋介石虽不能安静，然大家似不敢为戎首"。

1929年6月3日，胡适为金陵大学四十周年纪念题词：

四十年的苦心经营，
只落得"文化侵略"的恶名。
如果这就是"文化侵略"，
我要大声喊着，"欢迎！"

7月3日，苏州全市十一家报纸——《明报》《吴县日报》《社会日报》《市乡公报》《大苏报》《中报》《新吴语》《大吴语》《大公报》《小日报》《苏州日报》——因为反抗检查新闻，全体停刊。这是很重大的事。"前日无锡人民捣毁救国会（反日党）也是很重大的事。"胡适赞扬上海大报《申报》刊文支援苏、锡报人的正义行动。

是日，胡适去游天平山，"我们夫妇和两个儿子，丁庶为夫妇和他们的小儿子同去。望见太湖。这山上的岩石很奇突，有'万笏朝天'之称。此地有范文正（公）的墓，因天晚不曾去看，范文正（公）是历史上最伟大的人物之一。范文正（公）的'先天下之忧而忧，后天下之乐而乐'便是一个新时代的口号"，胡适又高兴地回忆起"天平山下的轿子是向来有名的，因为有妇女抬轿。我们大小七人，雇了五顶轿子，共十一位轿夫，六个是妇女。她们的气力不下于男子，挺着身子抬，并且抢着要抬"。"走过乡村时，见家家门口有妇女刺绣，绣的是大件礼裙，人人低头做这种细工。据说每年好手可得八九十元的工钱。春秋游人多时，此种绣工皆是后补轿夫了。上山来回只要半元，便宜得岂有此理"！但胡适细看这些妇女的头发皆发黄，没有一个是黑色的。他不由哀叹了一声："这是食料不足，缺乏营养之故，可怜！"

胡适一行"归路过寒山寺，进去一游。此寺以张继的《枫桥夜泊》诗得名。诗的意境最近于印象主义"。

苏州报界运动委员会经过两天的呼号奔走，迫使国民党县党部于7月5日，撤销无理禁令，从而取得了反对党政军联合新闻检查处的斗争的胜利，苏州各报皆暂时复刊。胡适欣喜地将苏州双方交涉的文件收录在他的日记里，为苏州报界捍卫新闻自由的精神和成功，留下了一份较完整的档案。功不可没！

1933年至1938年

1933年6月11日，胡适由北京到天津（在此听吴达铨说，前几时，南京的飞机场屋顶塌了，所有飞机只剩了三只，毁了三十余只！）经济南，13日抵达南京。

胡适在浦口受到张慰慈、杨亮功、张歆海的迎接。乘船过江，到铁道部慰慈寓处，洗了一个澡。到中大农学院，见着邹树文院长。午前到中央研究院，见着傅孟真。正午到教育部，王雪艇设宴，在座有朱骝先、罗志希、杭立武等。饭后，与段书贻、张慰慈、何仙槎同去看陈仲甫。"仲甫仍住看守所，室中书籍满架，此种生活颇使我生羡。他仍有胃病，但精神甚好。他现研究古史。"5点钟，雪艇邀胡适、傅孟真等同游郊外，四人分坐两辆汽车，到了城外，天已大雨。到中山墓下，天昏黑，雨更狂猛。二车均折回。

14日，再去游山，先到体育场、游泳池，都是为当年10月的全国运动会造的，规模都不小。接着又去看了谭墓及孙陵；谭墓在灵谷寺。6点一刻，见孙哲生，谈宪法事。胡适说："蒋介石做国民政府主席时，主席权太大，今日林森做主席，又成了一个太无权的虚名了。"1934年1月28日，胡适在北京写了一篇《林森先生》为林森打抱不平。3月3日，再成《国府主席林森先生》，刊于《独立评论》之上。这是后话了。

再回说14日晚席，胡适"始知张继夫人控诉故宫博物院的主管人员舞弊营私各款，法院已决定受理了。而李石曾先生等竭力用政治势力想打销此案。"胡适夹带着对李石曾的一股怨气离开了石头城。

1934年1月31日，因为出席中基会，胡适乘火车于午后3点到达南京浦口，张慰慈、杨亮功来接；过江，住进惠龙饭店；后到扬子江饭店看任叔永、莎菲及洪芬，见着司徒雷登；同郭有守"到老万全酒店，参加北大同学会。蔡子民有演说。我也有演说，我的演说颇讥弹滥发荐书的人，主张应回复到古代荐举制度，荐人须加考语，荐状皆可公布，荐状皆须声明被荐人如有渎职犯法的行为，荐举人情甘同坐。此等公开负责的荐举制度，可补今日考试制度不普及的弊病"。

2月间，胡适"在南京竺可桢家中，看见他保存的一张油印榜文，我托他抄一份寄给我"。寄来之后，1934年3月27日，"已保存在我的日记里，为后人留作一种教育史料"。笔者所见，这份榜文是记录清宣统二年（1910年）"第二次考取庚子赔款留学美国学生榜"，内录70位学生，从所得考分来看，杨锡仁18岁，江苏震泽人，上海南洋中学毕业，名列榜首；赵元任19岁，江苏阳湖人，江南高等师范学校毕业，名列第二；竺可桢19岁，浙江会稽人，唐山路矿学校毕业，排名28；胡适19岁，上海中国新公学毕业，排名55。

2月2日，"9点，开中基会常会，到有胡适、蔡先生、周寄梅、金叔初、李石曾、徐新六、J·E·贝克、C·E·贝诺德。会务三个钟头开毕，议案无甚重要，但讨论投资政策甚关重要。"3日，到中央饭店，赴赵述廷饭局。饭后，"上孙中山的墓，此为我第一次游此墓的全部，前此皆到墓门而已"。接着大唱反调，说什么"墓的建筑太费，实不美观。若修路直到墓前，除去那四百级石筑，即便游观，也可省不少的费。此墓修的太早，若留待五十年或百年后人追思而重建，岂不更好？今乃倾一时的财力，作此无谓之奢侈，空使中山陵蒙恶名于后世而已"。10日，"为思敬侄事，决定在南京住一日"。在张慰慈、刘英士陪同下，"去地方法院看守所访问独秀，独秀有肠病，他又好吃，所以近日有肚痛病，脸色甚黑，精神稍不如前。他要写《自传》，有信给原放，要我先疏通叶楚伧等人，使此书可出版。我劝他放手写去，不必先求早出版。若此时即为出版计，写的必不得不委曲求全，反失真相。不如不做出版计，放手写去，为后人留一真迹。他颇以为然"。11月1日，时任北京大学教授的胡适，应邀出席考试院长戴传贤召开的全国性考诠会议，戴传贤为了感谢胡适大驾光临，特赠对联一副："天下文章，莫大胡适；一时贤士，皆出其门。"

1936年1月11日，晚8时三刻到浦口，徐新六、竹口生、吴景超及丁文浩、文治来接；到教育部，住部内客室（招待所）；到元任家吃饭；与梅月涵同去谢树英家吃饭，处理友人私事。

1937年4月27日，晚上到浦口，慰慈、刘驭万、陈沧波诸友来接，住首都饭店。28日，往中央研究院，见着傅孟真、陶孟和、王显廷等，略谈评议会会议事。"访雪艇、书贻久谈。他们要中基会捐15万元为义务教育费，我力拒之，后改为10万元。"

5月7日，7点半过京下车，仍住首都饭店。杭立武君谈了一点多钟，多半谈英庚款的教育计划。10点半到教育部，访雪艇，谈世界教育会议事。晚上与段书饴、慰慈、钱端升、刘驭万同吃饭，吃得最为畅快。"

6月19日，"晚10点20分到浦口，过江遇亮功来接，住首都饭店。次日，到中央政治学校研究部开'出席世界教育会议代表第一次集会'，公推我做主席。12点半开毕，结果甚好。午饭在德奥瑞同学会吃的，又在'皇后'吃饭。饭后又到'大三元'（酒家），主人为吴之椿夫妇。20日，上午9时为最后一次茶话会，谈的是教育，出席的人有江恒源、朱经农、陶希圣、吴贻芳等，（胡适）殿后发言，说了四点，最后一点说什么'教育应该独立'。有妄人刘振东立起大驳我，大众都嗤之"。笔者认为，胡适之论，是书生本色的大暴露！

7月28日，胡适从江西省九江"乘飞机飞到南京水上站，段书贻来接。回到教育部，即寓部内。是日北方传来好消息，我军夺回丰台、廊坊、通县"。胡适目睹"傍晚南京人民有放鞭炮庆祝战捷的"！他与南京人民共享抗日战争胜利的愉悦！

8月17日，胡适在日记上写道："前天，敌机来袭南京三次，昨天来了五次，但昨天只有一次进到京市上空。市民秩序甚好，可见防空训练有效。昨天下午有一次我在《中央日报》楼上看见街上真无一人，只有兵士及壮丁。至'解除'警号后，大街小巷又都是人了。"这是胡适先生镇定自若地与南京人民一起亲历敌机威胁！胡适还记下他在南京听广播，欣喜获悉"传说敌机被我军打下不少。张道藩君广播他在高桥保所，见一只日本重轰炸机炸毁后的情状，听的人都很高兴"。"晚6时，与孟真同到中山文教馆。7点在此吃饭，有陶希圣、蒋百里、彭浩徐等。8点半，在（行政院长）汪（精卫）宅开国防参议会第一次会议。会员共16人。出席的有：张伯苓、蒋梦麟、黄炎培、蒋百里、沈钧儒、梁漱溟、晏阳初、胡适及中国共产党代表周恩来（代表毛泽东）等。这是胡适与周恩来共同出席高级会议中重要的一次。

8月18日，胡适等游后湖（即今玄武湖），胡适释怀，游兴渐隆，因为"湖上只有我们一只船，荷花在月光里不很出色，湖水映着月光，凄清动人。湖中有两处插有标竿，摇船的女人说，这都是前天丢下炸弹之处。我们坐了一点多钟的船，上岸又步行了半点多钟，才离开湖上。枚荪说，我们真是苦中作乐。回到教育部，始知周佛海约我谈话，谈不到一点钟，听见警号，大家走下颇宽敞的地下室，团坐闲谈"。19日，"我们去见蒋先生，谈话不很有结果。我们太生疏，有许多不便谈。他要我即日去美国，我能做什么呢？20日，飞袭的警报又来了，中大共丢了四个大炸弹，化学试验室炸烧了，考试院内外也丢了四个大炸弹"。胡适谴责日寇狂轰滥炸的"屠杀"罪行！

1946年至1948年

1946年7月4日，胡适由美国乘轮船回国，是日抵上海，"8点一刻，海上晚霞奇艳，为生平所少见。9年不见祖国的落日明霞了！11点，始见冬秀，9年不见她了"。

10月19日，"飞去南京，赴中央研究院评议会。与陈援庵、钱端升同行"。20日，在中央研究院开会。25日，蒋复璁与尹石公邀在中央图书馆吃中饭，饭后看他们馆里所得善本书。"是日，"朱契（伯商），□先之子，邀往他家看□先所藏'明抄本'，颇不如我所期望之好"。26日，"到省立第二图书馆，见柳翼谋先生，借观了三部《水经注》，皆可宝贵"。30日，飞回北京。

11月11日，"又飞南京，坐的是空军专机，3点钟到达。与贺自昭同行。机上有童冠贤、王大桢诸人，都是赴国民大会的"。14日，"与缪凤林、董作宾、劳榦三位同去国学图书馆，重检馆中所藏三部《水经注》。15日，出席国民大会开幕典礼。16日，在南京夫子庙买得东汉桑钦撰已烂版黄晟本《水经》四十卷，清朝乾隆十八年，新安黄晟荫草堂刻，同治二年，长沙金余氏补修。22日，见史语所藏的冯云濠（柳冬生）原抄本《宋元儒学案》。11月间，胡适在南京夫子庙书摊，购得清朝赵昀撰，光绪三年刻本《遂翁自订年谱》一函一册。胡适得此古籍珍本十分开心！1947年1月16日，他记下重读后的心得："此谱真率可信，百忙中重读一遍，觉得这是一部很好的自传。"

此次在南京十一天，是胡适在南京逗留时间最长的一次，这是南京古籍珍本的芳香吸引的缘故。

3月13日，"早车与周寄梅、蒋廷黻两兄同去南京。下午二点到京，有许多朋友来接。住中央研究院史语所。开中央博物院理事会，中基会预备会。晚8点，蒋主席邀吃饭，先约我小谈。我申说请他不要逼我加入政府。他说：'你看见我的信没有？'我说没有。他最后说：'如果国家不到万不得已的时候，我绝不会勉强你。'我听了，很高兴"。14日，出席中基会年会。15日，"赴中研院商讨院士选举法草案。与陈辞修等吃晚饭"。17日，胡适以为"'放学了'，其实不然。今早雪艇奉命来谈，（考试）院长不要我做了，只要我参加国民政府委员会，做无党无派的一个代表。我再三申说不可之意：国府委员会为最高决策机关，应以全力为之，不宜兼任"。胡适顶住压力，委婉地拒绝了做国民党的政府高官。可是蒋介石不依不饶，18日，亲自"约谈，他坚说国府委员不是官，每月集会二次，不必常到会，可以兼北大事"。胡适耐不住了，举了蒋介石硬拉翁文灏等入党，是一大失策，蒋介石承认那是错误，但坚持己见。胡适再顶压力，以不能再误而辞走。蒋介石无可奈何地送客到门口。此时，蒋介石忽然心生一计，忙问江冬秀在北平吗？胡适明白，立刻用江冬秀做挡箭牌，于是回话："内人临送我上飞机时说：'千万不可做官，做官我们不好相见了！'"

蒋介石只好自我解嘲，再次强调"这不是官"！胡适知道自己已是胜利者，当夜便乘火车去了上海。

10月13日，由上海"到南京，参加中研院院士选举筹备委员会。14日，史语所全体请陈援庵丈与我茶会。我仍用'勤、谨、和、缓'四个字为题，说治学方法"。15日，中研院评议会开会。16日，评议会续开大会，决定候选人名单。中午蒋介石邀吃饭，饭前略谈。17日，评议会继续开大会。18日，赴学术审议会，又联合国文教组织中国委员会。在政治大学演讲。19日，"曾昭遹女士邀在中央博物院吃蟹。看博物院的新建筑，甚赞叹其在大困难之中成此伟大建筑"。旋到金陵大学，与陈裕光、吴贻芳诸人谈选举的技术。21日，"美国大使请吃午饭，司徒先生说，中国政府一两个月后就得崩塌。此老今年71，见解甚平凡，尤无政治眼光。他信用一个庸妄人傅泾波，最不可解"。23日，在考试院演讲。胡适此次在南京整整10日，可谓接触人多面广，特别是与美国使节的谈话，反映了胡适揣着明白装糊涂，而美国使节的预见性恰恰是正确的。

12月12日，胡适第四次南下至南京。"晚上到雪艇家中久谈，他要我再去美国走一趟，又说国家需要我去。我说，我老了！如今不比从前了"。13日，出席中基会第二十次年会。晚上，司徒雷登大使约吃饭。16日，出席第一次"美国在华教育基金"委员会与中国顾问委员会联席会议。蒋介石约吃饭，他力劝胡适再去美国做大使，他很诚恳，但胡适不敢答应，只允考虑。出蒋官邸，"即访雪艇，细谈。告以我不能去的理由"。17日，在南京的"北大同学会庆祝北大校庆，并给我做寿（56岁，在中央饭店）。"

1948年3月25日，胡适由北京飞上海，转抵南京，在中央研究院开评议会。27日，中研院选举"院士"——先后五次投票的结果——选出"院士"81人。29日，国民大会开幕。下午3点开会，"蒋公欲提我为总统候选人，他自己做行政院长。我承认这是一个很聪明、很伟大的见解，可以一新国内外耳目。他说：'请适之先生拿出勇气来！'但我实无勇气！"在以后的两天中，胡适分不清蒋介石自编自导自演的这幕的闹剧，是福还是祸！思想矛盾，态度反复，言不由衷，导致胡适几乎不知所措，但他终想明白了："我不敢接受，我真没有自信心。"等到4月1日，胡适反馈回来的讯息，让蒋介石懂了，胡适不敢接棒，自己也不必客气了，于是物归原主，闹剧落幕了。蒋介石为了安抚一下这位候选人，再三建议胡适组织反对党，这倒想歪了，因为胡适从不愿组织剑指国民党及蒋介石的反对党。胡适连忙回答："我不配组党。"同时，胡适却又鼓足勇气，建议国民党最好分化作两三个政党。当然这个主意断然是不讨喜的。未料胡适之言在将来竟成现实，并且这一结果让国民党日趋衰落！

1948年间，还有一个插曲值得一提，那就是素有师生关系楷模典范的胡适与爱生罗尔纲的最后相聚之日。罗尔纲在其《师门五年记·胡适琐记》中说道："1948年4月间，我回了南京中央研究院社会科学研究所。那时，胡适也来南京，住在历史语言研究所。我隔一两天就去看他。他在南京住了一个多月。我感到他变了，使我吃惊。胡适原是个乐观的人，不垂头丧气，更不说困难话。我向他问师母安，他说：'养小鸡哩。'问胡祖望婚姻事，他说：'没有钱租房子，怎能结婚。'——1948年，胡适的苦闷，正是他陷在泥坑痛苦挣扎的反映。后来他侨居美国，连居留证都不愿领，他是堂堂（正正）的中国人。"胡适去世后44年，罗尔纲盖棺论定，赞美胡适已是"开创一代风气的伟大历史风云人物已经深入人心了。人心正是衡量的天平，历史正是见证人"。

1948年4月2日，中国考古学家夏鼐在他的日记里写道，在南京时，当日"晚间胡适之先生早归，坐着无聊，叫老裴来喊余聊天，余正在读《殷历谱》，抛书去晋谒，谈到11时半始返室。胡先生自云'我老了，还有三部书要写'，颇有日暮途穷之感。又说到他教了30年来的书，没有教出一个可以传衣钵的徒弟出来，实在大部分上课听讲的学生，不能算是徒弟，真正可算徒弟的，只有罗尔纲君'"。夏鼐与罗尔纲早在1932年便相识，因为他俩皆是中国史学研究会的发起人。抗日战争前后不仅多有来往，彼此对对方的学识与成就都是心知肚明的，夏鼐所记是可信的，罗尔纲还不知胡适有此金言哩。

9月18日，胡适再次光临南京。他同劳榦去龙蟠里图书馆看《水经注》。23日，主持中央研究院81位院士会议的开幕式。29日，晚8点钟应邀在总统官邸吃饭，没有说什么话。

10月1日，胡适去了武汉几天，做了10次公开演讲。7日，飞回南京。13日晚，离开南京返回北京，28日，"今夜总统蒋先生约吃饭，我很质直的谈了一点多钟的话，都是很逆耳的话，他很和气地听着"。11月22日，陶希圣从南京来北京看胡适。12月14日早晨，陈雪屏从南京来电话，说"即有飞机来接我南去。12点回家，又得电报。晚11点多钟，傅作义打电话来，说总统有电话，要我南飞"。15日，下午3时到南苑机场，随身携带少许资料，胡适带着凄凉的心，匆匆登机，逃往南京。胡适以自责的"逃兵"身份继续在南京活动。不过从1949年1月25日这一天算起，胡适在江苏省特别是南京的活动便历史性地终结了。

杨联升缅怀胡适及其大陆的愉快访问

胡适一生有许多弟子，如著名的有亲授真传弟子罗尔纲、胡传楷、胡颂平、吴晗、黎昔非、王崇武等；同时，还有年龄相差无几、与胡适亦师亦友的傅斯年、顾颉刚、柳存仁等；除外，还有胡适十分欣赏但属于非亲授弟子，后起之秀的一流汉学家，如杨联升等。

杨联升（1914—1990），字莲生。河北省清苑县人。1937年，国立清华大学经济系毕业，获法学学士。旋赴美国留学，1942年，毕业于哈佛大学历史系，获文学硕士学位。1946年，毕业于哈佛大学历史系及远东语文系，荣获哲学博士学位。曾任哈佛大学和耶鲁大学讲师，之后又短期在联合国语文研究组任翻译。后仍回哈佛大学授课，教中国史专题研究和近代文选。1950年，应邀到普林斯顿大学做著书研究工作。从1946年起长期在哈佛燕京学社做研究工作。

因大陆家属的亲情召唤，大陆前辈的影响号召，同辈学者在大陆辉煌成果的诱惑，杨联升从1974年起，对大陆进行了两次愉快的走亲访友活动，获益良多，终生难忘。

杨联升追随并缅怀胡适

杨联升与胡适相识于何时？据胡适日记记载：1943年10月10日，胡适"与张其昀（晓峰）、金岳霖、杨联升同吃午饭，饭后同到晓峰寓大谈。在元任家吃晚饭，饭后同到'大波士顿中国学生会'一同庆祝双十节。我有演说，指出辛亥革命的历史的重要性"。四天后——10月14日，胡适"晚上在周一良家吃晚饭。同坐的有杨联升、吴保安、任华，都是此间最深于中国文字历史的人。此间人颇多，少年人之中颇多可与大谈中国文史之学的"。可证比胡适年轻23岁的一颗"少年"新星——杨联升，已在大师胡适心中开始发光了。是年10月26日，杨联升便自称"学生"向"胡先生"发出生平的第二封大谈学术问题的信。为什么说这是第二封信？原来杨联升在信的开头便说："上礼拜给您写了信以后就忙考德文。"可惜这第一封信已失考矣。

在这样的面晤和书信来往中，胡适已清楚地知道了杨联升是个奇才。1944年6月23日，胡适终于迫不及待地给杨联升"去信，约杨、周（一良）两君去北大教书，他们都有宿约，不能即来"。这是胡适生平给杨联升发出的第二封信，意义重大！此信也表明它在彼此心中承载着多么重的分量！

胡适与杨联升往来书札，按杨联升统计：从1943年10月26日起至1962年2月7日止，他俩来往书札共205封，其中杨联升致胡适117封，胡适致杨联升88封。当然实际情况，不免会有出入。但这样的数字，在胡适与他人的来往信件中也雄居前列了，这些书札产生的正能量也是惊人的，弥足珍贵。

蒋力先生将全部书札分成五类：

论学；以信代文；涉及事务内容；通报近况；家书。

纵览全部书信，又可分为两大门类：一类为"论学"。从杨联升致胡适的书札来看，"论学"内容占全部书札的比重巨大。一类为"谈诗"，师生二人大谈诗经、诗情，歌颂美好人生。

笔者择其书信部分内容，虽是吉光片羽，但也可窥其尊师爱生、倾心交流、共同奋斗的心态，看出一位真正的学术大师的风度。胡适在信中亲切地称呼杨联升为"莲生兄""莲生先生""联兄""L·S""Dear L·S""L·S兄"，甚至戏称他为"杨公"。而杨联升对胡适则自始至终尊称之"胡先生"，自署"学生"；尊呼江冬秀为师母，在信中抬头或空一格，以示敬意。

其一，杨联升仰慕胡适，趋府拜谒，并表示为其效劳不渝。

1.1943年11月18日，胡适曰："古人说，用将不如激将。我的一激竟使康桥多产新诗——多产这样新鲜的白话诗，岂不大有功于白话诗国也哉！你的《新闺怨》和《出塞前》都很好。佩服！佩服！我作不出这样'地道的'新诗"。

2.1944年1月29日，胡适曰："我对中国文法，虽然有了三十多年的兴趣，总没有跳'下海'去，我很希望老兄多多着力，不要抛弃，将来给我们一部最合学理又最适用的中国文法。"

3.1944年3月14日，联升曰："您的（中国）思想史，还是动起手来好。外国人写中国通史，不是不大，就是不精，总难让人满意。"

4.1944年6月21日，胡适曰："承你夸奖此文（按：指《名人传记》），'大有举重若轻之妙'，又说'读过好像看过一场干净利落的戏法，舒服之至'。古人说'成如容易最艰辛'，我写此note，大有此感。"

5.1944年6月29日，胡适"戏改杨联升的'柳'诗：'喜见新黄到嫩丝，悬知浓绿旁堤垂。虽然不是家园柳，一样风流系我思。'寄杨君及周一良君"。

6.1945年1月29日，联升在日记中写道，他在哈佛大学曾"上胡（适）课（按：指《中国思想史》）"一个学年。

7.1945年12月17日，是胡适54岁生日。杨联升写了一副对仗工整又富幽默感的寿联献给胡适。联曰："及门何止三千，更教碧眼儿来，红毛女悦；庆寿欣逢五四，况值黄龙酒熟，黑水妖平。"

8.1946年5月28日，杨联升曰："这次到纽约看您，虽然只谈了几分钟，见您气色很好，又得着您的家园柳诗稿，非常高兴。"

9.1950年6月15日，联升曰："收到6月9日的信，得悉师母大人已经安抵纽约，欣喜之至。"7月2日，又曰："这次到纽约，得以谒见先生同师母，非常高兴。"

10.1950年7月2日，联升曰："以先生之聪明绝顶而力主'笨校'，我了解这是苦口婆心，警戒后学不可行险侥幸。"

11.1951年3月10日，联升曰："在纽约听您讲《碛砂版大藏经》及麻布经帙等事，非常高兴。又蒙师母赏饭白鳝红狮'推潭仆远'（西南夷语：甘美酒食），至今尚有余味。"

12.1951年9月7日，胡适曰："先人遗著，承你校勘出许多错字。多谢！多谢！"

13.1953年5月15日，胡适曰："今早收到劳贞一兄的信，寄你看看，请你想想信中两个问题：首先，他的研究计划；其次，他应向何处研究？哈佛？芝加哥？普林斯顿？你是最渊博的人，一定能给他指导。"

14.1956年7月31日，胡适曰："今天改变计划，打电话给杨联升，问他今天下午有没有事，我就决定由波士顿去剑桥玩一天。下午飞机到波士顿机场，联升同刘君来接，晚上在杨家吃饭，有裴开明、王德昭、李霖灿、何炳棣诸君大谈。住杨家萨克拉曼多街2号。"

16.1956年8月17日，联升曰："您这次'从天而降'，在我们正是求之不得，只恐招待不周。只要您不嫌简慢，希望您多光'降'几次，也好让这里的人多有些当面请教您的机会。谢谢您写信给饶宗颐先生替我们去要书。"

17.1956年9月8日，联升曰："您8月30日（或31日）的信同路上发的明信片，都收到了。多谢。《台湾日记》及《禀启》也收到了，我原封交炳棣带去加拿大，并且请他把《年谱》影片本在用完后寄给我，我好依照您的嘱咐，试作一序或一跋，待您一月东归时奉还。《年谱》可以早日印行，我们极以为快。"

18.1957年2月10日，联升奉函曰："胡先生：刚才试草《钝夫年谱》跋，奉上清稿一份。您如果认为大体可用，请随便改正。如果不合用，也请不要客气，请先放在一边，等我来纽约时再商量改写。敬请双安。学生联升敬上。1957年2月10日晚12时。"

《钝夫年谱》跋

胡适之先生的父亲铁花先生自撰的《钝夫年谱》要印行了，适之先生叫我写一篇跋。铁花先生（1841—1895）的事迹，见于先生的《家谱》，1951年印在《台湾纪录两种》前面代序。这部《年谱》，从道光二十一年（1841年）起，到光绪二年（1876年）止，大略相当于《家传》前两页的事。铁花先生世代贩茶，有的子弟也入塾读书。先生十几岁时，学作诗文，也助理世业，在安徽浙江之间往来。咸丰十年（1860），先生二十岁，娶冯夫人。这一年，太平军打破绩溪县城，先生虽然习武自卫，后来又组织乡团，有好几年还是不免流离迁徙。同治二年（1863），冯夫人殉节。四年（1865）局面平定，先生补了廪生，续娶曹夫人。从同治五年（1866）到光绪二年（1876），胡氏大宗祠重建，由先生主持，任劳任怨。这一件大事，同逃难时设法维持生计的种种艰苦，《户谱》记载得非常详细。

读《钝夫年谱》的人，一定会觉得铁花先生是一位长于治事，有担当、有作为的人。逃难时的间关经商，建祠时的独负重责，不过是两个特别显的例子。铁花先生这种过人的性格与修养，在《台湾纪录两种》里，更看得清楚。例如光绪十八年（1892）冬与次年春季给同门范荔泉先生（当时在抚院帮办文案）的几封信里说："生平以畏难苟安为深耻。"（《禀启存稿》页三十五上）又说："弟生平所自信而自恃者，只有不畏难不苟安六个字。"（页四六上）这六个字的实例，在《年谱》同《纪录两种》里，差不多随处都可以见到。

光绪十八年，铁花先生52岁。写信时，在巡阅全台防营之后，提调台南盐务总局，不甚得意，所以想请求内渡，回家教子。（到次年五月才得代理台东直隶州知州，二十年才正式补授）这时，范荔泉先生以"任"字相勖。铁花先生关于"任"字，发了几段议论："弟前所论任字之义，乃谓随时随地皆有当任之责，当尽其在己者，不容推诿于人。伊尹自任以天下之重，曾子以仁为己任，亦曰任重（页三七上）。""如弟今日所处之个位，义当处则处，义当退则退，于己皆有当任之责。处其位而不能有所为，则任过，任也；任怨，亦任也。省己量力，义当求退而力求之，亦任也。任事，任也；任道亦义，亦任也。论道义则命在其中，求道义之所安，即安命也；非计及于运气也。"铁花先生自己也承认，这一次本来未免有些得失之心，不过考虑之后，就涣然冰释。决定求退也是为了要对道义负责任。这种作风，光明磊落，而且始终是积极的。

又有一封复范荔泉的信说："知及之，仁不能守之，若吾刘庸斋师迄今尚在，又必为讲此章以相勖矣。愚戆之性，既不能改，愚拙之分，又不能安，愚而益愚，前此龙门听讲三年，究有何用？"庸（融）斋即兴化刘熙载先生，曾主讲龙门书院。铁花先生在那里肄业，约在光绪初年。这种体验分析的工夫，正是理学家一种长处"。

回到《年谱》本身，这部书给研究近代社会经济史的人，供给了许多难得的资料。例如先生家里的儒贾兼业，表示社会阶层与分业并不甚严。关于合资分工采办转运的情形，物价运费厘金的数目，两次分家的经过，重修大宗祠捐款同出工办料的规矩，都有仔细的记载。关于大乱之后族中丁口十只存二，提到了好几次，可以略见大乱对于人口的影响。又说同治乙酉（1865）阖族只存一千二百余人，在家老幼男女八百余口，工商于外者四百余口，又估计在家族人全年的收入支出。这些资料，都十分珍贵。所以这部《钝夫年谱》的印行，是一件极可喜的事情。

　　　　　　　　　　　1957年2月10日　学生　杨联升敬跋于美国康桥

笔者按：杨联升应胡适之请，1957年为其父铁花先生自撰的《钝夫年谱》写跋，这是一份殊荣。对此，不由使笔者想起早在1930年起，一位比杨联升年长13岁的学长罗尔纲先生，亦曾应胡适校长之邀，为铁花先生的遗稿进行了细致的默默抄录整理的工作。两者一前一后，都为铁花先生遗著的再生做出了卓越的贡献！

19.1957年2月16日，胡适曰：在美国大上海饭店，"杨联升来谈，同去到蒋彝先生的晚饭之约"。

20.1957年4月20日，胡适曰："前天收到了你们给我做寿的论文集上册，我真的要向撰文的许多朋友磕头道谢！"

21.1957年5月27日，联升曰："在纽约吃了师母做的那么些好菜，还有烧饼，喝的又是茶，又是酒。回来还没有来得及写信道谢。虽说忙乱，也该挨打了。"又写道，"您修改'遗嘱'授权毛子水先生同我处理您将来的'遗稿'。这是一件大事，我不敢不从命。"再写道，"您在前些年早就同我说过：学生整理先生的文稿，不可贪多而收录未定之稿，或先生自己以为不应存之稿。但这里实在需要很大的判断能力。"

22.1958年3月4日，胡适曰："知道你有血压过高的现象，我很挂念，很盼望你多多休息，多多听医生的话。血压高，现在已有特效药，告诉我，再服二片'血压平'之后，是否再降下十度？你的160-150 / 110-100，虽然高一点，但上下两数距离50还是正常。不参加宴会，不饮酒，夜早睡，都很重要。……那晚上你来我家，我没听见你说起身体近况，只在你走后，我颇责怪我自己：干吗不让联升多谈谈他自己的工作，干吗只管我自己talk shop！这些时候我常想写一短信向你道歉。"

23.1958年8月12日，联升曰："上星期日（3号）全家来请安，得见您同师母身体精神俱好。非常快慰！"

24.1958年10月22日，联升曰："前几天严耕望来告诉我，说您同另外四位院士要提名做院士候补人，真是惶恐之至！这当然是您提携后进的意思，不过我实在没有什么成就可言，只好说把在国外的人另眼看待了。"

25.1959年4月27日，胡适曰："今天在台大医院里收到你4月18日的信，我看了信封上你的字迹，高兴得直跳起来，拆开看了你说的'昨日（4月17日）出院回家，这半年不用教书，还可以接着take it easy（放轻松），下月起想写些短篇文字，但当爱惜精力，绝不过劳'，我特别高兴！"

26.1959年7月7日，联升曰："多谢您通知我当选院士的电报！这都是您同诸位前辈先生的奖掖、同辈朋友的捧场。以后只可更加努力，身体与学问兼顾，庶几不负先生的期望。"

27.1959年9月12日，联升曰："8月22、23见到您两次，虽然谈话不多，但见您精神饱满，非常欣慰。师母外出，未得当面请安，见到大公子夫人及公孙，则是没有预料到的。"

28.1959年12月23日，联升曰："您说'每到晚上总觉得舍不得去睡'，这很像曾文正所谓'精神愈用愈出'。我则相信睡觉于身体好处多不可言（于血压尤其显著），'夜香虽黑其味则甜'（意译米其蓝之楼诗句）。先生如亦多睡，精神必然更好！（并非替医生宣传）。"

29.1960年间，联升在致刘绍唐信中说："中美学术合作会议在西雅图举行，我同法律学院教授代表哈佛参加，中国代表团有近30人，胡适之先生领队。分三组：人文、自然科学、社会科学……后来胡适之先生赠我一部比较早的刻本，题为和州鲍东里古村编辑。"

30.1960年8月9日，联升曰："好久没写信请安了，上星期张佛泉跟您通过电话，您还问到我们，感激得很！听说师母可能同您回南港，收拾东西恐怕要忙了。……附上《道教之自搏与佛教之自扑》文稿副本，请切实指正！副本阅后请掷还。"

31.1961年2月11日，联升曰："得知您3月中下旬来美参加麻省理工学院百年纪念并为老师Wilcox拜寿，欣慰之至。前几天见到林家翘，他也提到这个消息，并说很想请您吃顿饭，朱兰成也很赞同。他们要我先写封信，请您务必给保留一天晚上，让我们三个院士请请院长。如果师母能一同命驾前来，更是欢迎之至。""您在哈佛讲中国思想中不朽的那篇文章，在神学院刊的单行本，我已经找出来了。说老实话，用英文写的讲中国宗教思想史的文字，实在太少，这本书一定会受学生的欢迎。"

32.1961年7月29日，联升曰："您的宝贝——《乾隆甲戌本脂砚斋评石头记》——影印问世了。多谢赐赠一部！……这里的Beacon Press对您的论文集非常有兴趣，已经问过我两次，我说恐怕是胡先生因为健康未全恢复，一时没有工夫写导言或序言。希望您授权我向各方请求（解决）版权方面的事情，您或可一挥而就。"

33.1961年10月12日，联升曰："关于编印您的英文学术论文选集这件事，波士顿的Beacon Press说只要编好了，他们随时可以同您订立出版契约。……您可否写一篇导言，三五页就行，十几页更好，最好在年底以前赐下。其余杂务，大概我都办得了。"

　　34.1962年2月7日，杨联升致信："胡先生：从报上看见您休养之后出院，非常欣慰。敬祝您同师母福体安康，百事如意！……学生要到日本京都大学去讲一课秦汉经济史，又给安排在法国学院讲四次（得用法文，要特别准备），所以这次就打算先不来给您同各位师长前辈请安了。学生联升敬上。"杨联升哪知道这天发给在台北的胡适的这封信，竟是最后一封信，因为17天后即2月24日，一代宗师胡适在台北与世长辞了。因此，胡适仙逝后，杨联升未能回台北出席各种告别仪式。但是杨联升还是向在台北的江冬秀师母发去唁电，衷心地表达对胡先生的哀悼之情！

　　其二，胡适仙逝后，杨联升对大师寄予深情的缅怀。

　　胡适生前对杨联升呈上的《道教之自搏与佛教之自扑》一文，曾"对其自搏之考证，颇为嘉许，对自扑的解释，则提出疑问，对其推论，也不甚以为然"。1962年9月3日，杨联升对该文作了《补论》，"将胡适的意见也容纳进去"，刊于台北《故院长胡适先生纪念论文集》，"作为对胡适的纪念"。这不能不说是一种别具一格的纪念品。

　　1975年12月1日，杨联升在致钱思亮的函中说道："晚学于周前检出胡适之先生在1944年以后10年间寄晚学之信数十封，共167页。正请哈燕社和图书馆代制Xerox副本，希望数日内可以作好。拟请（余）英时兄带上一份，请院长带回南港，转赠纪念馆收存。此等函件，多数讨论文史，原可公开，但亦涉及当时缩照影印我国善本书之计划（进行不甚顺利），又提及国内学者有需要'美援'情形，在今日发表，似不相宜，敬请转告纪念馆不必影印流布。此外，应尚有十数封（其关于自搏自扑之信，已在晚学补论中印布），一时不易搜齐（因与其他师友函件混在一处），将来再复制补寄（信中处处可见胡先生奖掖后进之深情，故原信仍似由晚学保存，以为个人纪念）。"

　　1976年11月18日，联升在致浦薛凤（号逖生，1900—1997）的函中说："人性有刚柔（硬心、软心）之异，胡适之先生似偏于后者，在国难时出任大使，贡献甚巨。但如果张忠绂《迷惘集》所记有据，则胡先生似有驭下太宽遂受蒙蔽之事。"

1982年7月7日，联升在致丁邦新的函中说道："蒙史所不弃，叫我为赵元任先生纪念论文集写一篇文章，这是义不容辞的。"未料此事却拨动了杨联升对谢世已久的胡适的深情怀念之心弦，他由衷而又慨叹地说："胡先生去世已20多年了。我受他们二位提携指导之恩，真恐毕生难报了。"

1986年10月20日，时已届72高龄之杨联升先生，在致吴大猷（1907—2000）的函中也说道，我"曾将胡先生手书复制一份，请钱思亮院长带回赠纪念馆收藏，一份赠余英时教授，自存原件。……晚在十年前大病之后，自认无力整理，即交与余英时教授，请他斟酌办理，但以今日学问之发展为背景，如何发挥胡著之光彩，大非易事"。

虽然杨联升先生在1990年驾鹤西去，但是他对这批具有重要历史价值的信件的利用问题发出的呼吁与期望，并没有落空。一部由台北胡适纪念馆编、杨联升著、余英时序的《论学谈诗二十年——胡适杨联升往来书札》，先由台北联经出版有限公司出版，2001年8月则有安徽教育出版社出版中文简体版。更令人高兴的是，一部由杨联升著、蒋力编的《莲生书简》（内收杨联升致胡适信10通等），于2017年10月，由北京商务印书馆出版发行。如果在天有灵，杨联升先生一定会感到欣慰的！

杨联升晚年对大陆的愉快访问

杨联升的母亲和弟弟以及儿女均生活在大陆。长子杨道申夫妇与母亲共同生活。长女杨忠平长期定居北京，曾是中学数学教师。女婿蒋震，曾是中学语文教师。长孙蒋力、次孙蒋丰。全家其乐融融。

1972年12月4日，杨联升在给长女的信中，告知当时"中美之间来往的人已经比较多，文化渐有交流，我们得知国内情形（有些刊物如《考古》《文物》我一直订购），也很快慰放心了"。

1973年5月30日，他在致杨忠平信中很愉快地说道："赵元任先生夫妇，得周总理接见，已见《人民日报》。赵先生是语言学大家，而且是我的恩师（我能留校教书，赵先生推荐之力甚大。抗战时，我帮赵先生教美国兵中国话，是唯一的讲师，别人都是助教。赵先生又同我合著《国语辞典》。柳无忌先生也很熟，他的父亲柳亚子曾同毛主席唱和。我们这次到欧洲，在巴黎见到祖国新出土文物展览（两个考古发现电影片，我看了三次，妈妈看过两次，非常兴奋）。我因教书的关系，《考古》《文物》《考古学报》都订购，所以对于出土的东西不算隔膜。妈妈同我（也许连德正），明夏希望能申请回国省亲观光，已见我给奶奶的信。"可见其回国之心已很强烈矣。

杨联升真的付之行动了。1974年1月10日，他在致女儿信中告知，他曾在"新年之前与（中国）驻华盛顿的联络处交换贺年片，并询问有关探亲观光之事，很快他就得到回信，附申请书（每人三份）。今日与妈妈填好，连照片一同挂号寄去，希望回国的时间是6月上旬起，住一两个月，路线大约是由香港到广州再北上。详细计划，要得到允许时再定。"大约是3月至4月间，获批后杨联升夫妇由美国飞抵香港经广州再达目的地——北京。此行有限制性，因为中美两国的外交关系处于尝试性的"联络处"阶段，加之杨联升的特殊身份，所以此行，杨联升说只提供一次对直系亲属不包括表亲在内的探访活动。虽然与他的愿望尚有遥远的距离，但他与老母和儿女及孙儿度过了一段欢乐的时光，杨联升对此虽未做详细描绘，但其愉悦之心态跃然纸上，这次使他刻骨难忘。

杨联升回美后，1975年8月4日，他在致忠平信中，说出了一番自省的话："我的大毛病是以前看书兴趣太广，到国外留学又走西洋旧式所谓汉学家的路子，变成'十八班武艺件件稀松'。……好在你们都在新社会为人民服务，各有一定的工作，我很高兴。自己也想痛改前非，从纲领方面多学习。"

1976年2月21日，再致信女儿，宣称自己"每日都看报，看《自然辩证法》，努力学习"，杨联升克服"对近代史的了解太差，理论水平更差"的困难，"看国内历史界如此努力，令我十分感动，必须趁早在年纪还不算老时加强学习"。他感谢女儿和妻弟寄来的旅游时所拍"照片十张，有人有景，都是我向往已久而未曾到过的地方，对地理知识大有裨益"。他还指明四川省的"李冰父子创的都江堰，我是向往已久的，这是历代劳动人民智能创造的结晶，一点也不错！新建的钢桥、隧洞等，千里的成昆线，又是新中国人民在正确领导下的硕果。"

杨联升非常敬重周恩来总理，当他惊悉"周总理逝世，这里也同（美国）他处一样，有追悼会。我曾试写五律一首，因有两句尚待推敲，以后再录。我看过《人民日报》上许多挽诗，都很动人。看报上在北京追悼的人中有丁声树（老友，但久未联络）、吕叔湘（仰慕已久，未会过的前辈），他们是我很想当面请教许多有关汉语——尤其是唐至元一段——问题的两位，不知在何岗位？便中请告知（因申请书中可能要列举想见的友人）。"又对他女儿说，"丁声树先生，我本来很熟。张政烺先生（与我年纪最近），尚未会过，但很想见见。朱德熙先生曾来此间（按：指美国），可惜我错过了。王了一先生，我听过他的课，给他的书写过评介。"

1976年6月，杨联升收到忠平寄来一包书，"计有《论孔丘》《孔丘教育思想批判》《铁旋风》《边城风雪》《青松岭》《杜鹃山》《创业》《渡江侦察记》《火红的年代》，共9册，都很有用"。8日，杨联升复信告知女儿，"《论孔丘》及《孔丘教育思想批判》我都读了，学了不少东西"。惊悉唐山发生大地震，8月16日，杨联升致函女儿"7月底8月初得到唐山丰南地震的消息，而且知道旁及京、津，我们确是十分悬念。尤其是头几天外国人的报道，语焉不详，而且有夸张之处，更使人不放心。妈妈有两星期因此失眠。幸而不久就看见《人民日报》，对国内领导人、党员、干部，尤其是各地人民的处变不惊，应付迅速而有纪律，使灾害的损失，大为减低，这是所有人目睹的中外人士，一致惊叹敬服的！"

好消息终于降临，杨联升夫妇再度探访终于获得批准。1976年7月7日，杨联升给女儿写信，告知"6月中旬我们收到联络处由华盛顿寄来的空白申请书，立即填写照了相寄去，申请在九、十月回国探望亲友并游览，约在30日到35日，来往都经由瑞士楚芮克。因日子不多，只可选重点，提出来的地方有北京、天津、西安、延安、成都、洛阳（如时间不足，洛阳可免）。太早了天热，太晚了怕冷，对我们已过60的人不宜"。

1977年3月17日，联升夫妇的申请被批准，可于夏（七八月间）回国探亲，在国内35日，"天津的亲属可来北京会面"。这真是好消息。6月22日，他俩给女儿写信："妈妈说谢谢你的种种妥当的安排及送我们的手制礼物。不久就要回到祖国了，好开心！"是的，杨联升（时年63岁）夫妇终于可以再次踏上梦寐以求的漫漫返乡路。7月2日，联升夫妇离开了美国波士顿，经瑞士楚芮克抵达北京，他俩下榻华侨大厦。在祖国35天，联升夫妇再享天伦之乐，按中国旅行社总社和女儿的安排，在北京、天津、西安、洛阳、郑州等地参观名胜古迹并拜会文史界及考古界学人（包括世交与老同学）。

杨联升在女婿蒋震陪同下，曾对西安（三夜）、延安、郑州（两夜）、洛阳（两夜）的名胜古迹遗址及博物馆进行了十天的参观访问。他在西安，"参观了半坡遗址（郭老书作趾，可通，止本像趾形也）"，又看了"华清池（所谓贵妃池，已不售票，为外宾特许使用）入浴，同登（明朝）万历十年东移之钟楼二层，但察其钟铭，实铸于（明朝）成化丙申，介绍者未注意。又到大雁塔，已非原形。四门石拱上刻画多为后人刻字所掩，殊可惜"。在"陕西省博物馆（即碑林，有新移入之碑更珍贵）。赫连大夏石马（424年）后臀下有石人，略似霍去病墓马踏匈奴，绥德出土西周马头刀、蛇头剑（蛇舌活动），罕见。货币陈列误以圜孔圜钱（上有铭文）为西周，应在战国末，为半两货币之先声，较刀币皆晚。"在河南省洛阳，"第一日全日游龙门，奉先寺正在修理，特许弟登上。保管所杨顺兴同志（弟笑谓与杨大眼可合为三杨），学识兼长，弟只能从铭刻之解读及梵文译汉，略作协助"。"在洛阳博物馆，见偃师二里头有相当于夏代之遗物（有铜小刀、铜镞等），他认为'不尽可信'"。

在郑州二日，喜见"河南省博物馆贾峨先生学识渊博，对新石器时代及商周陶器花纹颜色形制细为讲解，获益最多。在三地所见学人，以此公为巨擘，著述亦多"。接着他又说，"又知淅川所出各层遗物，多甚重要。

后参观商代遗址（夯土墙）。郑州亦有偃师二里头器物。由巩县出土器物，知洛阳之唐三彩多出其地。午后参观黄河博物馆，对地势上中下游之问题及水库发电、土木林综合利用，甚增了解。又同登大堤（丁字坝多用石）。塬面有条田梯田，在郑州所食稻米洁白过于西安，此真是新中国可以向世界夸耀之绝大成就"！1977年7月30日，他激动地说："返美后或可结合史料，就黄河之旧貌换新颜做非正式之介绍。"意即让世界都来了解并赞美中华人民共和国的新成就。

杨联升惊呼："纵览中原，又到各地遗址及博物馆学习（龙门全日），最后在郑州看黄河展览馆，获益特多。过潼关后占一绝句：'留夷梦寐向华原，最喜河山换旧颜。新寨新山看不足，轮车已过几重关。'"

除开中原之游与目睹，联升还对国内其他考古方面的成就，赞不绝口。他自叹"在国外多年，国内许多地方都没到过，纸上谈兵，希望补补这个毛病"，"希望能够看到在社会主义正确路线下种种除旧布新"的景象。他对国内发行的《文物》与《考古》杂志，情有独钟，总是爱不释手。他从中看到吐鲁藩发现唐代的绢花，令他惊喜不已！而马王堆女尸的薄丝织品也使他吃惊，等等。他称赞这些考古发掘的辉煌成果，实因"祖国劳动人民的智慧真是了不得"。

联升先生在参观古迹遗址和博物馆的繁忙中，绝对没有忽略对专家学者们的拜访及与他们交流。现有信件显示，联升在北京先后拜访过考古学家夏鼐（作铭）、宿白，古文字学家唐兰（立庵），语言学家吕叔湘、王了一与朱德熙，博物馆学家史树青、白寿彝等著名教授与学者。

兹略述一下杨联升与上述学界人物的交往交流之情形。先说夏鼐，此君时任中国社会科学院考古研究所所长。联升说与"夏作铭先生很多年前通过一封信，他改正过我关于中亚我国领土内发现的波斯古币的误解（我因偷懒，未查专书，误从《考古记》之说，以为虢墓是阿拉伯人），我十分感激！去年（按：1976年）在香港见到林寿晋，已请代向夏先生致候"。1977年7月初，"夏作铭惠访，谈数小时，并以拙著呈教"。24日，"已与夏鼐（作铭）快晤"。30日，与"夏鼐所长谈过两次，刻下甚忙，或能与王冶秋先生（按：时任中央文物局局长）一谈（在法国错过）"。

杨联升崇拜白寿彝教授。他对"白先生的回教史、兄弟民族的各种研究，很佩服，只是自己更外行就是了"。7月29日，联升"到师大访白寿彝先生，盛装相接，谈二十四史之标点及其他历史教研方面的问题"。联升说"此次归来，欣逢盛会，做出重要决议，全国欢腾，我亦乘此良机试为文化交流作若干铺路工作"，遂向白寿彝教授提出中美两国专业学人尽早组织考察团进行互访的建议。"白先生对此建议，认为值得向主管机关联络推进"。联升说，他"甚盼能在一两年内实现，因彼预定1980年夏退休，退休之前较易协力也"。此言有远见，一片爱国情，良苦用心呀。

吕叔湘（1904—1998）先生是语言学家。联升说"已会过吕叔湘先生两次"。1977年7月11日，吕叔湘亲自登门看望联升，"畅谈数小时，并以拙著呈教"。24日，杨联升与"吕叔湘、夏鼐诸公快晤"，又说："吕先生对我之《汉语否定词杂谈》（上下古今兼论音义）长文颇为嘉许。以后拟再将其他文字（特别是书评）寄去请正"。是年8月3日，杨联升致函叔湘先生："晚学此次有缘两接情况，畅聆教诲，为生平快事之一。返美后拟续检拙著书评之数奉寄，盼与了一、德熙先生共赐教言"。

1983年2月15日，退休已三载的杨联升在致妻兄彦威的信中，回忆当年与"北大宿白教授曾相访，回国前寄赠《敦煌吐鲁番文献研究论文集》，我有些意见已作一书寄北大，与宿兄及周一良兄，将来可能放大改写为书评"。

杨联升在1935年曾旁听过唐兰（立庵）先生讲古文字学，他的文章一直在读。

杨联升于1977年7月11日，"在（中国）历史博物馆（通史之部）与史树青（1922—2007，时任研究员）兄长谈，亦甚得益（陈列品中有数件敦煌文书，其重要性我较熟悉，当时读解）"。是日，又"见了朱德熙先生"，甚感愉悦！

杨联升想在大陆见到的学人还有几位。"张政烺先生（与我年纪最近）尚未会过，但很想见见"，1982年终得见面。联升说，8月13日，"张政烺曾询及我是否有意在国内出文集（或可考虑）。渠于'商周'会后将与夏作铭、胡厚宣等一同来访，可一聚也"。夏鼐曾为此文集出版事奔走过。至于"丁树声（河南郑州人，语言学家、词典编纂家）先生，我本来很熟，老友，但久未联络。他是我很想当面请教许多有关汉语（尤其是唐至元一段）问题的一位。不知在何岗位？"但未得见，因此留下了少许的遗憾。

杨联升甚感此行颇像匆匆过客，但他似乎感到在大陆也找到了自身的价值和位置，所以他在即将离去的感言中，很有信心地说道："35天的聚会，说短也不算太短，大家都已善为利用。我们又正赶上了国内一片更新，喜气洋洋。现在大家都甩膀子大干，或者埋头苦干（有前途的'苦'别有滋味），科技一马当先，历史语言在教研双方自然也会受到应有的重视。我这个失落番邦的教书匠，接触面广一些，将来或有可备顾问之处，也未可知。"

杨联升的宏言壮志值得称赞，可惜1990年，这位了不起的西方汉学界一流学人，却被病魔夺去了生命，年仅76岁。

杨联升生前深感此趟大陆之行意犹未尽。他在1983年、1984年两次致函挚友吴于廑（1913—1993，原名吴保安，世界史大家，曾任武汉大学副校长）时，曾说将利用应国学大师钱穆1985年9月，在香港举办中国文化讲座的机会，自己也进行学术演讲，并应北京大学与天津南开大学之邀的机会，想做三度回国探亲访友之行脚。斯时，其母已去世，胞弟仲耆在天津，胞妹在南京，又侄辈、子女在北京，妻子在成都。杨联升计划在京、津及四川大学、武汉大学演讲，除外，还想拜访仰慕已久的史学家唐长孺（1911—1994）教授。但他向吴于廑交了底：若健康状况允许，才能成行。1985年5月31日，杨联升在致函考古学家、北京大学教授宿白的信中，陈述了不容乐观的健康状况。作为院士的杨联升在1986年10月20日致台湾中央研究院吴大猷院长的信里，根本就未提及他的三度访问大陆的计划。

此时的大陆已进行37年改革开放，创造了社会经济与科学技术皆突飞猛进的大好形势，这对杨联升具有多么强烈的诱惑力！诸君要问杨联升第三次访大陆的计划结果如何？我想，两个词能概括：满载而归、终身难忘。

胡适、蔡元培与德国汉学家卫礼贤的友谊

北京大学校长蔡元培（1868—1940）与胡适教授，一生中引以自豪的是他俩拥有许多外国朋友，其中包括一些德国朋友。蔡元培与胡适与他们在学术上交往较密切，如著名的汉学家理查德·威廉，中文名卫礼贤，又作尉礼贤，便是其中的一位。他俩与卫礼贤在中国相知相识，成了学术上的朋友。卫礼贤回德国后，在家乡创办了一所"中国学院"。胡适与卫礼贤又重逢于德国。卫礼贤谢世后，其子续承父亲衣钵与胡适结成学术上的忘年交，一时传为佳话。卫礼贤在其代表作《中国心灵》一书中，赞美胡适是新文化运动的领军人物；而胡适曾在日记中多处记下他与卫礼贤的交往。胡适与卫礼贤的越洋友情谱写了中德历史的新篇章！

到中国后渐成译著甚丰的汉学家

卫礼贤生于德国西南名城斯图亚特。早年丧父，由祖母和母亲抚养长大。1891年考进图宾秉根大学，攻读哲学及神学；结束神学职业资格考试后，便投入教会工作。1897年，他应柏林基督教教会选派优秀牧师之征，赴中国山东胶州新区传教。但他既不懂英文又不谙中文，柏林教会便派他到英国去进修，经三个多月的速成，5月间，作为"同善会"的传教士，他乘船到达当时被德国强占的山东青岛，在一个普通渔村落下了脚。

卫礼贤本着对宗教的虔诚和对中国的好奇心，渐渐扎下根来。他一方面发展教徒，一方面开办中德学校，除教德文兼授中文，他逐渐知道中国

的学问博大精深，于是他不耻下问，向当地士绅请教，因而大有长进。由于他的执着追求，五年后便快速成为一名"中国通"了。更令人吃惊的是，他从1905年起，竟先后能看懂《大学》《中庸》《孟子》，以及《老子》《庄子》和《易经》等古籍。

清朝被推翻，中华民国成立后，1922年，卫礼贤以其"中国通"——对中国文学知识精通，能流利说一口中国话——的身份，被德国驻北京公使馆调去任文学顾问，无疑这给卫礼贤创造了一个最大限度地接触中国文学作品、文人作家的机会，他遂与中国学术界人士特别是与蔡元培和胡适、朱家骅等名人，结下深厚的友谊。

蔡元培聘请卫礼贤为北京大学教授

卫礼贤在其《中国心灵》一书中，特别推崇北京大学和校长蔡元培建校之功。他曾夸奖："由蔡元培和他的同仁奠定基础的北京大学，在新中国的精神生活中占据了无人替代的重要位置。"又说，"可以说，北京大学站在了中国新文化运动的最前列。"

蔡元培曾愉快地接见了这位令人钦佩的"中国通"，并认为他是一位信得过的、一位有影响力的外国朋友，因此曾拜托他帮助北京大学解决在德国购买仪器遇到了困难一事。1922年6月16日，蔡元培致函卫礼贤："日前畅谈甚快。北京大学在德购办仪器事，经贵国公使允许，力与援助，至为欣幸。大学前拟在德购买物理学仪器，曾由大学驻德代表朱骝先（家骅）先生向各工厂接洽，迄以价目及付价方法，各厂要求太奢，大学款项有限，未能商议妥协。兹拟恳请先生，由贵国驻京使署一面对于贵国国内关系机关有所主张，如能使大学用德国国内价目购得，自为最善；不然，亦请设法特别通融。至于详细办法，可由贵国国内关系机关与北京大学驻德代表朱骝先先生就近接洽商定。至应购仪器名称、数目，另有详单，兹并奉览。"

是年，卫礼贤出版了他的《实用中国常识》，这是一本普及读物。

1923年，蔡元培聘请卫礼贤为北京大学德国文学与哲学教授，因此在卫礼贤所开列的与他有交往的中国杰出人才名单中，便出现了康有为、梁启超、辜鸿铭、胡适等著名学者的大名了。

卫礼贤回国创办"中国学院"

1924年，卫礼贤横跨从清末到中华民国两大历史阶段的25个春秋之后返回德国。由于他的中文造诣很深，译著甚丰，因而早已名扬他的祖国。回国后，他即被法兰克福市的歌德大学聘为教授，主持中国学术讲座，充当中国语言班教席，主讲中国哲学和中国的艺术及文化。随后，应邀去海德堡与柏林宣讲中国学术问题。与此同时，卫礼贤又锲而不舍地继续他的《易经》翻译，译作首在柏林出版。1926年，他的《中国心灵》在柏林出版。1927年，卫礼贤在《中国文学研究》刊物上，发表了他的中文作品《歌德与中国文化》等。1929年，他的《中国文明简史》出版。1930年，他抱病出版了他的最后一部作品《中国的经济心理》等。可惜他翻译的胡适著作《中国哲学史》中译德版本尚未完工。是年，卫礼贤不幸谢世，享年57岁。令人惋惜！

1924年，卫礼贤离华回国，他带走了孔子的著作，带走了中国的传统文化，也带走了不少中国珍贵的历史与民俗文物、民间家具及当代的器皿等，他庆幸自己拥有如此美好的中国文物。他获得了市政府的大力支持，又获得了好友、两位伯爵夫人的经济援助。卫礼贤抱着弘扬中国传统文化，本着为德国人提供一个了解并热爱中国的窗口的宗旨，在德国创办了一所"中国学院"。这个早期的"中国学院"，是附在另一所学院内，规模不大，但一块"中国民俗展览会"的招牌却抢人眼球。早期的"中国学院"设三人主席团，九人工作委员会。卫礼贤任秘书，主持院务大事。他还聘请了一位中国学者罗博士为助理，由他负责展览会的日常事务。

1930年卫礼贤辞世后，接任者是一位十分称职的"中国通"鲁雅文教授，又是一位中国瓷器、字画的收藏者。他曾在北京大学执教四年，故与梁启超、胡适、顾颉刚等著名学者既相识且对他们的作品颇有研究，而自己也正在编著一部《中国史》。由于鲁雅文等人的前仆后继，终使"中国学院"又获得大发展。1935年，中国教育部捐助"中国学院"一笔款项后，该院又向中、德两国展开私人募捐，随即又向中国购得一些近现代物品，于是便租用了一所环境幽雅、古色古香的私人住宅做院舍，"中国学院"规模日隆，有了自己的品牌。

德国第一家"中国民俗展览会"诞生

作为"中国学院"的核心——中国民俗展览会，在当时的欧洲也是独领风骚的。1935年6月13日，中国首任驻德国大使程天放（1899—1967）履任后，特前往参观，切实地感受到了创始人卫礼贤对中国的爱心和敬意。这个中国民俗展览会坐落在一个三层楼的建筑之中。第一展室内陈列着清朝的总督部堂、巡抚部院和状元、榜眼、探花等官衔头衔木牌。二楼为第二展室，左屋内有一个中国民间祠堂的模型，其神龛内供奉着祖先的牌位；右屋是一个演讲厅，往内便是一个很精致的中国式花厅，内部陈设紫檀木桌椅，正厅挂着中国教育部赠送的一幅未署名的古画。画旁挂着程天放大使撰写的对联，联句是："亲仁善邻，国家丽宝；讲信修睦，大同可期。"左边展室内展出了中国从清朝的袍褂到近代的时装，一应俱全、鲜艳夺目、美不胜收。三楼为第三展室，内一室，陈列着由丁文渊（1889—1957，江苏泰兴人。1912年，入上海同济大学。1919年，入瑞士楚里西大学，后去德国柏林大学获博士学位，旋任佛朗克德大学中国学院副院长兼中国民俗博物馆副馆长。1936年归国，曾任外交部参事，中国驻德大使馆参赞，上海同济大学校长。1957年谢世于香港）从苏州买来的一顶华丽绝美婚娶用的花轿，十分抢眼。另一屋，则按中国民间习俗布置成一个当代人的结婚新房，举凡床、帐、被、褥、桌、椅、木箱等陈设，均是中国货，营造出一派喜气洋洋的氛围。还有一室，供放着孔子牌位，桌上放了几件祭品。此外，还有庞京周（1897—1966，江苏吴江人，1921年毕业于同济大学，后任同济医学院院长）为鲁雅文撰写的一篇祭文。

事实证明，这座中国民俗展览会，从创办人到继承者，能以少量的钱，在很短的时间筹备好，并及时对外开放，实属不易！再者从卫礼贤的构想来看，这个展览会重用实物少，用纸质文献，乃是考虑让德国人从新奇中易于领略中国的传统文化，不失可收事半功倍之效。这是优点，也是不足，缺乏系统性，忽略重点，放弃文献，只采取简单化和趣味性的手法，这对帮助德国人理解底蕴深厚的中华传统文化，乃是只停留于表层，难以深入的。

胡适与卫礼贤在中德两国的学术交情

1926年，卫礼贤在他的德国家乡，曾满怀深情地回忆说："我有幸在中国度过了生命中的25年的光阴，像每一个在这块土地上生活了许久的人一样，我学会了爱这个国家，爱它的人民。过去的25年之所以特别重要，原因就在于这是一个新旧交织的时代。我见识过旧中国，它的一切那时看来还将世世代代延续下去；我也目睹了它的崩溃，看着新生活的萌芽怎么从废墟中生长出来。"是的，卫礼贤确是清末民初时代大变迁的见证人，同时也是一位参与送旧迎新的外国传教士和汉学学者。

卫礼贤热爱北京大学，称赞校长蔡元培"成功地网罗了一批年轻的杰出人才"。卫礼贤时年49岁，十分肯定"新文化运动的领袖人物胡适"的先锋作用和社会影响力。他夸奖胡适是蔡元培旗下"一位非常有才华的年轻教授，胡适时年31岁，从美国学成归来，他不仅能说一口流利的英文，而且满脑子都是新思想。他在《新青年》上描绘了自己的新计划，并使用新的流行语言写作了大量著作。引领其他一些杂志也进入了这一潮流。一时间，有大约四五百种杂志和报纸开始使用白话文，它们所登载的内容大多是从外文翻译而来。当然其中也有些报纸未能坚持下去而倒闭。这期间胡适出版的一本有关中国哲学史的著作引起了巨大的反响。这本书的第一部分用白话文写成，它说明在表述科学问题的时候，白话也是一种灵活而且实用的语言形式。"卫礼贤接着又说，"不仅新运动的领袖人物胡适是这样做的，梁漱溟和现代诗人徐志摩等人也使用白话文，其他一些人也用白话文写出了不少有价值的著作。梁启超和蔡元培也加入了进来，新文化发展到前所未有的水平。"卫礼贤对胡适不吝赞赏！胡适对卫礼贤也是饱含一片真情。1922年卫礼贤被调到北京德国驻华使馆任职，不久后的5月3日胡适在日记中写道："晚上到德国使馆吃饭，新公使英语说得很好。头等参赞尉礼贤博士精通汉文，曾把十几部中国古书译成可读的德文。去年他动手译我的《哲学史》，今年因事忙搁起了。使馆参赞卜尔熙君说，汉学者傅尔克曾托他代买我的哲学史，也是想翻译成德文的。"胡适不由感慨地写道："不知这两个译本之中，哪一本先成功。"由此可见，卫礼贤本人学的是西方哲学，而胡适研究的是中国哲学，同为哲学，范畴不同，所以卫礼贤心仪胡适的《哲学史》，从1921年起，便动手翻译成德文，为的是便于深入研究。此事说明他俩早已相识，胡适对卫礼贤的学识十分钦佩，双方对翻译工作达成过共识，因此，胡适很关心译文的进度，可知其愉悦的心态！

1922年6月28日，胡适日记云："晚7时，到公园，赴文友会。是夜的演讲为德国汉学者尉礼贤，讲《易经》的哲学，大旨用我的解释，没有什么发明。他承认我讲'太极'的'极'字只是'栋'字，只是一画。此说粗看似极容易，然轻轻一句话打倒了一切荒谬的太极图说，自是很不容易的事。国内承认此说的人尚不见有什么明白的表示；卫礼贤能赏识此解的重要，亦是难得的。我也加入了讨论，但这种题目太专门了，能加入讨论的人太少，减少趣味不少。"

1924年，卫礼贤离任回德国后，直到1926年10月，胡适踏上欧洲的大地，他俩才在德国重逢。24日是周日，火车进入德国境地，胡适心情极好，他在日记上写道："一路上天大雨，风景甚不恶，（莱茵河）的两岸有些地方很美，虽在雨中，别饶妖媚。"是日"下午4：45，到法兰克福莱茵河畔，理查德·威廉在车站相候。同到法兰克福和霍夫。换洗后，即同去齐斯特夫的官邸。在此地办了一个'中国学院'，专宣传中国文化。其意在于使德国感觉他们自己文化的缺点；然其方法则（有）意盲目地说中国文化怎样好，殊不足为训"。

胡适在与老友卫礼贤阔别两年后，终在其故乡喜重逢，实在难得！次日，中国驻德公使魏宸组（1885—1942，湖北武昌人，曾促爱因斯坦来华讲学，任过波兰公使。1919年巴黎和会他曾拒签对德和约，以抗议对华不公）特从柏林赶来看望胡适，胡适在日记中写道："二人闲谈了一个上午。下午着手写演讲稿——'中国的小说'。晚7时，中国学院第一次秋季大会开幕，在市中之罗马大道行礼。为法兰克福的一大名胜，古来日耳曼皇帝在此间加冕，有'皇帝厅'，今晚我们即在此集会。"会议开幕时，"海斯·帕萨兰特院长致开幕词，市长朗曼演说并致欢迎词，次为孔特·凯塞林演说，又次为理查德·威廉演说，我不大听得懂。"这是胡适与卫礼贤在德国法兰克福"中国学院"的一个集会上的难得的相遇，尽管胡适努力倾听也不大听得懂卫礼贤的演说，殊憾！胡适接着又记下"是夜，市长请会员及来宾在此间宴会。见着（法国汉学家）伯希和、申德尔博士、埃勒博士"。

大会结束后，26日，胡适参加了另一场演讲会，日记中记"是夜，有（伯希和）的讲演'中国戏剧'。他略批评德国的'中国学'，他说，德国科学甚发达，而'中国学'殊不如人；他说，治'中国学'须有三方面的预备：第一，目录学与藏书；第二，实物的收集；再有，与中国学者的接近。他讲中国戏剧，用王静庵的材料居多"。胡适对这位德国汉学家的高见是很赞赏的。

为了准备他的"中国小说"演讲稿，胡适在26日的日记中抱怨地写道："足足费了我40个钟头的工夫。若不是自己有所长进，若单为了300个（马克）而来，殊不值得。300，仅足供行旅之费而已"。胡适说，27日"晚6点三刻，我讲'中国的小说'讲了一点三刻钟，用英文说。我不知道此间人士有若干人能了解英文的演说，故棹入三个笑话，做个试验，居然三次都有人笑了，我才安心了"。胡适终算不为杯水车薪却能满意而归。

胡适本想与魏公使同往柏林，奈因腿肿作罢，腿肿当是太辛苦所致。

28日这一天，是在法兰克福的最后一天，因此观光的节目排得很紧。他的日记记载，当天"与罗良铸君（1891—1965，湖南长沙人。德国明星大学教育学博士生，回国后，曾任湖北省教育学院院长、教授）同去看中国学院，走去，走来，回寓时即觉脚痛。我想这不是好事，以后当节劳休息，不可临时抱佛脚，以致太辛苦了"。关于对中国学院的观后感，并未见留有片言只字。28日晚，胡适倒是兴冲冲地与魏公使同"去看此间戏园排演威廉译的两出中国戏：1.《蝴蝶梦》，此是清初旧戏，W说是康熙南巡时的戏；2.《大劈棺》，两出都不坏。第一出把四天王、韦驮、观音都合在一块，硬拉到庄子戏里去，很没有道理。但用电光机械的帮助，颇以奇景动人。做田氏的走路要学'旦角'的'台步'，竟不成话！但此戏总算一大成功"。看完戏之后，胡适应德国友人之邀吃了晚餐，子夜12时45分与魏公使离开法兰克福市，搭上火车经比利时，一人换船过海，从而结束德国履痕。谁知这一分离竟是与卫礼贤的永别，因为6年后的1930年，卫礼贤驾鹤西去！

1932年12月25日，德国普鲁士科学院选举胡适为该院哲学史学部通讯会员，这是国际学术界的一种殊荣。当时举荐人是德国著名汉学家福朗克博士（Dr Otto Franke）。他读了胡适（时年41岁）的许多著作，认为胡适是中国人中最了解西洋文化的学者。胡适当选的消息不胫而走，各界函电祝贺者甚众，胡适当即复函表示衷心的感谢！1938年秋，胡适应邀出席在瑞士召开的国际历史学会，其间有幸和与会的福朗克博士见了面，二人相叙甚欢。

1933年12月31日，胡适在日记上说，是日"卫礼贤之子海马特·威廉来谈，他把我的哲学史上卷译完了，已付印，他要我作一序文"。卫礼贤生前未能将胡适的哲学史译完，但他的儿子却接手完成了父亲的遗愿。这既是一份凝结了中德两国学者情缘的纪念品，也是一份留存下的胡适与卫礼贤父子珍贵的友谊的见证物！

1933年3月31日，国民政府致函胡适，请他出任教育部部长，他未接受；4月28日，再商请胡适担任驻德国大使，他又未允。胡适与德国人的交往并未停止。胡适12月27日日记中说"应迪内德博士之邀吃饭,当时在座的便有德国公使夫妇与顾临(Roger S Greene,曾任北京协和医学院代院长)夫妇,谈甚欢"。

1934年2月28日,胡适在日记中又说:"德国教员洪涛生来谈,他译《琵琶记》为德文,今日来谈中国戏剧的演变,他说,元曲一个主角唱的剧本胜于后世个个角色皆可唱的剧本,此话亦有局部的道理"。

1961年11月23日,抱病中的胡适,很高兴接待"一位德国学人勒文施泰,因19年前(1942)曾写信给我说,他痛心于中国所受战祸,发愿要到中国投军,为中国作战。我回他一信,请他想想歌德每遇到政治上最不愉快的情形,他总勉强从事离本题最远的学术工作,以收敛心思",以鼓励他向歌德学习。"此君得我回信,颇受感动。后来他竟继续做教授生活。他曾在他的著作里引我此信。此事我久已忘了,但他始终记得,故今日特别要求来见我"叙旧。胡适满足了这位德国大学者的要求,这是胡适在生命的最后岁月中所面晤的最后一位德国朋友。

据报载,2011年12月2日,一部由卫礼贤孙女贝蒂娜·威廉编剧兼导演的《沧海桑田——卫礼贤与易经》的纪录影片在德国柏林等各大城市热播。这部影片放映后,人们将卫礼贤誉为"伟大的德意志中国人",更有学者呼之为"德国的孔夫子"。可见其与中国的关系之亲密和对中国的影响,是多么深植于德国和中国人之心底啊!

胡适与英国哲学家罗素

英国著名哲学家伯特兰·罗素（Bertrand Russell，1872—1970）是中国知识界胡适等学者熟悉的老朋友。1920年10月12日至1921年7月13日，罗素先生应梁启超、张东荪（1886—1973）和蒋百里（1882—1938）等的盛情邀请，携女友多拉·勃拉克（Ms Dora Black）对中国进行为时一年的讲学活动，受到了中国各界的热烈欢迎，这也是民国早期中、英两国一次成功的学术交流的范例。

罗素讲学前的南方之游

1920年8月17日，赵元任由美国旧金山乘船抵达上海，准备去北京清华大学任教。当时中国科学社正在南京召开年会，赵元任匆忙赶往南京，出席对他来讲的中国科学社的第一次年会，欣喜之至！他到达南京后，受到了胡适等人的热烈欢迎。赵元任后来回忆："8月19日，我从胡敦复、胡明复及胡适处听说，梁启超、张东荪等人领导的进步党要我为罗素做翻译，罗素即将来中国做学术演讲。三位胡先生警告我不要被该党利用提高其声望，以达成其政治目标。并告诉我不可让他们把我仅仅当作译员看待。我同意小心将事，也欢迎会晤这位学者并为他任翻译。"

三位胡先生对梁启超的策划有误解，方出此言。实际上，罗素是应梁启超发起组织的"讲学社"的邀请而来华的。蒋百里是该社总干事，他是负责接待外国来华讲学事务的人，故他便与清华大学校长金邦正（字仲藩）议定：借赵元任为罗素做一年的全程翻译。事后，赵元任欣然接受这项任务，因为他以能陪伴这位大学者为荣。

1920年9月11日，胡适邀请了赵元任、黎锦晖等茶会，谈国音事。次日"元任来访，我们闲谈过夜，谈得很畅快"。畅谈的内容未见宣布。

10月13日，罗素乘"波诌"（Porthos）号轮船抵达上海。贵客当即受到了上海七个社团的欢迎；主人先在上海、次日在吴淞举行了盛大宴会并召开了欢迎会。主人致欢迎词，罗素致答谢词。罗素女友多拉·勃莱克也讲了话，均由赵元任翻译。

在上海短暂停留后，罗素一行途经浙江杭州、江苏南京和湖南长沙，然后北上去北京。在杭州，客人游览了西湖，异常高兴。随后乘"江永"号船去湖南长沙，舟上遇湖南赞助人之一杨端六。10月26日晚在长沙，湖南都督谭延闿宴请罗素一行，出席的贵宾有蔡元培（以后任北京大学校长）和国民党元老吴稚晖等。罗素致答词，由杨端六翻译。"当晚巧遇月全食，罗素在答词中特别提到古代天文家，因未敲打盆锅和爆竹，没吓走试图吞下月亮的天狗，因罪而被处决"。这一旧话，令在座陪客惊叹！

讲学与交流并举　精彩纷呈

为了迎接罗素来中国讲学，讲学赞助人群做足了阵前的准备工作，特别是文化中心的北京知识界表现得十分活跃。

早在赵元任由美国回国前，胡适就一直把罗素来华讲学之事挂在心上，他的日记中便有了强烈的反映：1920年3月19日"讲演：Russell（罗素）"，"23日，讲演：Russell罗素"，"8月30日，梁任公兄弟约，公园，议Russell（罗素）事"。

1920年11月，"新月派"成员蒋百里，又创办了一份《罗素月刊》，由瞿世英任编辑。11月5日，梁启超来访，表示支持。不久，罗素活动赞助人之一的傅铜又创立了一个"罗素研究组"，第一次聚会是在"西方回国学生俱乐部"举行。

罗素在北京大学讲演，通常是在三院；在北京师范大学演讲则是在顺治门（今宣武门）外；还在北京女子高等师范学校演讲过，当时"人们兴趣浓厚，有1500人挤不进讲堂，那个年头并没有有效的音响设备将讲词播放于场外"。

当时，北京有一班学生组织了一个"罗素学术研究会"，请罗素莅会指导。那天罗素讲话之后，回来对胡适说："今天很失望……"因为感到意犹未尽，故出此言。胡适听罢，急忙表示感谢！实际上，胡适对罗素这位英国哲学家的了解远不如对自己的业师——美国哲学家约翰·杜威（1859—1952）来得深厚。因此，他曾拜托先于罗素来中国讲学的杜威，在讲学时先"给罗素做点介绍"，意在提前让听众知晓其人，可见胡适对罗素的态度是认真负责的。

罗素曾说，他在快离开中国之前，有一位中国著名的作家，请他指出中国人的主要弱点是什么！罗素犹豫起来了，还似乎有点不忍心，但推辞不过，他说："中国人待我不薄，但出于对真理负责，只是我希望读者记住，中国是我所接触的国家中最好的之一。中国人的主要弱点有三：贪婪、怯懦、冷漠。他听了之后，不但不生气，还认为评价恰当，进而讨论补救的方法。这是中国知识分子正直的一例，正直是中国人的最大优点。"除外，还有令读者叹服的例子。有一位青年学者杨端六（1885—1966，湖南长沙人。清末留学日本，后入孙中山同盟会。1916年留学英国，学习经济专业。1920年回国，时在商务印书馆任编辑），当听罗素演讲完后，他在《我和罗素先生谈话》文中，谈到他曾问罗素这回来中国的目的是什么！罗素回答：研究中国哲学并不是目的，此次来华是为研究中国社会状况的。他告诉这位年轻学者，中国要想把政治弄好，还是要许多有用的青年去牺牲，不然，中国的前途堪忧！且不论罗素的话是否合乎中国国情，但他将青年与国家的命运捆绑在一起的道理，是无可厚非的。

上海《时事新报》一页

除外，罗素还与一位中国青年学者张东荪（浙江杭州人，日本东洋大学哲学系毕业。曾任南京临时政府内政部秘书，中国公学代校长等。时任上海《时事新报》总编辑）在中国贫穷的根源问题方面产生过争论。罗素并未居高临下，轻视年轻人，而是重视不同意见或是保留自己的观点；中国年轻学者也未硬要在著名的大哲学家面前争个高低，而是畅抒己见罢了。

罗素染病中国　胡适送行未成

1921 年 3 月，罗素应河北省保定市的育德中学之邀，由赵元任陪同前往。赵元任后来回忆说："尽管罗素思想激烈，在日常习惯上，他却是一个完全可尊敬的英国绅士。他在不生火的大礼堂讲演，一向坚持脱掉帽子和大衣。结果，他回到北京即发高烧，住进了德国医院，由狄博尔（Dipper）大夫诊治。到了 3 月 26 日，左右两肺均发炎，身体极为虚弱，朋友们考虑请他签字委状给勃莱克小姐，因为他们还未正式结婚。杜威为他拟好草稿。他虽然虚弱，可是却颇清醒，口中喃喃而言：'委任状？'然后试着签字。医生恐怕他办不到，可是他还是潦草地签了 B. Russell。他叫杜威的名字说：'我希望所有我的朋友不离开我。'翌日，艾瑟（Esser）大夫说罗素先生情况'更坏了'。到了 4 月 17 日，他已无危险。5 月 3 日，他已能接见访问者。"

罗素突然得了急性肺炎，一连好几个星期都处于高烧不退的危险状态。5 月 12 日，胡适"访毕善功（Beran）先生，与他同去看罗素先生的病，罗素一病几死，现已没有危险，但仍不能坐起"。谁知消息不胫而走，甚至连逝世的讣告都登出来了，真是全中国连英国一片惊慌！但是顽强的罗素在德国医生的妙手回春中终于脱险。6 月 13 日，胡适"到赵元任处，4 时半与他同去看罗素先生。罗素的病已好了，右脚还肿，但已能起坐，谈话时精神甚好，这是可喜的事。""伦敦报纸报道说罗素业已逝世。听到这个消息，他说：'告诉他们，我的死讯太过夸大其词。'他的健康恢复得很好，在回英国前，他还做过若干次讲演，并参加几次盛大宴会"。其中就有一次，是由中国科学社举办的屋顶花园聚会，当时邀请了罗素和勃莱克小姐，除外，陪客便是英国公使馆的班奈特（E·S·Bennett）等人。

病体好转后，罗素急欲回国。6 月 30 日晚 8 时，胡适便"与丁在君为杜威一家、为罗素先生与勃莱克女士饯行。因为罗素先生病后不能远出，故在他寓处设席。陪客的是庄士敦先生、帕瓦小姐（康桥大学教授）、赵元任夫妇。罗素先生精神很好，已能扶杖慢行。"胡适接着又大拨弦外之音，在日记中谈起："罗素先生前娶之夫人是一个很有学问的美国女子，罗素 20 年前著《德国的社会民主》时，于序中极夸许她，又附录她的一篇文章。现在罗素把她丢了，此次与勃莱克女士同出游，实行同居的生活。他的夫人在英国法庭起诉，请求离婚，上月已判决离异了（此判决离婚新闻来自新闻报道）。勃莱克女士新近已受孕，约在本年 11 月生产。前日毕善功看他们，罗素（时年 49 岁）说：'我们有一件新闻报告你——我不久要有一个嗣子了。'毕先生是一个很老实的英国人，他竟不知怎样回答才好，顿了一顿，只说'很好！很好！'勃莱克说：'罗素先生近来很喜欢，因为他从来不曾有过小儿女。'毕先生说：'勃莱克女士，你生下了孩子，可要交给国家去公育吗？'勃莱克答道：'这种资本主义的国家，我不交给他！'罗素笑说：'就是共产主义的国家，我也不交给他！'"

7月6日，胡适在日记中写道："罗素与勃莱克女士今晚在教育部会场做最后的演说，我本想去的，为雨后泥泞所阻，不能进顺治门，故不能去了。"念及于此，胡适又抱愧地写道："罗素的讲演，我因病中不曾去听，后来我病愈时，他又病了，故至今不曾听过。今日最后的一次，乃竟无缘，可惜！"

7月10日晚9时，胡适接到"孙伏园打电话来，说罗素先生明日下午行，《晨报》已请赵元任做一篇送行的文"。11日，胡适"借陈慎侯（上海中国公学早年学生、商务印书馆编译所东文部部长）的汽车到车站送罗素先生的行，不幸迟了几分钟，车已走了"。胡适面对现实，不由大感遗憾！此次离别，火车笛响，未料鸣起的是他俩之间的一声声绝响。

罗素走了，但他的在华讲学却给世人留下了深刻的印象。胡适在7月6日的日记中，留下了他与他的老师共同对罗素的评价，他说："罗素长于讲演，杜威先生称他为生平所见最完美的讲演者之一人。"

是年8月30日，罗素走后，胡适与高梦旦同至沧州旅馆看元任夫妇，饭后，亲到码头送赵元任夫妇乘西伯利亚船出洋。此行，送走挚友，使他心头的愁云又多添了一笔。

是年9月24日，胡适在日记中说了一件未便道出的事情："下午与毕善功同去访问香港大学校长威廉·布朗尼亚特爵士，此人乃是英国旧式官僚的绝好代表。他曾在埃及做财政顾问20年，谈话极守旧。他说，不幸罗素不曾死在中国！他极反对现在英国的新人物。"

对此恶意攻击，胡适是不予支持的，罗素是自己的良师益友，他肯定罗素的学识学问。

罗素著《中国问题》 中国人开卷有益

著名的新月派诗人徐志摩曾写过《罗素与中国》，他用诗般的语言高度赞美罗素，说他是"现代最莹澈的一块理智结晶，而离了他的名学数理，又是一团火热的情感，再加之抗世无畏道德的勇敢，实在是一个可做榜样的伟大人格，古今所罕有的"。当罗素在法国，得知徐志摩即将离英归国，便约他巴黎相见，可惜未能成功。罗素即将1922年新出版的《中国问题》赠送给他，于是徐志摩便荣幸地成为该书的首位读者。罗素希望徐志摩将此书介绍给中国读者。

《中国问题》，主要是写给西方读者看的。不过，罗素的立场是立足于中国，主题是中国的现实政治与社会，剖析了中国与西方列强的关系，特别是利用不小的篇幅介绍了日本的历史和中日关系，以及日本与苏联等国的摩擦。同时，又用西方方法论阐述中国的历史、文化、习俗及中国人的性格等。罗素的《中国问题》，堪称经典。它真正地反映了这位思想家、哲学家、人道主义者的思想深度，他才华横溢，充满睿智，风格优雅，是一位出类拔萃的文史学家。

罗素包含情感，大声疾呼，寄望中国人民抵御外侮，自己解放自己。他说："一切列强，毫无例外，他们的利益最终总要同中国的幸福发生冲突。……中国人必须依靠自己的力量来寻求解救，而不能靠任何外国列强的慈悲。"罗素箴言出于近百年前，可是它如今还是那样令人热血沸腾！这不能不令人由衷地感佩一位来自西方，特别是来自用鸦片和大炮轰开中国锁闭大门的老牌帝国主义国家英国的大哲学家的客观、无私、公允的情怀，还有那一颗爱我中华的心！罗素对那时在中国的所见所闻，几乎都给予满满的同情与理解，却剑指官僚阶层的冷酷、贪婪和腐败的现象，那都是亡国的毒素。

罗素在其《回忆录》中说："我非常敬仰中国的传统，但是没有一种传统能够从诸多来自西方与日本掠夺性的攻击中挺过来。我是衷心期盼中国可以转变成现代工业化国家，一如她被迫去抵抗的强国那般强势与军事化。我期盼到时候将只有三个一级强权国家：美国、俄国与中国，而新中国将不再俱有旧的习惯。"罗素还赞扬"中国人的宽容，欧洲人根据本国经历是无法想象的。我认为，一个普通的中国人可能比英国人贫穷，但却比英国人更快乐。这是为什么呢？因为他们国家的立国之本，在于有一个比我们更宽厚更慈善的观念"。又说，"中国人天生宽容而友爱，以礼待人，希望别人也投桃报李。只要中国人愿意，一句笑话就能化干戈为玉帛，他们可以成为天下最强大的国家"。

罗素深知中国人特别是"接受过欧美教育的中国人意识到，必须使中国传统文化注入新的元素，而我们的文明正好投其所需。然而中国人却又不照搬我们的全部，这也正是最大的希望之所在。……我相信，他们是世界上唯一真正笃信智慧比红宝石更珍贵的人民。"在这些笃信智慧的人群中，罗素对胡适情有独钟。他说道："谈到中国现存的人物中，具有必要的才智者，就我亲自接触到的而论，我愿意举胡适博士为例，他具有广博的学识、充沛的精力，对于致力中国之改革，抱有无畏的热望。他所写的白话文，鼓舞着中国进步分子的热情。他愿意吸收西方文化中的一切优点，但是他却不是西方文化盲目的崇拜者。"这是很精准的评价。

关于《中国问题》力作，如今已有了新的前途。它从出版之年起，在旧中国的书海中沉浮多年，由于时代发生巨变，该书也从旧中国转入新中国，但其价值依旧不可小觑。上海学林出版社决定将《中国问题》重译再版，为了尊重作者，征求了当时仍健在于英国伦敦的作者。罗素先生表示支持并感谢，同时寄来再版的前言，表白心迹。

《中国问题》前言是这样写的："此次重印，未做任何改动，尽管本书写于1922年，其间43年中几乎没有什么事情还保持原封不动。本书的大部分内容都是关于时事的问题，若想使书中所言符合现今的情况，就必须完全修改。因此，看来更好的办法是：不做任何修饰，尽力保持历史的真实。不过，这段记录所真实反映的诸多希望与忧虑都已不复存在了。我觉得，书中不是谈时事的部分，总的来说，仍然是正确的。我要特别指出的是传统的中国人与西方各民族之间性格的鲜明对比。然而，如今的中国已经与那时的中国大相径庭。那时的中国的主要威胁是野心勃勃的日本，但日本的勃勃野心在广岛原子弹爆炸中灰飞烟灭了。现在，别的'原子弹'威胁着中国，中国人必须寻求别的保护办法。中国人曾经历经磨难，但他们的英雄主义拯救了他们，他们应该成功。愿成功是他们的。1965年11月9日于普拉斯彭林。"

罗素先生的这篇前言很精彩！面对自己的这本43年前出版的作品，他知道旧中国一去不返，而中华人民共和国诞生已有16年了。他用了"大相径庭"四个字做了结论，坚持不加改动，其理由充分有力并且正确，证明识时务者为俊杰也。令人感动的是罗素先生是中国人民的老朋友，他信任并支持新中国，其言已溢于表。他谴责日本对华的侵略野心，庆幸日本已战败投降。他一如既往地关心着中国的命运，他提醒新中国要警惕"别的原子弹会威胁中国"，但他坚信新中国的英雄主义会战胜的，他祝愿中国成功！

看重胡适杰作　赞颂哲学贡献

谈一件相关的趣事。

徐志摩知道罗素是一位哲学巨子，他的挚友胡适也是拥有哲学著作的博士。1921年11月7日，即罗素离华4个月的光景，徐志摩给罗素写了一封信："欧格敦先生谈及他的计划，拟先出版《世界哲学丛书》。他也提到你推荐胡适先生的《中国哲学史大纲》，说可以翻译了加进去。胡先生在这门学问上，资格是最前列的。他那本书是近年颇有价值的著作，这一点我很同意。此外，对事物独立判断和细心分析的能力，也是十分超卓的。"

现在直奔主题。1917年4月，胡适完成了他在美国哥伦比亚大学哲学博士毕业论文《先秦名学史》(亦称《中国古代哲学方法之进化史》)，这是胡适在治学方法上的最初尝试。1922年10月，上海亚东图书馆出版了《先秦名学史》中、英文版。未料此书蒙"哲学巨子"罗素的青睐，罗素大笔一挥，立出鸿文，称赞胡适对早期中国哲学研究的贡献。

兹将罗素之英文中译稿全文抄录于下。

《早期中国哲学》

《先秦名学史》，北京大学哲学教授胡适著。(上海：亚东图书馆)

对于试图把握中国思想的欧洲读者来说，这本书标志着一个崭新的开端。要求欧洲人既是一个一流的汉学家，又是一个合格的哲学家，这几乎是不可能的。当我们阅读由欧洲人翻译中国哲学的著述时，我们可以通过那些注释和评论发现这些翻译家们并未理解中国哲学的观念，错译的现象时有发生。对于不懂汉语而想了解中国哲学的人来说，这种情况很令人失望的。但现在，胡适先生的出现使之得以改观。对西方哲学的精通丝毫不逊于欧洲人，而英文写作的功力则可与许多美国教授媲美，同时在移译中国古代典籍的精确性方面外国人更是无可望其项背。

本书作者较早出版的、许多读者认为更为优秀的另一篇更长的中文著作的概述，这也许令我们不满足，但是正像作者的独特素养使我们所期望的那样，这个成果确是十分有趣的。

胡适博士的著作追溯至古代学术的开端，而止于公元前213年的焚书事件，这一事件标志着自由争鸣时代的终结和正统地位的确立。他认为儒学学术并不能满足当代中国的需要，但是，作为一个爱国者，他力求发现与西方相连的新思想的历史。他表明，在儒家学术尚为诸家之一的时代，那些此后被视为异端的哲学家形成了不少我们习惯于认作现代社会的观念，而这些观念就其哲学价值来说要远远超过那些正统所产生的东西。正像许多其他哲学家一样（包括柏拉图的哲学），中国哲学的一个重要缺点是过于实用，急于教导人们如何去做有德行的人，而极少关注纯粹的知性问题。许多中国哲学的根本目的是为帝国的管理和合乎礼仪的行为提供准则。但胡适博士所引证的一些早期学者的论述却比孔子及其门徒缺少道德说教的气息。

这本书中最为有趣的是关于墨子和墨家学派的部分。墨子的生卒年份多少带有猜测成分，胡适将其定在公元前500年至前420年之间。他不喜欢孔子学说中的繁文缛节，反对厚葬和久丧。但是，他对繁文缛节的反对并非出于他是一个自由的思想家，而是出于禁欲的立场。事实上，他对儒家学说的谴责之一是他认为他们是不可知论者。他不能接受孔子的宿命论，实践禁欲主义，宣扬"兼爱"（而孔子认为我们应该最爱我们的亲人）。从兼爱学说出发，他得出非攻的观点，他是个和平主义者。胡适博士把墨家学派的衰落部分地归结为这样的事实，即中国进入了一个爆发大规模战争的不可避免的时期，而这种情况使人们排斥倡导和平主义的宗教——这显示出中国人的独特性；在西方，战争从未损害基督教。像毕达哥拉斯一样，墨子既是一个宗教领袖，也是一个哲学家，他的追随者，也像毕达哥拉斯一样，分化为宗教的和哲学的两个部分。我们在此主要关注哲学的一派，他们被称为别墨。有一个评论家把别墨看作是"以坚白同异之辩相訾，以觭偶不仵之辞相应"。这种话在某种意义上并未得到正确的理解，对此胡适博士着手做了纠正。

新墨家总结出五种推理方法：演绎（效）、比喻（辟）、比辞（侔）、类推（援）和归纳（推）。其中，比喻并非一种发现新真理的方法，而只是一种通过隐喻或明喻而加以说明的方法。比辞的具体含义不大清楚。归纳的方法被这样解释：它"是以假定未经考察的事例类似于已经考察的事例为基础获得普遍、确定的结论的方法"。这里透露出令人好奇的现代气息，但是胡适博士向我们保证他并未利用翻译的便利而捏出这些现代特征。类推被解释为如下的推论："子然，我奚独不然也？"他们还对"同"法、"异"法和"同异交得"法做了解释。他们看来已经意识到这些方法只能获得可能的结论，但是他们信奉这样一句箴言："可能是的恰如实际所是的一样好。"这种情况可以被理解为：像他们的导师墨子一样，新墨也是应用主义者和功利主义者。

在焚书事件发生前不久，出现了一批类似于辩者的反论哲学家。最令人惊奇的是在他们提出的论题中有许多几乎在形式上与芝诺的两个命题非常类似。"飞鸟之影，未尝动也。""飞矢不动。""一尺之棰，日取其半，万世不竭。"还有一个论题说"龟长于蛇"，对此胡适博士加了一个注脚："我倾向于认为，这条大概是类似芝诺的阿基里斯与乌龟这一反论的讹用。"这些反论与芝诺的观点有着惊人的相似，而搞清楚其是否可能有希腊哲学的影响定是一件有趣的事情。

胡适博士认为这一时期的哲学家已经具有生物进化的观念,但是就他引用的材料来看,似乎并不能证明这一点。我将引用一个理性主义者所讲的典型的中国式故事来结束我的评论:

"齐田氏祖于庭,食客千人。中坐有献鱼雁者,田氏视之,乃叹曰:'天之于民厚矣!殖五谷,生鱼鸟,以为之用。'众客和之如响。

"鲍氏之子年十二,预于次,进曰:'不如君言。天地万物与我并生,类也。类无贵贱,徒以大小智力而相制,迭相食,非相为而生之。人取可食者而食之,岂天本为人生之?且蚊蚋嘬肤,虎狼食肉。非天本为蚊蚋生人、虎狼生肉者哉?'"

做出这番演说的男孩究竟受到了何种处置,我们不得而知。但显然,他长大后写出了促使皇帝下令采取焚书行动的那一类著作。

1923年,罗素还与女友勃莱克合写了一部书《工业文明的前瞻》,这是罗素夫妇为祝福中国会有一个工业化的美好未来而送的一份厚礼。

罗素望与胡适叙旧　1926年重逢于英伦

罗素与胡适分别后,彼此都对对方的一切表示关怀,罗素希冀能与胡适再面晤。

1926年7月17日,胡适第一次出国,离北京,经苏联,赴欧洲,去英国参加庚款咨询委员会会议。空闲时,便在伦敦国家博物馆和法国巴黎国家图书馆,认真搜集被劫在此珍藏或展出的我国甘肃省敦煌国宝。罗素欣喜好友胡适到了自己的家乡,因而迫切要与胡适叙旧。胡适很感动,于是便给罗素写了信,告知罗素,"现在我在巴黎,会在此多逗留一周,然后转往瑞士。当你回伦敦时,我也会在9月尾左右赶回,盼望那时能得图良晤"。现知10月17日,胡适在日记上写道:"去看伯特兰·罗素先生,谈了×点钟,他的精神甚好,谈锋如旧。"但是接下来的谈话,却令胡适大吃一惊，双方竟然产生一点没有火花的小摩擦。胡适在日记上和盘托出："奇怪得很，他说苏俄的专政办法，是最适用于俄国和中国的。他说（在）这样的农业国家之中，若采用民治，必闹得稀糟，远不如专政的法子。我说那我们爱自由的人，却有点受不了。他说，那只好要我们自己牺牲一点了。"胡适听罢，感到纳闷与迷茫，他无可奈何地说了一句似是而非的话："此言也有道理，未可全认为不忠恕。"

　　1926年12月19日，胡适完成了他在伦敦和巴黎的搜集敦煌原始资料的工作后在即将去美国之前，他于当日"下午去罗素家吃茶，谈了一会，会见了他的夫人，见着他们的儿子John（约翰）、女儿Katte（凯特）"。罗素夫人即曾陪同罗素访华的多拉·勃莱克，罗素与这位第二任夫人相处14年后，在罗素65岁那年便离婚了。约翰是在1921年罗素50岁时出生的；凯特是1923年罗素52岁那年出生的，此次对罗素一家四口人的拜访，是胡适与他心中的"当代哲学巨子"的最后一次面晤。

苏联汉学家眼中的胡适

苏俄汉学家群像

俄国的汉学兴起于东正教使团被允派驻北京之时，正值彼得大帝和康熙时期。随之而来的是"俄罗斯馆"也在北京立足，从而开始了俄罗斯宗教界与文史学界对汉学探索与研究的辉煌旅程。

第一届东正教宗教使团，早期有团长和神职人员10人，后来编制扩大，增加世俗人员，其中除医生外，还有年轻的学员，旨在学习掌握中国文化与汉语。到了1860年，即中国太平天国农民运动兴盛时期，俄国在中国又获得设立公使馆的权力。1917年10月，俄国十月革命成功，苏维埃社会主义共和国联盟政府诞生。从首届东正教宗教使团到无产阶级掌权的苏联政府，在这一历史阶段，这些宗教团体或社会机构，除了传教主职能外兼皆有外交和文化交流的职能，更不乏担负培养汉学家的重要使命。

据知俄国第一位汉学家是罗素欣（1717—1761），著名的俄国汉学奠基人则是比丘林（1777—1853）。1920年，苏联成立了全俄东方学家学会。1925年，一个崭新的中国研究所诞生。1930年，一个更具规模的苏联科学院东方学研究所成立。一批又一批的汉学家应运而生，一个又一个的汉学家登上以马克思主义思想为指导的大时代舞台，其中显山露水者不乏其人。如有研究太平天国农民革命运动的伊柳舍奇金博士，有研究中国敦煌学的研究员孟列夫（1926—2005年）、丘古耶夫斯基（1926—　），也有研究新文化运动及白话文运动领军人物胡适教授的阿列克谢耶夫院士，等等。但是后来由于苏联政府推行"肃反扩大化"，接着是第二次世界大战的爆发，致使苏联汉学研究的势头受阻。1945年，第二次世界大战结束，苏联的汉学家们随着祖国的恢复而重整旗鼓。

1949年，中华人民共和国诞生至今，俄罗斯汉学家们更是气势如虹，取得了如潮的大发展。1991年，北京大学举办过"阿列克谢耶夫院士诞辰110周年国际学术研讨会"，他毕生汉学研究的著述230种，其中包括对胡适的研究，卓有成就。

阿列克谢耶夫对胡适诗作的评价

阿列克谢耶夫1881年出生于彼得堡（列宁格勒）一个职工的家庭。1902年毕业于圣彼得堡大学东方语言系，1916年获硕士学位，后留校进修。1929年获语文学博士。1923年，当选为苏联科学院通讯院士。1929年，当选为院士。长期在圣彼得堡任教，其间还兼任莫斯科东方学院教授、苏联亚洲博物馆中国部主任。为了提升和加强对中国博大精深的国粹底蕴的认识和运用，阿列克谢耶夫曾于1904年到1926年8次去中国进修。1907年、1912年还在中国河南及东南部从事科研调查，翻译了大量中国文学作品，撰写了中国方方面面的论著，如《中国文学》《东方学》；译作有《聊斋志异》等，超200种。他是汉学家之翘楚，是杰出的中国通，被中苏两国学术界尊为具有无与伦比地位和最高学识的"阿翰林"。

阿列克谢耶夫院士年长胡适10岁，二人可谓同时代之人。没有史料证明他俩曾相识并相知，即便1926年下半年，两人同在巴黎，也未邂逅。可是阿列克谢耶夫却深知胡适在中国学术界的地位，也熟读过其文学作品，特别是对其《尝试集》和《文学改良刍议》情有独钟并加以评论。但我也没有看到胡适对这位热心的汉学家对自己作品进行评介后做出反应。殊憾！

《尝试集》附《去国集》封面

那么，阿列克谢耶夫院士是怎样评价胡适的思想和作品的呢？从各方资料来看，他与胡适并不相识，但是阿列克谢耶夫8次到中国，除了收集中国民族学资料和参加有限的考古发掘工作外，也对已崛起的新文化运动领军人物——胡适教授进行了了解和研究。

1915年起，北京爆发了震惊世界的新文化思想启蒙运动。它以北京大学陈独秀教授创办《新青年》杂志为开端，到1917年又举起"文学革命"的大旗，从而推动了新文化运动的进一步发展。这个思想运动的主旨是：反对旧道德，提倡新风尚；反对文言文，提倡白话文；反对旧文学，扶持新文学。新文化运动标志着中国现代文学的开端。

阿列克谢耶夫特别关注并着力研究中国这场新文化运动的兴起与发展，并把重点对准新文化运动中提倡白话文、创作新诗的领军人物胡适等。1925年5月，阿列克谢耶夫在列宁格勒出版的《东方》杂志上发表《你研究新诗否？》的短文，第一次恭维胡适是一位"著名改革家""在我们面前是一位非常真诚、热心、示威并且寻求新道路的人……在中国文学史上会有新的一页"，称赞胡适对传统思潮和传统"用典"的批判，分析了其哲学研究使用了三种语体：古文、文言和文言化的白话，但又贬"胡先生的著作，在那时只有成为手册里的短短序言而已"，在研究方法上存在观点的矛盾。如在《文学改良刍议》中，把《史记》和《水浒传》放在一起做比较是不妥的，等等。

令人称奇的是，阿列克谢耶夫对胡适的第一部新诗集《尝试集》（1920年上海亚东图书馆出版，共发行四版，印制15000册）下了大功夫研究，包括点名胡适创作的《中秋》《赠朱经农》和《四烈士冢上没字歌》。他横挑鼻子竖挑眼，对胡适等人的白话诗始终持不肯定的态度，甚至责备胡适离开了"词"的诗体，忽视了诗的形式，去模仿西方当代诗人的种种外部形态，改变了中国诗的非常精致的本性。因此他怀疑"胡适竟想以喧闹的新诗来代替传统的节奏，那大概只能称作是一种歇斯底里的叫喊"！这未免有失偏颇了。阿氏以胡适和刘延陵（1894—1988，安徽旌德人，中国第一代白话诗人，有诗集《雪朝》等）"给（1919年）《新诗选》写的序言"为例，还评价了当时亚东图书馆出版的康白情、俞平伯、汪静之等人的白话诗集，因为这些诗人狠批"腐朽"的旧诗、宣扬活力的新诗，这使阿氏难以接受，自动地站在守旧派一边。阿列克谢耶夫逆历史潮流而动，卖力鼓吹的目的，旨在使胡适等人的白话诗运动淡化直至消失，当然这是一个不可能的妄想。

阿列克谢耶夫一方面称赞胡适的研究方法，一方面惋惜作者变革的思路没有达到预期的目的；忽又令人困惑地批评胡适把西方的黄油、柠檬水等外来的形象嵌入中国诗里，以致怀疑胡适到底是为什么样的读者服务；再又说胡适的白话诗缺乏创新，发表的白话诗缺乏诗学因素，云云。想来这种评价与批评也是极为矛盾的。

另一位苏俄汉学家李福清（1932—　，苏联科学院通讯院士）告诉中俄读者：阿列克谢耶夫不仅在苏联而且在欧洲也是第一个介绍胡适新诗的汉学家。他认为"阿列克谢耶夫评介胡适的白话诗较为客观"。

胡适是怎样解读自己和怎样回敬他人的

胡适一向定位自己是一位崭新的"实验主义者"。

1915年夏，胡适在美国与同学任叔永（鸿隽）、梅觐庄（光迪）、杨杏佛（铨）、唐擘黄（钺）等讨论中国文学问题时，便提倡用白话文，认为它是"活文字"，古文是"半死的文字"。在这一主意的大转变中，很自然地出现了拥护者和反对者，胡适说："最守旧的是梅觐庄。因为他的反驳，我倒渐渐变得更激烈了。"好友任叔永作半文半白的诗给胡适，意在戏弄并挖苦胡适的白话诗主张。此君还用折衷调和的办法，说什么"小说词曲可用白话，诗文则不可"。胡适不接受此说。

虽然被逼上梁山，但胡适坚持了他的试验主义。

1916年10月，胡适给北京大学陈独秀教授写信，寻求支持。让胡适大喜过望，他幸遇知音，他的文学革命主张得到了陈独秀的称赞和支持，这使他的信心大增，试验的决心更坚定。1917年1月，胡适"新文学运动的第一次宣言书"——《文学改良刍议》在北京《新青年》杂志第二卷第五期上发表了。文中有"八事"：1.须言之有物；2.不模仿古人；3.须讲求文法；4.不做无病之呻吟；5.务去烂调套语；6.不用典；7.不讲对仗；8.不避俗字俗语。

此鸿文一出，社会立起轰动。钱玄同先生见后，夸奖胡适大作"陈义精美"，但也点破了胡适的诗词"未能脱尽文言窠臼"。陈独秀教授紧接着在下一期的《新青年》杂志上刊出自己的《文学革命论》相呼应，胡适说，这是陈独秀"正式在国内高举'文学革命'的旗帜。他说：文学革命之气运，酝酿已非一日。其首举义旗之急先锋则为吾友胡适。余甘冒全国学究之敌意，高张'文学革命军'之大旗，以为吾友之声援"。陈独秀还选登了胡适的白话诗，公开表示支持胡适的白话诗运动，这令胡适兴奋不已！胡适还发现刘大白先生，此时已成了痛恨死文学而提倡活文学的急先锋。当然复古者也适时出现了，最著名的要数坚持"古文之不当废"、作诗只能用文言文的林琴南先生了。不过大名人不一定明白识时务者为俊杰的道理，这是历史的悲剧。

现在来谈谈胡适的第一本白话诗集《尝试集》，书名一目了然，意义和价值，贵在"尝试"二字。胡适在写了几首白话诗后，他立刻就想到了书的名字。由于胡适一向是一位有自知之明的人，他首先想到白话诗诞生的艰辛，社会"净言"不易得，他注意到起点很关键，而白话诗的发展前途路还很长，故需慎重。不过他在思考过程中，忽想起宋朝大诗人陆游的一句诗"尝试成功自古无"，他觉得这句诗"未必是，我今为下一转语，自古成功在尝试"，又说，"我生求师20年，今得'尝试'两个字，作诗做事要如此，愿大家都来尝试"！因此给书取名《尝试集》。

胡适向读者很坦诚地交代了《尝试集》的前世今生。他说："我的《尝试集》起于民国五年7月，到民国六年9月我到北京时，已成一小册子了，这一年之中，白话诗的试验室里只有我一个人。因为没有积极的帮助，故这一年的诗，无论怎样大胆，终不能跳出旧诗的范围。我初回国时，我的朋友钱玄同说我的诗词'未脱旧窠'，美洲的朋友嫌'太俗'，北京的朋友嫌'太文了'，汤尔和批它'诗无韵'"，等等。"这话我初听了很觉得奇怪，后来平心一想，这话真是不错。我在美洲做的《尝试集》，实在不过是能勉强实行了《文学改良刍议》里面的八个条件；实在不过是一些刷洗过的旧诗！这些诗的大缺点就是仍旧用五言七言的句法。句法太整齐了，就不合语言的自然，不能不有截长补短的毛病，不能不时时牺牲白话的字和白话的文法，来迁就五七言的句法。音节一层，也受很大的影响。……我到北京以后所作的诗，认定一个主张，可以叫'诗体的大解放'，就是把从前一切束缚自由的枷锁镣铐，一切打破；有什么话，说什么话；话怎么说，就怎么说。这样方才可有真正的白话诗，方才可以表现白话的文学可能性。《尝试集》第二编中的诗，大致朝着这个目的做去。这是第二集和第一集的不同之处"。

胡适又说："我的朋友钱玄同替《尝试集》作了一篇长序，把应该用白话文做文章的道理说得很痛快透彻。"他又兴奋地告知大众,"这两年来,北京有我的朋友沈尹默、刘半农、周豫才、周启明、傅斯年、俞平伯、康白情诸位,美国有陈衡哲女士,都在努力作白话诗。"

作为一个具有蓬勃生命力的新生事物,白话诗不仅使文人学者向往,它更使年轻学子疯狂追求,发誓要做一个白话诗人,章衣萍便是后者中的佼佼者。章衣萍在徽州师范学校读书时,爱看《新青年》杂志,但遭到校长的批评和禁读。章衣萍看到杂志上刊登的胡适、周作人、刘半农、沈尹默的白话诗,他说:"我都背得很熟。"他夸奖"胡适之先生是今之白话诗首创者,白话诗从古虽然有过,但到了胡适之先生才明目张胆起来"。章衣萍开始创作白话诗,最后简直入了迷,后来却被校长开除了。但是白话诗的魅力仍在,它使一位朝鲜学生受到感染。1921年1月17日,他给胡适写了一封中文信:"阁下曾前有所著之《尝试集》及作序说之新式标点□所传,生必欲一次扫读。幸望知照其发行之书铺及其所在地名。若何?"可见这位异国青年的心是何等赤诚啊!

1922年,上海亚东图书馆出版了四部新诗集,俞平伯的《冬夜》(印3000册)、康白情的《草儿》、汪静之的《蕙的风》(印3000册),胡适为之作序,意在为新秀助力。

事过多时,胡适在上海,听见南方文艺界由陈子展(1898—1990,湖南长沙人)发起了一场"胡适之体新诗"的讨论,陈子展还称赞"胡适之体可以说是新诗的一条新路"。胡适听罢,感到恐慌!随即知道:"后来有赞成的,有反对的,听说是反对的居多。这真使我'受宠若惊'了!我这14年来,差不多没有发表什么新诗,有时候偶然写了一两首,或者寄给朋友看看,或者送给办杂志的朋友去填空白,从来没有收集过。我总觉得新诗的运动已有许多新诗人在那儿努力了,用不着我这'缠过脚的女人'去参加了。所以这14年来,我自己只作自己的诗,好和歹我自己知道。我从不希望别人学我的诗,正如我不希望我自己学别人的诗一样。我万想不到陈子展先生会提出'胡适之体'来讨论,使我又无端挨了不少的骂。挨骂是小事,子展先生的好意是我应该感谢的。"

和常人一样，胡适爱听悦耳的好话，但他也能自觉地以听取意见为快事，不过他更重视"平心静气的批评，使我知道（我的）这种试验究竟有没有错误，究竟有没有成绩。《尝试集》里的诗，不问价值如何，总可以代表这点实验精神"。

胡适的《尝试集》要再版了，他很高兴！他在自序里喜曰："这一点小小的'尝试'，居然能有再版的荣幸，我不能不感谢读这本书的人的大度和热心。"兴致过后，他不由叹了一口气，说道："我作白话诗，比较的可算最早，但是我的诗的变化最迟缓。"他对自己很不满意，于是禁不住地回头看了看并甄别了一下自己的诗词，他"总结了一句话：我承认《老鸦》《老洛佰》《你莫忘记》《关不住了》《希望》《应该》《一颗星儿》《威权》《乐观》《上山》《周岁》《许怡荪》《一笑》《一颗遭劫的星》——这十四篇是白话新诗。其余的，也还有几首可读的诗、两三首可读的词，但不是真正白话的新诗"。不固步自封，时念着提升，这是胡适可贵的秉性和习性。

胡适虽然热乎白话诗是在年轻时代，随后便忙于《胡适文存》和敦煌遗存及《水经注》等学术研究和开卷著述，但是他对白话诗《尝试集》仍然念念不忘，挂在心头。1952年9月，胡适准备编一部精彩的《尝试后集》，为此，他曾亲笔留下了书名和初选短序一篇，弥足珍贵！现将初选序言抄录如下："《尝试集》是民国九年（1920）3月出版的。10年再版时，我稍有增删。十一年（1922）3月，《尝试集》四版，我又有增删，共存《尝试集》48首，附《去国集》15首。1952年9月，我检点民国十一年以来残存的诗稿，留下这几十首，作为《尝试后集》的'初选'"（此序文现收入《胡适手稿》第十集卷三）。胡适此墨宝，凸显了《尝试集》历久弥坚的生命力，拥有读者群的广泛性和持久性。

已出版流行的《尝试集》与酝酿中的《尝试后集》，作为白话诗的不朽档案，将永存于世！

阿列克谢耶夫如果健在，他对胡适的称赞和批评将永受欢迎，而对胡适的疑问和误解，本文特别是"胡适如何解读自己，如何回敬他人"一节，当可追做解答。

胡适与犹太学友索克思的生活情谊

胡适是一个对美国怀有深情，但却不入美国籍的中国著名学者；叶落归根，遗体也终葬在中国的黄金土地上。他有国民党的知己，但也有共产党的朋友。他是中国稀有的集25个名誉博士于一身的博士王：他的"朋友圈"里多专家学者，但也拥有三教九流的人；胡适没有贫富观，不计年龄大小，是书信、是拜访，一视同仁。特别值得一提的是，他还是一位无神论者，但他却有基督教牧师文友；曾接待佛教来访者，并有对公众演讲佛学的记录，等等。在此，我要特别向读者介绍胡适外国朋友群里他的一位犹太民族好友——索克思。

索克思何许人也

索克思（Sokolsky, George Ephraim, 1893—1963，索科尔斯基·乔治·伊弗雷姆），美国籍波兰犹太人。1917年，毕业于美国哥伦比亚大学，和胡适是同学。1918年，从苏联来中国。先在天津任《华北明星报》副编辑。后任直隶警察厅厅长顾问，继而转任上海美国同学会顾问。1919年，任中华共同通讯社经理（社长是汤节之）。当时他还是《上海新报》的编辑，这个新闻媒体是一个参与五四运动的激进团体创办的，据说它设有一个顾问团，顾问之一即有他的同学胡适。对于索克思来说，真是天助彼也。

1921年到1924年间，索克思投身于在当时号称上海的第三大报——

《商报》股份有限公司。他是股东之一，兼财务主任。后任美国报纸驻上海通讯员，但他并不是美国政府的雇员。1928年，兼任《远东时报》副编辑。

索克思在上海期间，曾与中国政界和文化界名人，包括孙中山、宋庆龄、唐绍仪、王正廷及胡适等通过信，这些信函现藏于美国胡佛研究所。

索克思略悉中文，他除了常驻上海，常为《字林西报》撰稿外，也在中国若干城市留下足迹。他用英文著书，著有《世界史大纲》《中国美国同学会演讲录》《中东铁路见闻录》《亚洲导火线》和《我们犹太人》等书。

索克思的前妻彭金凤（Rosalind Phang），是一位出生于中美洲的牙买加中国移民。她曾经在英国受过教育，能讲汉语和英语，她一度是索克思的得力助手。

以犹太朋友为荣——胡适与索克思的情谊

胡适与犹太人友好相处，并非始于索克思。早在1914年11月25日，胡适尚在美国康乃耳大学读书时，他记下当日："吾友薛尔勿曼（L.L.Silvermam）博士以犹太文豪Asher Ginzberg所著文相假，此君博学能文，爱其种人最切，著书甚富。其人通英、德、法诸国文，而誓不以他种文字著作，其书皆希伯来文也。"胡适对于他的朋友如此尊重自己的民族和自己的希伯来语的精神，表示钦佩之极！

胡适与犹太人索克思的友好，与对薛尔勿曼的赞赏是一致的。

为了还原胡适与索克思的那段友好岁月与交情的原貌，兹将胡适日记原文公示如下。

1921年7月17日，在上海"晚间到《申报》馆看史良才，《时事新报》馆看张东荪，《商报》馆看索克思，《时报》馆看狄楚青，《神州日报》馆看张丹斧。皆不遇"。

7月19日，胡适因前日晚访问未遇，故当日下午再访索克思，小谈。

因感小谈未尽兴，晚间再"到索克思的宿舍，同吃了一点东西，谈了一会。同去看他的未婚妻□□□女士，同坐汽车到野外兜了一个大圈子。圆月在天，凉风吹面，使人非常爽快。上海比10年前已不止大了一倍了"。

7月24日，"今日是星期天，来客甚多。有云五先生、寅初、演生、索克思、梦旦先生等"。

8月28日，"到索克思寓所，与他和他的未婚妻彭金凤女士同饭。索克思为美国籍的俄罗斯犹太人，很有才干，对中国很热心。他颇责备中国的知识阶级，其实不错"。

8月31日，"7点到《商报》，索克思邀汤节之、陈布雷（训宜）与我相见，同出去吃饭，饭时大谈。饭后，我同索克思到阿斯特屋小坐，看跳舞。索克思野心最大，大胆无比，此人将来必有所成，否则必死于敌人暗杀"。

9月5日，"索克思有一天问我：'黄炎培究竟做了什么事而得这样盛名？'我竟回答不出，想了一想，才说：'他在大家不做事的时候，做了一件事，故享盛名。'后来，我细想，这话很可普通适用。凡今日享一点名誉的人，都是在大家不做事的时候做了一件事的。我们不可不努力的"。

10月25日，"索克思新结婚，夫妇同来北京度蜜月。我到北京饭店去看他们，和他们同吃饭"。

10月27日，在北京，当天"晚上邀索克思夫人，鲁珀特·休斯夫人，唐纳德一班人吃饭。"

1923年5月6日，胡适因坐骨直肠脓肿复发，"索克思夫妇来看我，接我到他们家中养病。是日，牛惠林医生来诊看。自此以后——住索克思家中。在索克思家中，颇清闲，他们夫妇每日到办公室去，午餐时回来，下午又去，到晚间才回来。我每日睡觉，看小说；初来时，只有几个极熟的人才知道，他们也不时常来。我是不惯寂寞和闲散的人；工作时，寂寞尽不妨；但寂寞和闲散同时来，那是很苦的！但10日以后，我也习惯了。我想恢复——或养成——这种习惯，也许是于我很有益处的。生平不曾在短时期内读这么多的英文小说，完全为消遣而读的。约略记之：奥本海姆《没有归属的人》，莫里斯《利特尔顿案件》，弗来切《马加洛夫谋杀案》，奎因《鲜活的三角形》，此外尚读了两册欧·亨利，两册莫泊桑。非小说的，则有《科学大纲》一册。病中作完数月前动手的《〈镜花缘〉的引论》，作《孙行者与张君劢》一篇，皆不费力。此外别无所作"。

5月26日，"今日第三个肿处很厉害了，睡了一天，床上读了陀思妥耶夫斯基的《穷人》。原放带了吴秋霞女士来看我。下午与索克思谈天"。

5月27日，"索克思夫妇买得麻雀牌，上刻阿拉伯数字，或E、W、N、S（东、南、西、北）等方向字。索夫人之妹哈代能打这种牌，余二人皆略解，但不能算账。他们今日（星期日）无事，邀我打牌，就打了四圈"。

5月30日，"下午与索克思谈中国政党之派别。晚饭后与他玩一种纸牌戏，名为'俄国银行'，颇复杂难学"。

5月31日，"夜与索克思夫妇同往邝富灼家吃夜饭。会见旧友安特森夫妇及费切"。

6月5日，"索克思家中晚餐有客，为律师Husar Bryant等"。

10月2日，"发信：索克思"。

10月6日，"去看索克思夫妇，送了他们三包龙井茶、一盒龙爪笋。此次日本大地震，索克思夫妇正在东京，险些儿被难。他们三日不得食、不得水，幸得无恙""在索克思家吃晚饭"。

10月14日，"到索克思家吃茶，会见何东爵士与孙洪伊先生。何东近来极力提倡召集和平会议，自从曹锟贿选成功之后，他也觉得此事不易成了"。

10月17日，"7点半，到索克思家吃饭，饭后索克思送我回旅馆，谈至夜半后1点"。

10月18日，"访索克思，谈甚久"。

10月20日，"发信：索克思"。

10月25日，"收信：索克思""发信：索克思"。

10月30日，在上海"住一品香，邀孟邹来谈，邀索克思来谈"。

11月2日，"到一品香小睡。往看索克思夫妇"。

11月3日，"读索克思的日本地震时日记。此君作文甚敏而佳，可称新闻学天才"。

11月4日，"夜8时至索克思家吃饭"。

1924年1月11日，"收信：索克思二"。

1月14日，"往访索克思的朋友，W·S·Wasserman瓦色尔曼夫妇，谈了一会。在顾少川家吃饭，与任公、静生、钧任诸人谈至深夜始归"。

5月6日，胡适脚肿，行动不便。"美国朋友索克思夫妇来旅馆（时我住一品香）看我，见我卧病，邀我到他们家养病。自此以后，我住索君家（格罗希路40号）凡33日，他们待我非常之好，至可感激"。

1926年5月1日，"1点，索克思午饭，和丁文江、钧任一起"。

1928年3月30日，"到索克思家便饭，给了他一点忠告"。

4月24日，"索克思君说，李济琛亲口对他说，他们对蒋是绝望的了"。

8月11日，在上海"回家时，静仁来，索克思来，谈了一会。下午同他往索克思家又畅谈"。

1929年8月6日，"宋子文昨天忽然辞职来上海。他托索克思邀我今早去谈，我去了，他把他的辞呈给我看。我看了两遍，不知道他说的什么话。我递给在座的贝祖诒、李铭看了，他们也不明白。子文要我代他起草，我辞不掉，起了一个稿子。后来子文即用此稿发出，所谓'鱼电'是也"。

9月23日，"芬驻中国日本代理公使约翰·拉姆斯太德路过上海，托索克思邀我谈天。他本是赫尔辛基大学的东方语言学教授，学问渊博"。

1930年1月28日，"今日得两个美国大学的延聘，一是芝加哥大学，一是耶鲁大学。我颇踌躇，不能决定"。次日，便先"与索克思谈我去美国的事。又与梦旦先生谈此事。仍未完全决定。大致是辞芝加哥的事，而就耶鲁的事"。

2月5日，给芝加哥大学"建议可聘今春返美的乔治·索克思"。

3月1日，应邀赴"索克思的晚餐，客为菲尔德夫妇。此二人皆年轻，都是好学深思的人"。

8月19日，"得《大西洋月刊》编者来一电，说请惠赐先生的自传给《大西洋月刊》，请让索克思发海底电报"。

1931年1月16日，"访索克思不遇"。

1949年5月13日，胡适在美国华盛顿"下午1时。倪（Ni）在'老中国'（饭店）请吃午饭。索克思在座"。

昨日香花今犹鲜

胡适比索克思年长3岁，其所以彼此在上海、北京期间因胡适的健康问题而在一起生活几十日，相处和谐，亲如家人！

平心而论，胡适与索克思之间的交情，得力于索克思的主动。那时，多病的胡适孤身一人，加之一心扑在学术事业上，真可谓是自顾不暇的。胡适毕生拥有众多外国朋友，其中大多数是匆匆过客，或是餐桌上的临时酒友，要么就是一些研究学问的文友，彼此友情并不深，至于能去家里投宿的友人，则十分鲜见。未料大洋彼岸给他送来一位年龄相近、异常热情、乐于助人的同学兼好友。二人大有相见恨晚之意，遂而心心相印。

索克思亦视胡适如亲人，他结婚后立携中国爱妻到北京去看望胡适。为尽地主之谊，胡适不仅设宴款待，还陪这对新婚夫妇游览。在上海期间，胡适是索克思家中勤快的座上客。特别是胡适两次重病，索克思夫妇主动邀请胡适到自己的家中养病，有一次长达33天之久。主人分文不取，夫妇还陪病友玩牌，情深意浓，十分感人！胡适享受着他一生中唯一一次的家庭疗养。胡适对索克思信任有加，把他当作贴心朋友。胡适在日记中为世人留下了他对这对挚友夫妇的深情谢意！

时光不再，胡适大师离世不觉已近60年了，索克思先生晚于胡适一年也已谢世。斯人已逝，昨日香花今犹鲜！

近读美国俄勒冈大学历史系顾德曼（Bryna Goodman）教授发表在上海《档案春秋》上的大作，欣悉他在1999年曾去胡佛研究所档案馆，探得该馆收藏有索克思档案392箱，内涉民国史事与政要及文化名人的档案。令笔者特别关注的是，其中还有胡适与索克思的来往信件。

美国记者阿班要拯救胡适

由美国来中国开辟新天地

美国有一位名记者，他的名字叫哈雷特·阿班（1884—1955，Abend. Hallett. Edward，哈雷特·霍华德，又译亚明德）。

1884年，阿班生于美国俄勒冈州。曾在斯坦福大学读到三年级肄业，便当起了实习记者，这一干，便在美国报界干了21年。1926年，42岁的他来到中国，被地大物博的中国所吸引，被勤劳忠厚的中国人民所感动，这一待，又是15年。初任英文《北京导报》代理总主笔，1927年任美国《纽约时报》驻华记者，仍居北京，两年后升任首席记者。1929年，因发表了关于宋美龄的新闻使国民政府不悦，于是阿班在中国电报局拍发新闻电报的权利被剥夺了，无奈迁往上海。此后他在上海外国人所控制的电报局发报。国民政府外交部越发不满，向美国使馆提出抗议，但是美国使馆与《纽约时报》却仍支持他。此事拖到1931年"九一八"事变发生后才化解。

1937年12月，日军占领南京后，阿班义愤填膺，第一个把日军大屠杀暴行信息传递到美国和世界其他国家和地区。往后，他便常遭到日军的虐待和袭击。太平洋战争爆发前半年，离开中国返回美国。1955年病逝于美国。

阿班在华期间除了办报外，便专致关注以同情中国为主题的创作。

1930年阿班出版了《被折磨的中国》；1936年出版了《中国能生存下去吗》；1939年出版了《亚洲的混乱》；1941年出版了《被摘下假面具的日本》；1944年出版了《我的中国岁月》（1926—1941），此书有些版本译作《中国十五年》，该书在2008年再版时又改名《民国采访战》，是一部研究近现代中国动荡不安历史的经典之作，弥足珍贵；1950年出版了最后一部书《一半人为奴一半人自由：这割裂的世界》。

反对围攻胡适　策动《纽约时报》发声

特别值得一提的是，1929年，阿班为营救被围攻的胡适，竟策动美国《纽约时报》发表社论，参加支援行动。

1928年，胡适在出任上海中国公学校长期间，曾发表了《人权与宪法》《我们什么时候才可以有宪法》及《知难，行亦不易》三篇文章，国民党上海市党部认为胡适"侮辱总理、诋毁主义、背叛政府、煽惑民众"，叫嚣要给予严惩。胡适进行了反驳，事情没有向最坏的方向发展下去。就这么一声闷雷，未料却让阿班吓得魂不附体，于是阿班便策动美国《纽约时报》发声来营救胡适。1929年10月10日，胡适在日记上记录下这件大事，他说："克银汉（按：此人是指当时美国驻上海总领事克宁翰）君剪寄（《纽约时报》[1929年8月31日]）"。胡适日记中的该报有中译文，标题是《钳制中国说真话的人》。现在笔者所引之《纽约时报》社论，系摘自阿班的回忆录《民国采访战》。

1929年8月3日，《纽约时报》报道称：

胡适博士是当代中国最优秀、最具建设性的领袖人物之一，其智慧实在是远胜于他在政界的同龄人。正因如此，国民党对他的抨击，及要求对他做出惩戒的举动，意义非比寻常。他本是一个哲学家，杰出，富有勇气，思想及言辞坦诚，大部分时候超然于政治之上。作为中国"新文化运动之父"，他只兢兢于使中国人的思想及教育体系现代化。他之受到谴责，非关个人有政治野心，只因他敢于直抒胸臆，指出国民党治下之中国，并非如该党向外部世界所描绘的那样，纯然是一片玫瑰色。对那些打着已故孙逸仙博士之名的经济理论，他特别质疑了其正确性。他之有罪，不是罪在政见不同，是罪在道出了真相。胡适先生的友辈中，许多仍在他的求学之地美国，对于他至今没有倒在国民党独裁者的枪口下，常感惊奇。1927年间，回国后不久，面对主宰一切的排外主义，胡适更充满勇气，敢于放言，将西方文明与中国文明做比较，坚持认为，横遭抨击的西方物质文明中，其所蕴含的精神性，比之肮脏、残暴、极端漠视人类生命及充满宿命论的东方"精神"文明，要远胜一筹。胡适的真话，对于这一精心塑造的东方假象来说，无异于叛国之举。去年冬天，他再次强调了这一观点。在为美国驻华使馆商务参赞的书作序时，他呼吁中国人民停止自欺，直面现实，称改革乃必由之路，而且必须发端于内部。他谴责政客的腐败与低效，否认中国之灾祸全因国外"帝国主义"而起的流行理论。这些文章招来憎恨，不仅因其真，更因他没有"参与游戏"，去粉刷中国的弱点，将所有一切怪罪到外国人身上。中国企图指逼外国记者沉默，已经够恶劣了。而当他们企图惩罚一个自己人，便不禁令人害怕，不知这种偏狭何时到头。要知道，这个受迫害者对当代中国所作的贡献，将被永远牢记，而迫害他的人，将早早被人遗忘。若受害人只是一介政客，此事作为地方性事件，或许可以接受。若此人只是寻衅闹事，鉴于当前局势动荡，此举或许也可解释得通。但是，作为新文化运动的领袖，中国最杰出的思想家，在胡适冒险对国人道出实情时，他的声音，应该是去倾听，而不是去镇压。

《纽约时报》这篇社论，反映了阿班的观点和期望。因此，阿班说要将这篇社论的中、英文版，发往中国大陆和中国香港，以及日本、菲律宾、泰国、新加坡和印度尼西亚，展开舆论攻势，营救胡适。它反映了一个真挚的美国友人，冒着被驱逐出境的危险，勇敢地向国民党当局发出的正义的呼声！这对胡适而言至少是助了一臂之力。

澳大利亚汉学家谈胡适与溥仪

胡适于1922年5月30日、1924年5月27日，两次会见走下"圣坛"的末代皇帝溥仪（1906—1967）。在胡适的眼中，这只"是一件很可以不必大惊小怪的事"，但在民国之初的朝野上下，却是一片热议和否定的腔调。当时在华的美国、英国和澳大利亚等国的学者和记者，对胡适的这种"胆大妄为"，也是褒贬不一。

本文记录的是生于英国、死于澳大利亚的"中国通"——查尔斯·帕特里克·菲茨杰拉尔德（1902—1972，C·P·FitzGerald）关于胡适与宣统这件事鲜为人知的亲身经历。它从另一侧面，帮助我们认识此事，当有裨益。

为了弄清胡适见宣统皇帝的始末，不妨先读读胡适会见前所写的日记和之后所作文章《宣统与胡适》，看看他是怎样向世人交代这件事的。

1922年5月24日，胡适在日记上是这样写的："我因为宣统要见我，故今天去看他的先生庄士敦（Johnston Sir Roginald Fleming，1874—1938），问他宫中情形。他说宣统近来颇能独立，自行其意，不受一班老太婆的牵制。前次他把辫子剪去，即是一例。上星期他的先生陈宝琛（1848—1935）病重，他要去看他，宫中人劝阻他，他不听，竟雇汽车出去看他一次，这也是一例。前次庄士敦说起宣统曾读我的《尝试集》，故我送庄士敦一部《胡适文存》时，也送了宣统一部。这次他要见我，完全不同人商量，庄士敦也不知道，也可见他自行其意了。庄士敦是很稳健的人，他教授宣统，成绩颇好；他颇能在暗中护持他，故宣统也很感激他。宫中人很忌庄士敦，故此次他想辞职，但宣统坚不肯放他走。"

胡适在会见宣统皇帝前，走访庄士敦，获得了第一手信息，为他的正式访问铺平了道路，说明胡适很稳重，绝不轻易犯下唐突的错误。1922年"阴历五月十七日，清室宣统帝打电话来邀我进宫去谈谈，五月三十日上午，他派了一个太监来我家接我，我们从神武门进宫，在养心殿见着清帝，我对他行了鞠躬礼，他请我坐，我就坐了。他的样子很清秀，但颇单弱；他虽只十七岁，但眼睛的近视，比我还厉害。他穿的是蓝袍子，玄色的背心。室中略有古玩陈设，靠窗摆着许多书，炕几上摆着本日的报纸十几种，内中有《晨报》和《英文快报》，还有康白情的《草儿》和亚东的《西游记》。他称我'先生'我称他'皇上'。我们谈的大概都是文学的事，他问起康白情、俞平伯，还问及"诗"杂志。他说他很赞成白话；他作过旧诗，近来也试作新诗。我提起他近来亲自出宫去看陈宝琛的病的事，并说我觉得这是一个很好的事。此外，我们还谈了他出洋留学等事。那一天最要紧的谈话，是他说的：'我们做错了许多事，到这个地位，还要糜费民国许多钱，我心里很不安。我本想谋独立生活，故曾想办一个皇室财产清理处，但这件事很有许多人反对，因为我一独立，有许多人就没有依靠了。'我们谈了二十分钟，我就告辞出来了"。胡适接着又感慨地写道，"一个人去见一个人，本也没有什么稀奇。清宫里这一位少年，处境是很寂寞的、很可怜的；他想寻一个人来谈谈，这是人情上很平常的一件事。不料中国人脑筋里的帝王思想，还不曾洗刷干净。这一件本来很有人味儿的事，到了新闻记者的笔下，便成了一条怪诧的新闻了。自从这事发生以来，只有《晨报》的记载（我未见），听说大致是不错的；《京津时报》的评论是平允的；此外，便都是猜谜的记载，轻薄的评论了。最可笑的是，到了最近半个月之内，还有人把这事当作一件'新闻'看，还捏造出'胡适为帝者师''胡适请求免拜跪'种种无根据的话。我没有工夫去一一更正他们，只能把这事的真相写出来，叫人家知道这是一件很可以不必大惊小怪的事"。

庄士敦和溥仪

　　胡适第一次成功访问溥仪后，时过两年半——1924年11月5日，胡适给外交部长王正廷写信，反对军阀冯玉祥派军队将废帝溥仪驱逐出宫。说："清室的优待乃是一种国际的信义、条约的关系。条约可以修正、可以废止，但堂堂的民国，欺人之弱，乘人之危，以强暴行之，这真是民国史上的一件最不名誉的事。"谁知这封信四天后在《北平晨报》刊登出来，引起舆论大哗，人们纷纷指责胡适，连胡适挚友朱经农、周作人、唐钺、李书华、李宗侗等皆公开持异议。11月9日，庄士敦写信给胡适，表示支持，只此一户而已。溥仪出宫后，胡适曾特地到醇王府去看望他，表示慰问，并劝溥仪出国留学，自己愿意给予帮助，算是给了溥仪一丝安慰。

　　胡适"救"溥仪的举措，纯属多余。他努力将自己扮成一个同情怜悯弱者的高大形象，但因逆时代潮流而动，故难赢得人心。

　　胡适对废帝溥仪的感情是很复杂的，可以说是处于一种爱怨俱加的状态，虽日久也不见褪变。他在1922年6月6日，作了一首《有感》的诗可窥视其一二。

　　　　咬不开，槌不碎的核心，
　　　　关不住核儿里的一点生意；

百尺的宫墙，千年的礼教，

锁不住一个少年的心！

胡适为了让读者了解他《有感》的"感"中的含义，在37年后——1959年12月12日，对《有感》作了注释："此是我进宫见溥仪废帝之后作的一首小诗。若不加注，读者定不会懂得我指的是谁。"读者自然明白：这个少年便是废帝宣统。

菲茨杰拉尔德何许人也？他是怎么与溥仪联系上的？他又怎样与胡适扯上关系的？

菲茨杰拉尔德的次女米拉贝尔·菲茨杰拉尔德为其父的《为什么去中国——1923—1950年在中国的回忆》一书作序时，告诉我们，其父是一位"杰出的汉学家"。1902年，生于英格兰，1922年，在伦敦东方及非洲研究院学习汉语（研究院教师中有一位中国人舒舍予先生）。1923年起，他开始了在中国长达30余年的精彩之旅。这期间，他碰上了轰动一时的胡适会见宣统皇帝溥仪的热门话题，菲茨杰拉尔德很快便被卷入了这个时闻的漩涡。他为我们提供了这个时闻的一些细节。有趣的是，他虽无缘结识胡适，可是胡适是中国"第一位提倡白话文的先驱"，则如雷贯耳。重要的是，他还为这个事件献出了一些鲜为人知的花絮。

菲茨杰拉尔德说："溥仪从皇宫被赶出来以前，曾经聘请过一位家庭英文教师，那就是雷金纳德·约翰逊爵士（按：即庄士敦）。最初，雷金纳德爵士是中国顾问团的成员，后来成了威海卫的英国总督。他所以被聘为皇帝的家庭教师，部分原因是他汉语的听、说、读、写能力都很出色。我来北京定居的时候，他刚刚接受了伦敦东方语言学院的汉语教授职务，我在东方语言学院读书时的老师多拉·伊文思，把我介绍给雷金纳德爵士，后来，他不止一次地请我吃饭。有一次，他还对我讲述了溥仪被逐出皇宫以后，他是如何安排溥仪逃离北京的往事。"雷金纳德接着又说，他"制定了一个周密计划，事先买好一张去天津的三等火车票，溥仪身穿一件素净的蓝色长袍，看起来像个朴素的大学生，独自一人，悄悄溜出父亲的宅邸，乘一辆停在墙角的黄包车，直奔火车站，然后登上开往天津的火车"。雷金纳德又说，"溥仪时年二十一岁，从来没带过一分钱，对什么东西值多少钱，更是一无所知"。所以庄士敦"事无巨细，都考虑得很周到"，旨在让溥仪逃离成功。

菲茨杰拉尔德还揭露溥仪勾结庄士敦盗卖皇宫之珍宝的罪行。他说："作为中介人，他（指庄士敦）曾经代表溥仪把皇宫收藏的最珍贵的宋代瓷器运往香港·上海银行（英国）。后来，为了满足溥仪一家与相关人员的财务需要，这些瓷器都被拍卖掉了。如果不是全部的话，至少大部分都成了伦敦珀西瓦尔·耶兹的收藏品了"。

至于胡适，菲茨杰拉尔德在其著作中却给予很高的评价，对胡适应约与宣统相见也有称赞。他说："胡适博士是当时中国文化界最著名的人物。他是北京大学教授，是主张用白话文代替文言文的主要提倡者之一。胡适重新激起了人们对明朝和晚清时期中国白话文小说的兴趣，并给予高度评价。那些小说正因为是用白话文写的，才得以广泛流传，但也因此而被倡导古文的学者们视为垃圾而抛弃。有一天，溥仪问雷金纳德爵士，是否可以邀请胡适博士前来一叙？这的确是一个令人吃惊的请求。谁都知道，像其他现代派学者一样，胡适博士也是一位坚定的共和主义者，对通过共和之路实现民主抱有一线希望。共和主义学者们一向认为，满洲人不仅愚蠢无能、百无一用，而且夜郎自大、固步自封。这种看法已经成了一种根深蒂固的成见。不过，雷金纳德爵士还是设法和胡适博士取得了联系。胡适对溥仪的邀请不仅感到意外，而且十分为难。倘若同事和朋友们知道他和被赶下台的皇帝暗中来往，他便很难在他们面前抬起头来。为了让胡适博士同意秘密来访，一切都得仔细安排。雷金纳德爵士亲自负责胡适博士经过的宅院入口处的安全，除了门卫，一定保证不让任何人看到胡适博士来访。至于雷金纳德爵士，门卫当然认识。皇帝和胡适博士的会见进行得非常顺利。胡适博士发现，那时大约二十多岁的年轻皇帝，至少像他的大多数学生一样聪明，并且对有关文化和语言改革的趋向，表现出浓厚的兴趣。雷金纳德爵士是在一次午宴上谈及这件往事的，一家非常著名的报社记者当时也在场。通过这件事情，我才认识雷金纳德爵士头脑冷静、随机应变的才能，并且由衷地钦佩他！原来，雷金纳德爵士头一次提到胡适的名字时，那一位记者竟然问道：'你说的是谁？'这位记者显然从来没有听说过胡适。雷金纳德爵士发现自己失口说出这件事，连忙利用英文'谁'和中文'胡'之间发音的相似，把这件事遮掩过去。不过，这件事倒令人大开眼界。那时候的北京，没有听说过胡适的人，就像伦敦没有听说过萧伯纳的人一样少而又少。而身为大报记者的那位先生，居然会是这'少而又少'中的一员。"

胡适日记、书信等资料，除了刊出过庄士敦的来信外，未见登载过有关菲茨杰拉尔德其人其事，这可以理解为，胡适未曾与菲茨杰拉尔德见过面，彼此并无往来。尽管如此，但是胡适的形象却矗立在他的心中。可惜，菲茨杰拉尔德的上述精彩文章，对胡适来说，则永远是一本读不到的天书了。

菲茨杰拉尔德在胡适会见溥仪事件后，花了许多时间在中国旅游。1939年到1945年，他在英国外事办公室工作；1946年到1950年，在英国驻中国顾问团工作。是年，他应澳大利亚驻华大使之邀，到澳定居。作为"中国通"，1951年，他被聘为澳大利亚国立大学东方研究系高级讲师，1954年升任教授，1968年被授予名誉博士。1970年到1972年，他是墨尔本大学现代中文系客座教授。他是拥有中国历代古珍秘籍的第一人，又是二十一本有关中国的书（1942年著《中国文化简史》，1952年著《唐太宗传》、《中国革命》[1964年修订版名《共产党中国的诞生》]，1958年著《中国的高潮》，1961年著《关于中华帝国的发现》，1964年著《中国人对其世界地位的估计》，1966年著《东亚简史》，1972年著《中国人向南扩张》，1976年著《毛泽东与中国》）和无数文章的作者。在那个时代的澳大利亚，他的中国主题的著作，其数量之多，堪称佼佼者。中华人民共和国成立后，他曾多次来华访问，受到中国政府和人民的热烈欢迎。他是中国人民不能忘怀的老朋友。

从《师门辱教记》到《师门五年记》

1928年，罗尔纲慕名考进了由胡适任校长的上海中国公学大学部文理学院，后与校长胡适结缘。在校期间，不善交际的罗尔纲，勤奋好学，获得了学校的奖学金，终成优秀学生。胡适对这位来自广西的学子，在脑海里留下了深刻的印象。

罗尔纲在《师门五年记》中写道："十九年（即1930年）的初夏，我快要在上海中国公学毕业了，那时候，摆在我面前的有两条路子：一条是学习创作，另一条是研究历史。究竟走哪条路呢？使我徘徊。经过再三考虑，选择了研究历史的路。路子决定了，我就写了一封信去请求校长胡适之师帮助我，适之师复我一封短信说：'此间并无历史研究院，大图书馆亦甚少。'问我每月需要多少钱，期望多少，叫我告诉他一个大致，他当为我想法子。"罗尔纲接着又写道，"过了几天，适之师到学校，我去校长室见他。他见了我，就说：'我知道你，你去年得到学校奖学金，你的文化史论文很好。我读了你的信，很明白你的情形。你毕业后，如果愿意到我家去，我是很欢迎你的。'"这是罗尔纲生平第一次面晤胡适。他以"适之师还知道我这个在学校里无声无息的一点不活跃的学生"感到兴奋。但他细想后，深深觉得"而今却出（乎）我的望外，适之师叫我到他的家去，使我得值身在一位当代大师的家庭，终日亲炙师教。我当时听了适之师的话，真是说不尽的欢喜"！

是年6月初，罗尔纲行过毕业典礼，便离开了母校，到了极斯斐尔路49号胡府去就"学徒"之业。半年后，11月间，因为胡适已辞去中国公学校长之职，就职于在北京的中华教育文化基金董事会编译委员会，胡适遂举家北上，乔迁于北京地安门内米粮库4号。这以后，这个家庭中却增添了一位受欢迎的成员，那便是罗尔纲。

至于罗尔纲在上海和北京胡府做的是些什么样的工作？罗尔纲在《师门五年记》一书中说："我在适之师家做的工作，是每天帮助他的两位公子祖望、思杜两弟读书，和抄录太老师铁花（韦传）先生的遗集。祖望、思杜能够自动地读书，我不过辅导他们而已。每天的主要工作，却是抄录铁花先生遗集。铁花是清代一位地理学者。——他的全部遗集分为年谱、文集、诗集、申禀、书启、日记六种，约有八十万字。要抄录这部巨著，不是一件很容易做的工作。因为铁花先生太忙了，在他的底稿上，东涂西改，左添右补，煞是难看。抄写的人，除非十分小心，并且有耐性，是抄不下去的。有时还得用校勘方法，如在抄申禀时遇到那里的字句实在看不清楚了，就得拿书启或日记里面那些同一事件的部分来对勘，方才可以寻得他改削的线索出来。因此，这一部巨著，适之师搁置了许多年还不曾找到一个适当的人去整理，到我来了，才交我抄录。"

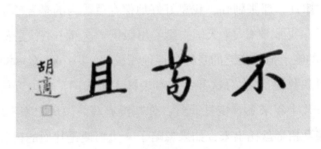

胡适题字

当抄录工作完成后，即协助胡适整理资料，其中罗尔纲曾返乡探亲，他给胡适留下一封信。后来，胡适在回信中说道："我看了你的长信，我很高兴，我以前看了你做的小说，就知你的为人。你那种'谨慎勤敏'的行为，就是我所谓'不苟且'，古人所谓'执事敬'就是这个意思。你有此美德，将来一定有成就。"

罗尔纲在书中又说："我一入师门，适之师就将'不苟且'三字教训我，我以前谨遵师教，到了妻儿来北京后，为了要卖稿补助生活，一大部分文稿就不得不是急就章了。自1935年春至次年夏，这一年半里，我共写了近40万字的文章。其中只有《洪大泉考》——解决了太平天国一大疑案。《艺风堂金石文字目伪误举例》——校出了缪荃孙氏的错误。那两篇文章仍一本师教，是我的精心苦作，为适之师所称许。此外，别的文章都是为生活出卖的，至今想起来，还是一件痛心事。

"我十分惭愧，又十分感激，当我每次发表这种文章的时候，就得到适之师给我的严切的教训。

"适之师对我文章第一次严切的教训，是1935年春天，在《大公报·图书周刊》第72期交表的那篇《聊斋文集的稿本及其价值》的书评。……适之师见了，教训我说：'聊斋《述刘氏行实》一文固然是奴文章，但他的文集里面好的文章还有不少哩，概括说都要不得，你的话太武断了。一个人的判断代表他的见解。判断不易，正如考证不易下结论一样。做文章要站得住。如何才站得住？就是，不要罅隙给人家推翻。'我回到家中，立刻把适之师的教训记在副刊我那篇文章上面。几年来，经过了多少次搬迁，那张副刊，我总好好地保存着。为的是要珍重师教……1937年春天，我那部《太平天国史纲》出版了。这部小书，是我在1935年底至4月中的晚上拖着疲乏的身体匆促地写成的。……我送一本给适之师，他看了，责备我说：'你写这部书，专表扬太平天国，中国近代自经太平天国之乱，几十年来不曾恢复元气，你却没有写。做历史家不应有主观，须要把事实真相全盘托出来，如果忽略了一边那便是片面的记载了。这是不对的。你又说五四新文学运动，是受了太平天国提倡通俗文学的影响，我还不曾读过太平天国的白话文哩。'适之师的话，叫我毛骨悚然！……违了适之师平日教我们'有一分证据说一分话，有三分证据说三分话'的教训。我站在适之师面前，默默地恭听他的教训，在那一瞬间，叫人想起了件往事。即是1934年的夏天，陈仲甫（独秀）先生关在南京狱中，他打算做太平天国史研究。……适之师笑对希吕先生和我说：'仲甫也要研究太平天国，他对原放说想请尔纲去南京和他谈谈。仲甫是有政治偏见的。

他研究不得太平天国，还是尔纲努力研究吧。'那时候适之师对我的希望是如何恳切呢！我而今写出这样荒唐的东西，使他又是何等失望啊！我想起这件往事，叫我满面愧羞，抬不起头来。……适之师教训我常常如此严切。他的严切，不同夏日那样可怕，却好比煦煦的春阳一样有着一种使人启迪自新的生意，教人感动！教人奋发！"

1943年2月，广西桂林文化供应社总编辑钱实甫找到罗尔纲，邀约他写一本旨在启迪年轻人明白为学之不易。钱实甫说罗尔纲与胡适楷模式的师生关系，就是一个好题目。罗尔纲欣然地接受了这份邀请。罗尔纲从2月底起在广西贵县家乡集中精力写作，一个多月后的3月9日，便神速般地交稿了。而出版部门也报予闪电之礼。1944年6月，一本名曰《师门辱教记》的书出版了，内分：自序；一，初入师门；二，蒲松龄的生年考与《醒世姻缘传》考证的启示；三，回乡省亲偶然地走上研究太平天国的路；四，重入师门；五，史学研究会与北京大学考古室；六，煦煦春阳的师教。一本薄书，在抗日战火中，由桂林建设书店出版了。但因桂林时值紧急疏散，书未能如计划进入市场，因而知之者甚少。罗尔纲重在"践朋友之诺言，坚辞一切报酬"，所以作为作者，也只获得几十部样书而已。

罗尔纲对书名进行了解释，之所以叫《师门辱教记》，是基于《太平天国史纲》，自己沉痛地感到有负师教与期望之故。看过书的朋友都称赞这是本好书。当时中科院社会研究所图书馆主任宗井滔对罗尔纲说："我曾经看过一本胡适之的传，看过几篇写胡适之的文章，到今天看了你这本小册子，才见到胡适之的伟大。"后来有一位香港人江荼在《明报》上著文，支持罗尔纲的解释并赠赞词。他也认为罗尔纲给此书取名《师门辱教记》，乃"表示自己得前人春风化雨，而却有辱师教，难报其情"。除外，感同身受，他说："读这本书，我们连叹今日教育界何等缺乏适之先生一般的好老师，而像罗尔纲一样的好学尊师的学生更属凤毛麟角了。"

虽获好评，但是罗尔纲仍感不足，后来朋友们看见了此书，纷纷建议重印，这对作者是莫大的鼓舞。1945年2月3日深夜，罗尔纲在四川省南溪县李庄镇将《师门辱教记》进行了修订，特别重墨修饰了自序。作者重申："我这部小书，不是含笑的回忆录，而是一本带着羞惭的自白。其中所表现的不是我这个渺小的人生，而是一个平实慈祥的学者的教训，与他的那一颗爱护青年人的又慈悲又热诚的心。如果读者们能够得到这个印象，那么这一次重印便不为多余的了。"是的，修改后的自序比1943年3月9日的自序有了升华。

修改稿已定，罗尔纲即寄往重庆独立出版社，请卢吉忱（逮曾）总经理重印。卢回信说要先请胡适写一篇序，因而重印一事便搁浅了。

1945年11月10日，罗尔纲在四川省南溪县李庄镇中央研究院社会科学研究所办公地，将《师门辱教记》等书用包裹寄给胡适。罗尔纲在书的扉页上恭正地亲笔写道："适之吾师赐阅，学生罗尔纲敬呈，三十四年11月10日于四川南溪县李庄。"这件包裹经历33天的时间，终于被送到胡适的手中。胡适兴奋地在《师门辱教记》的封面上，亲笔写上"今早我在床上被邮差惊醒，他给我一件贴着1100元中华邮票的包裹，即是尔纲这部小册子！1945年12月13日，在我生日之前四日"。此时的胡适身居何处？

笔者以为是在美国纽约。那高昂的邮资，漫长的邮路，送上门的邮件，收件人未像寄件人用的是中华民国年号，而是采用西历公元年号，这便是支撑点。但是这件包裹却使罗尔纲焦虑良久，因为他收不到回音。罗尔纲于是在1946年12月15日，在致胡适信中，一开始便问及"去年寄上两函，一寄赵元任先生转，一寄纽约吾师寓所。后又寄呈所撰《师门辱教记》一册。今秋7月底在李庄航空挂号呈寄所撰《太平天国史丛考》《绿营兵志》《师门辱教记》三书至北京大学，未审都一一蒙赐阅否？"显然罗尔纲不知道胡适是否收到寄书。罗尔纲所寄之书不止一次。更遗憾的是，胡适在《师门辱教记》上唯一的亲笔题记，罗尔纲直到谢世，也无缘目睹。这件与己有关，并凸显师生情谊的珍贵墨宝，就这样与他失之交臂。倒是笔者有幸，从邹新明著《胡适与北京大学》一书中，看到了这件胡适题记的全图。

1958年《师门五年记》（新版）问世

1948年4月初，胡适与罗尔纲相逢于南京，师生相聚甚欢，当然话题之一便落到《师门辱教记》的重印问题上来了。一个月后，胡适返回北京，他从卢吉忱手里拿到罗尔纲的修改稿，于是应约为《师门辱教记》作序，8月3日在北京写完后，便抄了一份序文连同一封信寄给在南京的罗尔纲。

"序"是这样写的。

我的朋友罗尔纲先生曾在我家里住过几年，帮助我做了许多事，其中最繁重的一件工作是抄写整理我父亲铁花先生的遗著。他绝对不肯受报酬，每年还从他家中寄钱来供给他零用。他是我的助手，又是孩子们的家庭教师，但他总觉得他是在我家里做"徒弟"，除吃饭住房之外，不应该再受报酬了。这是他的狷介，狷介就是在行为上不苟且。……我很早就看重尔纲这种狷介的品行。我很早就对他说，他那种一点一划不苟且放过的习惯就是他最大的工作资本。这不是别人可以给他的，这是他自己带来的本钱。我在民国二十年秋天答复他留别的信，曾说："你那种'谨慎勤敏'的行为，就是我所谓'不苟且'。古人所谓'执事敬'，就是这个意思。你有此美德，将来一定有成就。"如果我有什么帮助他的地方，我不过随时唤醒他特别注意。这种不苟且的习惯是需要自觉的监督的。我要他知道，良师益友的用处，也不过是随时指点出这种松懈的地方，帮助做点批评督责的工夫。尔纲对于我批评他的话，不但不怪我，还特别感谢我。我的批评，无论是口头、是书面，尔纲都记录下来。有些话是颇严厉的，他也很虚心地接受。有他那样一点一划不苟且的精神，加上虚心，加上他那无比的勤劳，无论在什么地方，他都会有良好的学术成绩。他现在写了这本自传，专记载他跟着我做"徒弟"的几年的生活。我一口气读完了这本小书，很使我怀念那几年的朋友乐趣。我是提倡传记文学的，常常劝朋友写自传。尔纲这本自传，据我所知，好像是自传里没有见过的创体。从来没有人这样坦白详细地描写他做学问的经验，从来也没有人留下这样亲切的一幅师友切磋乐趣的图画。

胡适这篇序文，既是一篇叙事文，也是一篇抒情散文，特别是结尾部分犹富文采！

胡适这篇序文，惊叹这本"自传"是体例上的创造性佳作，赞美了罗尔纲主观上恪守师训"不苟且"的品行，谦虚地道出了自身只是客观上对徒弟进行引导和监督。

胡适这篇序文，提升了这本小书的经典性，增强了它的可读性和寿命的持久性，具有收藏价值。

特别值得一提的是，胡适在致罗尔纲的信中很激动地说道："你这本小小的书给我的光荣比我得到的35个名誉博士学位还要光荣！"罗尔纲事后多年回忆往事时曾对笔者说"那时以为他是客套话""觉得适之师这句话说得太重了，但后来事实表明他的话是真实的"。

1949年初，解放战争已面临全胜，身在北京大学的胡适被蒋介石用飞机接往南京，后去了台湾，旋去了美国。1952年11月，胡适返回台湾，胡适想起了《师门辱教记》重印的事，遂向卢逮曾索取罗尔纲的修改稿本，次年又将稿本带往美国。据在胡适身边为之作传的唐德刚在其《胡适杂忆》一书中说，1953年间，"胡先生在他那（纽约家中）乱书堆中找出罗尔纲所写的小册子《师门辱教记》给我看"，可证胡适流浪美国，但仍然惦记着《师门辱教记》。

1958年4月8日，胡适返回台湾，出席就任中央研究院院长典礼。6月16日返回美国。11月5日，再离美回台湾，此行则是因为中央研究院建造的南港院长公寓落成之喜。胡适身居新屋，但是心境既复杂又悲戚，他决定将《师门辱教记》自费重印出版。胡适觉得原书名《师门辱教记》中的二字"辱教"，从罗尔纲来说，无可厚非，然而现在是由自己来全权做主，则嫌欠妥，于是改名为《师门五年记》，看似平淡无奇，然而平淡之中含真情啊！

胡适已掌握有罗尔纲在1945年2月3日四川所写修改自序，又有自己在1948年8月3日在北京所作之序文，可惜那是十年前的作品。他决定再写一篇简短的"后记"。

尔纲这本自传是民国三十四年修改了交给卢吉忱的。后来吉忱要我写一篇短序，我的序是三十七年8月才写的。可能是我的序把这书的付印耽误了。三十七年8月以后，吉忱就没有印这书的机会了。1952年我在台北，向吉忱取得此书的修改稿本。1953年我去美国，就把这稿子带了去。如今吉忱去世已好几年了。尔纲与我两人成了"隔世"的人已近十年了。这几年里，朋友看见这稿子的，都劝我把它印出来，我今年回台湾，又把这稿子带回来了。我现在自己出钱，把这个小册子印出来，不做卖品，只做赠送朋友之用。民国1958年12月7日晨，胡适记于台北县南港中央研究院。

胡适这篇后记，除了向读者交代了这本书的写作与运转流程和最后处置办法外，也曾轻描淡写地提到与这本著作的命运相关的两个人——责任编辑卢吉忱和著者罗尔纲。胡适可谓含泪挥笔的，因为卢吉忱曾是胡适任北京大学文学院长时的秘书，不幸已去世。至于罗尔纲，胡适知道他这位曾经的爱生今在大陆埋头从事太平天国著述研究，他不由哀叹"尔纲和我两人成了'隔时'的人已近十年了"，思念之情，跃然纸上，感人至深！

后记写完后，胡适又给《师门五年记》亲题了书名，之后便急忙交付台北艺文印书馆出版。意在赶上12月17日这天，作为他68岁生日的贺礼及为他祝寿的来宾的回礼。

请看新披露的胡适致艺文印书馆暨严一萍主任之函。

一萍先生：

承老兄热心帮忙，承艺文同人热心帮忙，使《师门五年记》小册子两次印成，我衷心感激，非短礼所能表达。今天承彦堂兄（按：董作宾）转致老兄意旨，嘱我只须付1000元台币，即可包括此小册子的纸张、印刷、装订的费用。这是老兄与艺文的过分好意。更使我不安！所以我请此间的朋友稍作估计，他们都说这小册子两千册，单算纸张一项就不止1000元，所以现在送上支票1750元。这是此间朋友估计的最低的成本和费用，千万请老兄收下，使我稍觉心安。不然，以后我就不敢托艺文给我印书了。彦老和毛子水都说一萍开书店一定不能赚钱，一定要亏本。即如这个小册子的事，老兄的行为可以写入《镜花缘》里的"君子国"一面，但实在不是开书店的正当办法。老兄以为然否？

胡适

1959年1月23日

应该说，胡适明知这是艺文印书馆看重老友、信赖老客户的著作，刻意亏本，两次印刷这本罕见的《师门五年记》，并快速地交到胡适先生的手中。

1958年12月17日，这一天既是胡适的68岁生日，也是北京大学成立60周年纪念日。中午，在台湾的北京大学校友举行校庆，同时为校长胡适祝寿。胡适当场回赠校友每人一册《师门五年记》。这是罗尔纲著、胡适作序的新版《师门五年记》首次与台湾读者见面。收到此书的胡适的学生金承艺（1926—1996）阅后，颇为感慨！他说："我所以感动，是因为这本小书中有'从来没有人这样坦白详细地描写他的做学问的经验'，它不单是介绍出一位对学生的态度如煦煦春阳，而对学生求学问的态度却又要求一丝不苟、一点也不能马虎的先生，并且叙述出一个极难得的虚心、笃实、肯接受教训的学生。做学问，而一点不苟且，永远说实话，这大概在任何时代都是可遇而不可求的事。可是在这本书里，有一个不苟且，说实话的学生，这真不能不使人感动了。"

1959年1月21日，胡适一次即给了学生张延隆25册《师门五年记》。

同年7月22日，史学家严耕望（1916—1996，安徽桐城人）向胡适致函索《师门五年记》。他在信中直说："适之先生：前天在友人处见到罗尔纲先生所写《师门五年记》，归后一气读完，深感罗先生真璞可尚，而先生之遇青年学生亲切、体贴、殷殷督教，无所不到至极，读之令人神往，深感此书不但示人何以为学，亦且示人何以为师，实为近数十年来之一奇书。不知先生手头尚有存余否？如有存者，乞预留一册，惠赐为荷。"严耕望先生对《师门五年记》如此好感，甚至将它提升到是天下"奇书"的高度。所称"奇"，可谓稀罕，可谓独创，亦可说此书含有不可替代的特点与性质。这是一位历史学者对胡适与罗尔纲师生楷模关系的空前肯定和褒奖！

这以后，胡适曾在适当时候和各种场合，将《师门五年记》分赠雷震、金承艺、李敖、刘真、姚从吾、金振庭、张佛泉、王康、费宗清以及美国哥伦比亚大学图书馆与美国汉学家鲁道夫等组织和个人。

当然规模比较大一些的主动派送，还是1962年2月24日那一次。是日，中央研究院举行第五次院士会议，出席会议的有院士、评议员及来宾等百余人，尚有从美国回来的院士——吴大猷、吴健雄、袁家骝、刘大中四位科学家。胡适告诉秘书胡颂平"午饭时，我和他们谈起《师门五年记》"，遂命胡颂平给这四位院士每人一本《师门五年记》，四位科学家均愉快地收下了这本珍贵的奇书。人生苦短，未料《师门五年记》就在此时竟成了胡适与这四位科学家最后告别的不朽之礼物，因为胡适就在当晚6时35分，突然晕倒在讲台，一代哲人，就这样在环绕他周围的许多学人无限悲痛之中与世长辞了。

胡适仙逝后，由于台北胡适纪念馆的鼎力扶持，1976年2月24日，该馆出版了《师门五年记》的增订版，受到了读者的欢迎。2013年笔者在该馆购得一册。加上在澳大利亚接受金承艺藏品中的有胡适自题的一册，笔者现已拥有两册《师门五年记》。

再说，胡适仙逝时，大陆的《参考消息》仅有极简短的报道，罗尔纲先生并不知情，斯时笔者在罗尔纲身边工作，未见他有任何发声。20世纪90年代初，国内政治环境已宽松，1995年5月，罗尔纲由北京三联书店出版了《师门五年记·胡适琐记》。罗先生亲笔题字赠送予笔者，这是他半个多世纪亲笔题字送给笔者的第36本书，也是最后一本。因为1997年5月25日，罗尔纲驾鹤仙逝。1998年7月，三联书店据其生前新撰，为《师门五年记·胡适琐记》出版"增补本"。

2006年8月，三联书店再得其女罗文起之助，再出新版增补本。随后笔者移居墨尔本，收到罗文起女士题赠的2006年增补本。笔者荣幸现拥有两本《师门五年记·胡适琐忆》。

笔者阅读2006年本，喜见已年迈的罗尔纲先生在生前的最后岁月对往事不仅记忆犹新，而且对仙逝已33载的恩师的春风神化之情仍津津乐道。他说道："我这本在十天内匆匆草成的小小的册子，如果不是钱实甫先生那么热情来电追索，我写成后还搁起来不敢示人，却为适之师看重，为读者赏识，成为我写作中流传最广远的一本。杜甫诗说：'文章千古事，得失寸心知。'我对我这本小册子的得失，却是连做梦也没有想到呐！"

李敖礼赞胡适与罗尔纲

胡适与李敖宛如师生

胡适与李敖（1935—2018）的关系有目共睹，有物为证。他俩是非师生的忘年交。1990年12月，是胡适百年诞辰，李敖应约发表了一篇《胡适百年孤寂》的纪念短文，他在短文里交代了他与胡适的交往简史，令笔者感兴趣的是，李敖还告诉世人他与罗尔纲有着间接的关系。李敖被业内人士喻为胡适的"私淑弟子"。

李敖说："我生在1935年，胡适大我44岁，跟小他44岁的青年朋友'忘年交'，我是唯一的一个。……我初见胡适在1952年，那时我是台中（市）一中的学生……胡适是我父亲（按：其父李鼎彝，曾就读北京大学国文系）在北京大学时的老师，并不是我的老师，但他跟我说，他完全不记得我父亲这个学生了，这是我父亲在北大成绩并不出色的缘故。胡适的学生姚从吾是我的老师，姚从吾写信给人说，胡先生待李敖如罗尔纲。"李敖又说，"罗尔纲是胡适贴身的出色弟子，身在大陆。胡适特别亲题罗尔纲《师门五年记》一册寄我，又当面送我一册，我感到姚从吾老师所说，不为无因。在胡适眼光中，我是出色的，可是没等我念完研究所，他就死了，他拉我做他徒弟的心愿，也就永远不会成为事实了。"

李敖早在北平读小学时，作为一个尚未成年的好学少年，就已知胡适的大名。到进入初中时，他从别人处借来《胡适文选》，后又在旧书店买来《胡适文存》一、二集，随后又读起胡适的《中国哲学史大纲》，他为胡适的新思想和直白的语言所叹服！ 1952年10月，这位17岁的少年，勇敢地在台中市向胡适投递上第一封200字的长信，表达了对偶像胡适的崇拜。胡适收信后十分惊讶，他喜欢上了这个小天才，很快便回复了一封热情洋溢的信。以此开端，一位17岁少年和一位61岁的大学者之间的传奇的故事展开了。

李敖自言："除了那一次长谈（按：1958年4月8日，胡适由美国飞抵台北，经姚从吾介绍第一次与胡适见面时的谈话），我跟胡适只小谈过三次，一次在台大医院，一次在台大文学院门口，一次在中央研究院。此外，除了写信，并无实际往来。他一共写过三封信给我，又写了一幅字，送了我照片和书。在我穷困之时送了我1000元。"不管胡适与李敖有多少交往，胡适永远是李敖一生最尊敬的前辈大学者，这与师出胡门的罗尔纲恪守不渝地尊师信念并无二致！而李敖所著《胡适评传》（第一册）是台湾出版的第一本胡适传记，这与罗尔纲所著一花独放的《师门五年记》，两者实为异曲同工的扛鼎之作。意义不凡！

李敖赞扬罗尔纲整理胡适父亲遗稿的贡献

李敖与罗尔纲并不相识，笔者与罗先生在南京相处15载，也从未听说他认识李敖，因此也就谈不上与李敖的交往了。然而李敖先在1964年台湾文星书店出版的《胡适评传》（第一册），后在2012年由吉林时代文艺出版社出版的《胡适研究》两书的"胡铁花先生家传"一节中，实际上赞扬了罗尔纲在整理胡适父亲胡铁花遗稿方面的辛劳与功绩。

李敖在两书中均说："这一章（按：指《胡铁花先生家传》）中引证胡传的话，没注出出处的，都是根据他的《台湾纪录两种》。《台湾纪录两种》（1951年5月20日台北台湾省文献委员会印行）为《台湾丛书第三种》，线装上、下二册（由胡适、罗尔纲合校编）。此书包括：一，序言（黄纯青）。二，胡铁花先生家传。三，台湾日记（卷一至卷八）以上上册。四，台湾禀启存稿（卷一至卷三）。五，编校后记（毛一波）以下下册。"李敖此引，旨在说《台湾丛书第三种》乃胡适与罗尔纲师生珠联璧合之作。

李敖又引说："罗尔纲在《太平天国史丛考》（1943年8月重庆正中书局版）的《自序》里，曾提到他在民国十九年给胡适的父亲编遗集的事，他描写胡传的稿本，颇可看出胡传的一面，也可看出当时'老前辈'们的一面：'老前辈珍惜物力，和我们现代人浪费纸张的习惯不同，在一张纸上，写上蝇头的小字，有时写了纸面，又写背面，而且都是底稿，往往有改动的地方。……我从这一年的夏天起，直到第二年的春末夏初止，才把这部大著作的原稿抄完。'"

李敖接着再转抄不误地说："罗尔纲又在《师门辱教记》（1944年桂林建设书店版，又1958年12月胡适自印本，改题《师门五年记》）里，介绍胡传和他的遗著说：'铁花先生是清代一位地理学者。他初从三品卿衔吴大澄到吉林防边，大澄升任广东巡抚，他又到广东来，后来大澄转任河道总督，他又去黄河办理河工。其后在江苏候补。到了光绪十七年（1891），中日战起，时铁花先生任台东州知州。明年，清廷战败，割台湾，铁花先生还死守台东不退，至力竭始归国，道卒。铁花先生一生，东北到吉林极边，南到海南岛，东到台湾，足迹所至，对地理学上多所订正。他又是个精干廉明的人，光绪间，中俄交涉、中葡交涉、黄河河工、中日战争诸役，铁花先生均身与其役。此外，在广东时，北往韶关，西往梧州考察关税，南往海南岛检阅军队，在台湾时，巡视全台军政，凡所经历，都有书牍报告政府，并有日记详载其事。故铁花先生全集，除了地理学的论文有他的学术上的价值外，其全部记载，乃光绪间一部有关外交的、内政的、军政的、河工的史料。他的全部遗集分为年谱、文集、诗集、申禀、书启、日记六种，约有八十万字。要抄录这部巨著，不是一件很容易做的工作。因为铁花先生当时太忙了，他的遗稿不曾经过誊正，他又很喜欢修改文章，在他的底稿上，东涂西改，左添右补，煞是难看。抄写的人，除非十分小心，并且有耐性，是抄不下去的'。"

李敖转录下在他心中也是老前辈的罗尔纲先生（罗尔纲年长李敖35岁）的这一番出自肺腑的话，旨在赞扬罗先生的显山露水之功，亦是说明罗尔纲报答恩师胡适的一片爱心！

李敖以获得胡适题签的《师门五年记》为荣

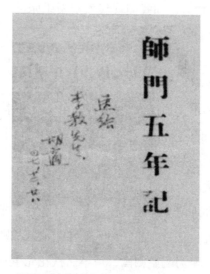

胡适亲笔题赠李敖《师门五年记》

李敖在他的《李敖有话说5》中满怀深情地回忆说："胡先生生前我不敢说特别自夸特别照顾我，事实上有些什么事情，他也会想到我。好比说，他私人印了本书，叫作《师门五年记》，是写他跟罗尔纲的回忆录。胡先生把它重印出来，特别写出来：'送给李敖先生 胡适 四七，十二，廿八'，就是一九五八年十二月二十八号。我可以看到，我还有些零零星星的这些纪念品。"

李敖除了收到胡适寄来的一册亲笔题签的《师门五年记》之外，他还在登门拜访胡适时，当面又得到一册，于是他拥有两册《师门五年记》。李敖看着《师门五年记》，不由感叹！他想到"在我们近代中国的历史上面，现代中国的历史上面，曾经走过了很多优秀的个人，他们表现出他们的才华，出乎奇类、拔乎其萃、独来独往，很了不起的一些人，其中一个非常的光芒四射的人，就是胡适先生"。

2011年，李敖在其出版的《胡适与我》新书中，认定胡适慷慨自费重印友人和门人的著作是一种高尚行为。他说："胡适先生生前筹印陈独秀先生的遗集，重刊罗尔纲先生的著作，没有人会说他的动机是出名得利，或说他'非法侵害他人著作权'。胡适先生以博大的观点来发扬并流传朋友们的著作，同时也以博大的观点来处理他自己的著作，他从未反对过别人发扬和流传他的文字。"

主要参考资料

《胡适手稿》，胡适纪念馆出版，美亚书版公司承印，1970年。

罗尔纲编《中国公学大学部文理学院庚午级毕业纪念刊》，1930年，原件藏上海档案馆。

罗尔纲著《师门辱教记》，桂林建设书局，1944年。

罗尔纲著，胡适之再校《师门五年记》（增订版），台北胡适纪念馆，1976年。

胡不归著《胡适之先生传》，萍社，1941年。

王云五等编《学府纪闻——私立中国公学》，南京出版有限公司，1982年。

章玉政著《光荣与梦想——中国公学往事》，浙江人民出版社，2014年。

李孤帆著《招商局三大案》，现代书局，1933年。

耿云志主编《胡适遗著及秘藏书信》，黄山书社，1994年。

中国社会科学院近代史研究所、中华民国史研究室编《胡适往来书信选》，中华书局，1979年。

胡适纪念馆编《胡适杨联升往来书札》，安徽教育出版社，2001年。

杨联升著《莲生书简》，商务印书馆，2017年。

潘光哲主编《胡适中文书信集》，胡适纪念馆，2018年。

《中华书局收藏现代名人书信手迹》，中华书局，2012年。

《北京大学图书馆藏胡适未刊书信日记》，清华大学出版社，2003年。

曹伯言整理《胡适日记全编》，安徽教育出版社，2001年。

欧阳哲生编《胡适文集》，北京大学出版社，2013年。

胡颂平整理《胡适之先生年谱长编初稿》，联经出版公司，1984年。

胡颂平编著《胡适之先生年谱长编初稿》(补本、增补本),联经出版公司,2015年。

耿云志著《胡适年谱》,福建教育出版社,2012年。

北京大学图书馆、台北胡适纪念馆编《胡适藏书目录》,广西师范大学出版社,2013年。

邹新明著《胡适与北京大学》,北京大学出版社,2018年。

书同、胡竹峰编《章衣萍集》,安徽大学出版社,2015年。

张兆和主编《沈从文全集》,北岳文艺出版社,2003年。

沈从文著《花花朵朵·坛坛罐罐》,重庆大学出版社,2014年。

罗文起主编《罗尔纲全集》,社会科学文献出版社,2011年。

贾熟村、罗文起编《历史学家罗尔纲》,南京大学出版社,2001年。

茅家琦主编《罗尔纲先生传》,江苏凤凰出版社,2010年。

高叔平编《蔡元培全集》,中华书局,1988年。

欧阳哲生编《范源廉集》,湖南教育出版社,2010年。

严昌洪编《张难先集》,华中师范大学出版社,2011年。

陶木水编《沈定一集》,国家图书馆出版社,2010年。

吴学昭整理《吴宓书信集》,三联书店,2011年。

虞坤林编《志摩日记新编》,浙江人民美术出版社,2017年。

赵元任著《从家乡到美国——赵元任早年回忆》,学林出版社,1997年。

赵元任、杨步伟著《浪漫人生》,江苏文艺出版社,1998年。

《邹韬奋选集》,文学研究社,1980年。

邹嘉骊编《忆韬奋》,三联书店,2015年。

邹韬奋著《生活与我》,上海交通大学出版社,2017年。

马国亮著《良友忆旧》,正中书局,2002年。

许骥编《陈纪滢文存》,华龄出版社,2011年。

陈纪滢著《自由人》半月刊,《自由人报》社,1958年。

赵家璧著《编辑记忆》《书比人长寿》,中华书局,2008年。

丰子恺《记东京某音乐会中所见》,见《宇宙风》第九期、第十期,1936年2月。

夏丏尊著《中年人的寂寞》，江苏人民出版社，2018年。

郁达夫著《郁达夫日记集》《郁达夫书信集》，吉林出版公司，2017年。

成仿吾编《文艺论集》，创造社出版部，1930年。

丁言昭整理《王映霞自传》，江苏文艺出版社，1996年。

李润新著《王莹》，中国青年出版社，1987年。

柯灵著《燕居闲话》，学林出版社，1997年。

钟敬文著《雪泥鸿爪——钟敬文自述》，山西人民出版社，1997年。

李敖著《李敖有话说（5）》《胡适与我》，中国友谊出版公司，2007年、2011年。

李敖著《胡适研究》，现代文艺出版社，2012年。

郑逸梅著《清末民初文坛轶事》《艺林散叶》等，中华书局，2005年。

包天笑著《钏影楼回忆录》，中国大百科全书出版社，2009年。

李楠著《晚清民国时期上海小报》，人民文学出版社，2006年。

[法]菲利普·费朗德著，一梧译《伯希和传》，广西师范大学出版社，2017年。

[澳]白杰明著，贺宏亮译《艺术的逃难——丰子恺传》，浙江人民出版社，2015年。

[澳]艾伦·伍德著，林卫哲译《罗素传》，志文出版社，1974年。

[澳]菲茨杰拉尔德著，郇忠译《为什么去中国》，山东画报出版社，2004年。

[英]罗素著，吴凯林译《罗素回忆录》，希望出版社，2006年。

[美]哈雷特·阿班著，杨植峰译《民国采访战》，广西师范大学出版社，2008年。

李明滨著《俄罗斯汉学史》，郑州大学出版社，2008年。

史元明著《好德好色——吴宓的坎坷人生》，东方出版中心，2011年。

周利成著《民国画报人物志》，广西师范大学出版社，2017年。

张新颖著《沈从文的前半生》《沈从文的后半生》（增订本），三联书店，2018年。

贾逸君选辑《中华民国有趣文件一束》，百城书局，1931年。

高语罕编《现代名人书信》，光华书局，1933年。

王军著《高语罕传》，人民出版社，2019年。

梁勤峰等整理《胡适许怡荪通信录》，上海人民出版社，2017年。

汪原放著《回忆亚东图书馆》，学林出版社，1983年。

孙玉蓉等《五四新文学运动与"学衡派"论争大事记》，北京，《文史资料选辑》第十辑。

孙碧奇著《沧海浮生记》，台北，《传记文学》22卷，第一期。

上海《民国日报》副刊（《觉悟》），1923年8月21日、23日、24日等。

《人民日报》（海外版），2018年3月20日。

《档案春秋》杂志，2018年第8期，2019年第6期。

古剑《柯灵的信和诗》，载《澳洲新报》，2008年4月22日。

《艺术家》杂志（台北），1984年，第19卷第4期。

《典藏》杂志（台北），2017年第292期。

《大成》杂志（香港），1985年第136期，1987年第3期。

《档案与史学》，2000年1月刊。